JN220701

人口減少時代の住宅政策

人口減少時代の住宅政策

戦後70年の論点から展望する

山口幹幸・川崎直宏 編

鹿島出版会

はじめに

住宅は、風雨から身を守り、暑さや寒さをしのぐシェルターの役割だけでなく、安心して睡眠や休息ができ、自由な私的空間が得られる場所であることも大切な要素である。住宅には住まう人の属性や構成、価値観、嗜好などにより、多様なニーズが生まれる。住み手が家族を形成すると単なる住居はわが家となり、家族一人ひとりの生活の拠りどころとなる。さらに地域との関わり合いをもちながら、コミュニティなど人間や社会との関係を形成する。これらの要素のすべてが人に本質的な価値をもたらすがゆえに、住宅は人々の生活の基盤とされるのである。

二〇一一年三月に発生した東日本大震災は、津波による未曾有の被害をもたらし、被災者は避難場所から仮設住宅、そして復興住宅や高台への集団移転などを余儀なくされた。津波に誘発された福島原発の事故では、住み慣れた地域を追われ、他県等に避難した人々もいる。多くの被災者が大切な家族や近隣、地域の人々と離散した。こうした災害に遭遇するたびに、尊い人命を一瞬にして奪う自然災害の脅威とともに、住宅のもつ意味の重さと大切さを感じるのは筆者だけではあるまい。

住宅は、災害だけでなく、さまざまな社会経済の変化を受けてその基盤が揺らぎかねない。たとえば、住居費は家計の大きな部分を占めているが、生活に不可欠な食費や医療費、教育費の金額次第で切迫した状況も生まれる。低所得層ではその影響を受けやすく、高額な住居費は物的満足が得られないばかりか経済的安定を脅かすことにもなる。国の生活実態調査によると、近年貧困率の上昇傾向が見られ、住宅困窮者も同様に増えていると推察できる。また、家計調査からは、東京など大都市圏では消費支出が地方に比べて高いうえ、婚姻後の世帯形成期から子育て期では、住居費や保育所・塾の費用など教育関係費の負担が重く、住宅ローンを主とした借入金額が貯蓄額を大幅に上回るという厳しい生活実態が浮き彫りになっている。

一方、わが国の人口は、二〇〇八年をピークに減少しはじめている。欧米に比べて極端に低い出生率が原因で、高齢化と相まって日本経済や私たちの社会生活は大きな影響を被ることになる。二〇一四年の人口動態統計では一四年に生まれた子どもの数は過去最少となり、合計特殊出生率は人口を維持するのに必要な二・〇七を大きく下回る一・四二と九年ぶりでマイナスに転じた。都道府県別では東京が最も低い一・一五とされ、次いで神奈川や大阪などの大都市が続いている。

出生率を改善し、人口減をくい止める方策が求められるなか、地方から都市への人口流失、とくに子を産む中心世代である若年女性の減少が地方都市の消滅につながるとし、にわかに自治体を含めて少子化対策に本腰を入れ始めた。地方からの人口流失を防ぐには、経済活力を取り戻し、地方創生を促すことに加え、東京からの人口流失を加速すべきとの声も上がっている。たしかに過疎化や衰退傾向にある地方を再生することは急務であるが、大都市の低い出生率と地方創生の因果関係があまりに短絡的にすぎないか。

少子化の背景には、社会での晩婚化や晩産化、離婚率の上昇等のほか、子を育むうえでの重い家計負担、子供と仕事の両立に悩む女性、子供を授かっても共稼ぎ世帯のもとで保育所の入所困難な現状への不安などさまざまな要因が考えられる。待機児童解消が出生率改善に寄与するともいわれ、急ぐべきは、安心して子どもを産むことのできる社会環境をいかに整備するかである。これは大都市も例外ではなく、むしろ東京など低く留まっている出生率こそ、少なくとも全国標準へと引き上げる必要があろう。

昨今では、生きがいや自身の存在感を求めて地方移住する若者たちが増えているが、都市に魅力を感じて流入する若者も後を絶たず、この自然の流れを意図的に変えるのも難しい。

であるならば、東京など大都市に住む世帯形成期・子育て期にある世帯が、安心とゆとりをもって暮らせる住生活の環境改善にもっと力を注ぐべきであり、これは住宅政策に直結する課題といえる。だが、東京などで婚姻率が高いにもかかわらず出生率が低く留まっている現状をみれば、問題の根は深く、課題への対応はそう簡単ではない。住宅政策を軸にその枠組みを超えた幅広い対応が求められる。

経済一辺倒の色あいを濃くする東京では、戦後復興からの住宅の歴史や住宅課題が最も顕著に現れているところでもある。大都市を主たる舞台に住宅政策を考えることに人口減少を防ぎ止める何らかのヒントが隠されており、これにより地方創生の糸口も見つかるかもしれない。

本書は、こうした背景から「人口減少時代のなかで住宅政策はどうあるべきか」という論点に着目してまとめたものである。人口減少時代のさまざまな住宅課題にどのような政策を講ずるべきかという意味のほか、人口減少に住宅政策がどう貢献できるかという点にも熱い思いがある。住宅政策を今とりあげる意義はまさにここにある。

本書の特徴は、歴史観に立って今後の住宅政策を展望している点にある。さらにひとつめには、わが国の近現代、とりわけ戦後七〇年の住宅政策の歴史を振り返り、それぞれの時代の局面に生じた住宅問題や課題に対して施された特徴的な政策（エポック）を取り上げていること。ふたつめには、今後の住宅政策に過去の政策を検証して生かすことを念頭に据え、今後の政策の方向性をどう考え、当面する重要課題にどう対処するかという視点から論じていることである。

全体を二部構成として、第Ⅰ部（戦後七〇年の住宅政策）を歴史篇とした。ここでは、戦災復興を皮切りにほぼ一〇年刻みで萌芽期、高度経済成長期、政策模索期、バブル期、政策転換期、現代に分類し、その期の特徴的な政策を一〇項目程度取り上げている。第Ⅱ部は、キーワード篇とし、これからの住宅政策、人口減少・少子高齢化の論点、民間市場と公共の役割、都心と郊外の居住のあり方、環境・エネルギー・防災への対応、住宅計画と生産システムといった課題について個別に論述している。

歴史篇は、読者の方々の知り得なかった事実や新たな発見があるかもしれない。また、キーワード篇は、各執筆者の考えを述べたものであり、読者の方々が歴史を読み取り、それぞれに異なる見解が生まれることもあろう。本書があらためて住宅政策を考えるひとつの機会となり活用されることを期待するものである。

住宅政策の歴史をつづった類書が少ないことや、人口減少時代において住宅施策が模索される現状のなかで、住宅政策に携わる行政をはじめ、学生、開発や住宅関連事業者など幅広い方々にとって有益な書となることをめざした。編者や執筆者だけでなく、さまざまな方々のアドバイスをいただくことで、この本の構想を結実することができた。

また、鹿島出版会の川尻大介氏には一年以上にわたり、執筆者の会合に出席され、貴重な意見をいただくなど、本書のとりまとめにあたってたいへんお世話になった。編者・執筆者を代表して、ここに記して謝意を表したい。本書が、今後の住宅政策を考えるうえで少しでも寄与できれば望外の喜びである。

二〇一五年一〇月一〇日

山口幹幸

人口減少時代の住宅政策◉目次

第Ⅰ部　戦後70年の住宅政策

1　萌芽期　戦前▼1964

6

現代 2005▶2014 …… 中川智之 …… 159

第Ⅱ部 人口減少時代の住宅政策

住宅着工および空き家率の出典:建築統計年報、住宅土地統計調査
（作図:楠亀典之）

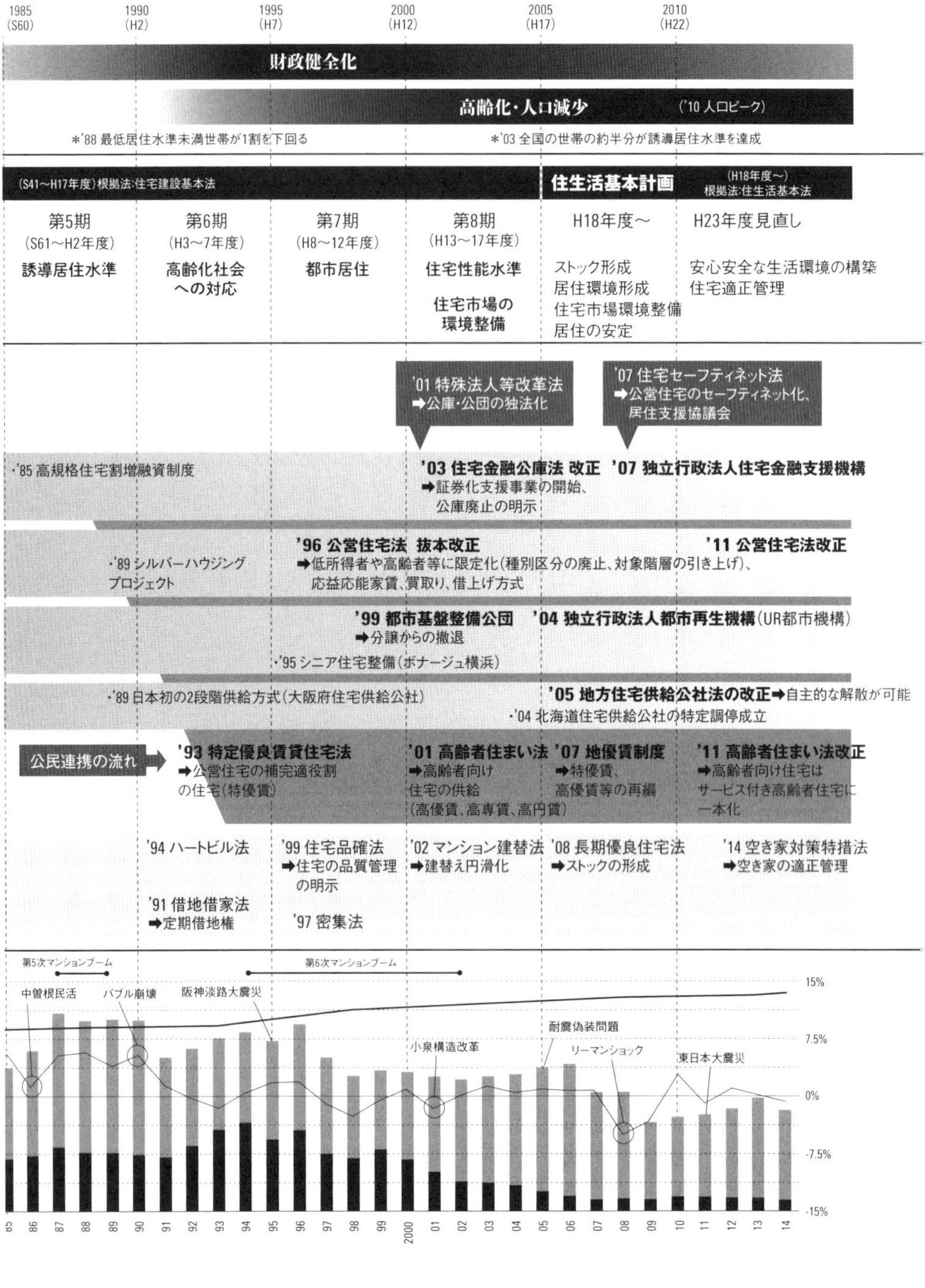
1985 (S60)
1990 (H2)
1995 (H7)
2000 (H12)
2005 (H17)
2010 (H22)
財政健全化
高齢化・人口減少
（'10 人口ピーク）
＊'88 最低居住水準未満世帯が1割を下回る
＊'03 全国の世帯の約半分が誘導居住水準を達成
（S41～H17年度）根拠法:住宅建設基本法
住生活基本計画
（H18年度～）根拠法:住生活基本法
第5期 （S61～H2年度） 誘導居住水準
第6期 （H3～7年度） 高齢化社会への対応
第7期 （H8～12年度） 都市居住
第8期 （H13～17年度） 住宅性能水準 住宅市場の環境整備
H18年度～ ストック形成 居住環境形成 住宅市場環境整備 居住の安定
H23年度見直し 安心安全な生活環境の構築 住宅適正管理
'01 特殊法人等改革法 ➡公庫・公団の独法化
'07 住宅セーフティネット法 ➡公営住宅のセーフティネット化、居住支援協議会
・'85 高規格住宅割増融資制度
'03 住宅金融公庫法 改正 ➡証券化支援事業の開始、公庫廃止の明示
'07 独立行政法人住宅金融支援機構
・'89 シルバーハウジングプロジェクト
'96 公営住宅法 抜本改正 ➡低所得者や高齢者等に限定化（種別区分の廃止、対象階層の引き上げ）、応益応能家賃、買取り、借上げ方式
'11 公営住宅法改正
'99 都市基盤整備公団 ➡分譲からの撤退
'04 独立行政法人都市再生機構（UR都市機構）
・'95 シニア住宅整備（ボナージュ横浜）
・'89 日本初の2段階供給方式（大阪府住宅供給公社）
'05 地方住宅供給公社法の改正➡自主的な解散が可能
・'04 北海道住宅供給公社の特定調停成立
公民連携の流れ
'93 特定優良賃貸住宅法 ➡公営住宅の補完適役割の住宅（特優賃）
'01 高齢者住まい法 ➡高齢者向け住宅の供給（高優賃、高専賃、高円賃）
'07 地優賃制度 ➡特優賃、高優賃等の再編
'11 高齢者住まい法改正 ➡高齢者向け住宅はサービス付き高齢者住宅に一本化
'94 ハートビル法
'99 住宅品確法 ➡住宅の品質管理の明示
'02 マンション建替法 ➡建替え円滑化
'08 長期優良住宅法 ➡ストックの形成
'14 空き家対策特措法 ➡空き家の適正管理
'91 借地借家法 ➡定期借地権
'97 密集法
第5次マンションブーム
第6次マンションブーム
中曽根民活
バブル崩壊
阪神淡路大震災
小泉構造改革
耐震偽装問題
リーマンショック
東日本大震災
15%
7.5%
0%
-7.5%
-15%
85
86
87
88
89
90
91
92
93
94
95
96
97
98
99
2000
01
02
03
04
05
06
07
08
09
10
11
12
13
14

住宅政策年譜

1960（S35） 1965（S40） 1970（S45） 1975（S50） 1980（S55） 1985（S60）

社会的要請

住宅不足

＊戦災・引揚者等による住宅不足（約420万戸）

＊'68 全国の住宅数が世帯総数を上回る

＊'73 全都道府県で住宅数が世帯総数を上回る

計画と主な目標

住宅建設十箇年計画（S30〜40年度）

＊根拠法はないものの、鳩山内閣のもと、戦後はじめての住宅建設の計画として作成

住宅建設五箇年計画

第1期	第2期	第3期	第4期
（S41〜45年度）	（S46〜50年度）	（S51〜55年度）	（S56〜60年度）
一世帯一住宅	一人一室の規模	最低居住水準	住環境水準

住宅政策の概流

転換点 '81 第二次臨時行政調査会
→行政の責任領域の見直し/住宅部門の民間活力

住宅政策の三本柱

'50 住宅金融公庫
➡民間による自立建設を促す間接手段
・'62 プレハブ住宅への融資開始
・'70 高層住宅購入資金融資制度
➡マンションブームの原動力
・'79 省エネ等の割増融資制度

'51 公営住宅法
➡公による直接供給
・'75 初の車いす住宅（都営桐ヶ丘団地）
・'80 単身世帯の件付き入居

'55 日本住宅公団
➡大都市勤労者向けの住宅供給
・'73 長期特別分譲住宅制度
➡分譲住宅供給手法の一本化
'81 住宅・都市整備公団
➡宅地開発公団と統合

（地方住宅協会）
（地方宅地協会）
'65 地方住宅供給公社
➡三本柱を補完する住宅供給（積立分譲住宅の供給等）

主な施策等

'50 建築基準法

'62 区分所有法
➡マンションの法制化

'63 新住宅市街地開発法
➡ニュータウンの整備

'69 都市再開発法
➡都市の高度利用化

'73 工業化住宅性能認定制度➡住宅性能値の導入

'73 BL部品制度➡工業製品の質向上

'79 省エネ法、
'80 省エネ基準
➡住宅の省エネ化誘導

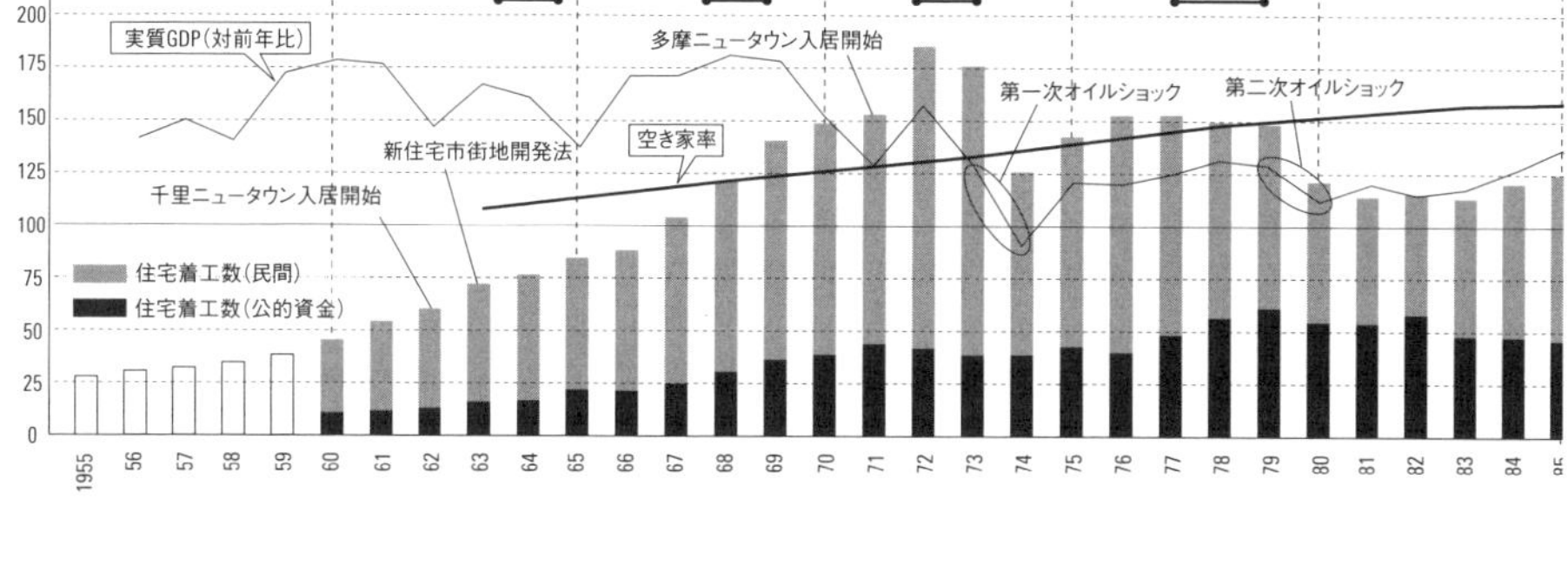

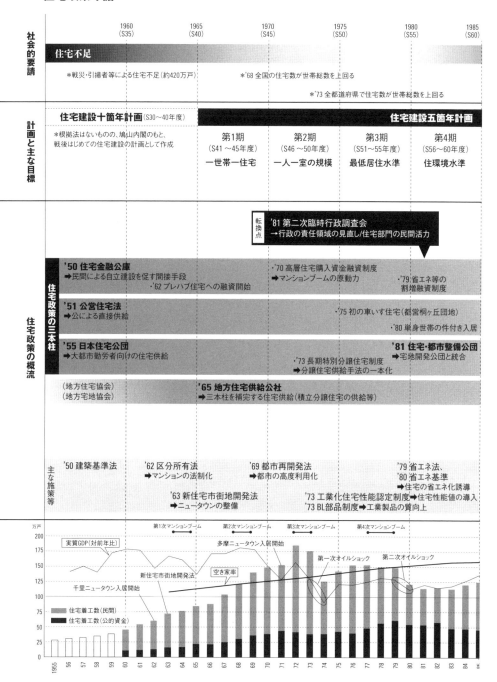

阿佐ヶ谷団地（1957年度、出典：『日本住宅公団10年の歩み』日本住宅公団、1965年）

I

1

戦前▼1964

萌芽期

井関和朗

1

萌芽期

戦前▼1964

時代状況——

経済成長と都市化・近代化のなかで、新たな生活や技術を先導するかたちで住まいの提案が行われた

日本における住宅政策は、戦前はおもに不良住宅地区(スラム)対策や災害復興対策として取り組まれた。そうしたなかでも「同潤会」による住宅建設が有名であるが、一九一八(大正七)年の米騒動の後、社会政策の一環として自治体に住宅担当の組織がつくられ、初期の公益住宅の建設や管理が始められている。また中流階層の住宅対策として、長期低利の融資を行い住宅の自力建設を促す「住宅組合」や「住宅協会」も一九二一(大正一〇)年に設立されている。同潤会は、関東大震災後の復興を目的に一九二四年に設立され、RC造アパートをはじめとして多くの取組みを行った。その後事業は住宅営団へと引き継がれたが、住宅営団は戦後間もなく廃止され、戦前、戦中の公的住宅の系譜はここでいったん途切れることになる。

戦後の日本は戦災復興の困難な時代を経て、農地改革・労働改革・財閥解体を進め、朝鮮戦争による特需景気を機会に混乱から脱し、一九五五(昭和三〇)年までに戦前と同様の生産能力を回復した。そして翌年には国民所得が第二次世界大戦前の水準に達し(「もはや戦後ではない」)、戦後復興は一定の成果を得ることができ、以後年率一〇パーセント程度の実質成長率を記録した奇跡の高度成長期を迎えることになる。そのなかで一九五五年から一九六四年までは「先進国の仲間入りをするまで」の時期であった。この時代、テレビ・洗濯機・冷蔵庫の三種類の家電製品は三種の神器と呼ばれ、急速に

家庭に普及し住生活は大きく変化した。また後に、団塊世代と呼ばれるベビーブームによって家族形態の変化が起こったのもこのころである。

こうしたなか、経済復興にやや遅れて、住宅建設は進められていった。戦後の住宅建設は戦災直後の住宅難の解消をめざして始まった。四二〇万戸といわれる住宅不足に対して当初応急簡易住宅建設に取り組むが、構造的に脆弱なものとなり将来のスラム化が懸念された。一九五〇(昭和二五)年から一九五五年にかけて住宅金融公庫、公営住宅、公団住宅の制度が整い、三本柱と呼ばれる住宅供給体制ができ上がり高度経済成長のなか、各階層での恒久的な住宅対策に取り組むことになる。供給される住宅は、団地やDK型住宅など今日の集合住宅につながる計画が登場してくる。厳しい予算のもと公的住宅の設計・施工の分野においては標準化、部品化、生産の合理化などの産業の近代化が図られた。

昭和三〇年代に入り、急激に進行する都市化のもと、都市部には低家賃の木造賃貸(木賃)アパートが大量に建設され、郊外部ではスプロール化が進行する。これらの新たな住宅・都市問題に対し、当初公的セクター主導で始まった近代化、都市の不燃化に向けた取組みは、やがて区分所有法の成立を契機に民間事業者の参入のもとマンションという新しい居住形態の普及につながる。またハウスメーカーが設立され戸建て住宅の量産建設に取り組むが、急激に進む都市化と他方まだまだ圧倒的な住宅不足のもと、まずはその解消と都市の不燃化をめざした基盤整備などの住宅・都市問題に、国を挙げて取り組んだ時代であった。

01 RC集合住宅の原点、同潤会アパート

今日のマンションや団地につながる鉄筋コンクリート（RC）造の集合住宅の原点として同潤会アパートがある。一九二三（大正一二）年、関東大震災が首都圏を襲い、死者約一〇万人、倒壊家屋約四〇万戸という甚大な被害をもたらした。政府は復興に取り組むなか、住宅建設を行う専門の組織として同潤会を設立した。同潤会は関東大震災の翌年である一九二四年、内務省によって設立された財団法人で、震災の復興向け義捐金で設立された。当初応急の仮設住宅建設に取り組み、その後普通住宅事業と呼ばれた木造長屋住宅一二ヵ所の建設に取り組む。このなかで試みられた配置計画は、当時のヨーロッパの郊外住宅や田園都市づくりの影響を強く受けたもので、授産場、託児所、児童遊園などの福祉施設が住宅地計画のなかで重要なものとして位置づけられていた。その後RC造のアパート事業や不良住宅改良事業（RCおよび木造共同住宅）、また勤め人向け分譲住宅、職工向け分譲住宅事業（木造戸建て）、軍人遺家族アパートメント（木造二階建てアパート）などに取り組み、合計約一万二〇〇〇戸を東京、横浜地区に建設した。

表1｜**同潤会のおもなアパート**

西暦	和暦	名称	特徴
1926	大正15	青山アパート	街路型配置
1927	昭和2	代官山アパート	分棟型配置
1927	昭和2	清砂通りアパート	街区型配置
1927	昭和2	住利（猿江）アパート	不良住宅地区改良事業
1930	昭和5	大塚女子アパート	女性単身者専用
1934	昭和9	江戸川アパート	囲み型配置

RC造アパートは不良住宅改良事業で建てられたアパートを含めて一六ヵ所約二五〇〇戸が建設、管理された。同潤会アパートは立地に応じて多様な計画がなされており、今日の都市型住宅の原型をそのなかに見出すことができる[表1]。青山アパート(一九二六年)は表参道の街路にそって建設され、のちに住宅の一部が店舗にコンバージョンされるなど、永く表参道を特徴づける景観として多くの人に記憶され、「街路型」住宅の代表例となった。建設当時は東京の郊外部として建設された代官山アパート(一九二七年)は丘陵地での「分棟型」で、今日でいう団地型の配置計画をしており、清砂通りアパート(一九二七年)は複数の区画整理街区に分かれて配置された「街区型」集合住宅といえ、各街区の形態や性格に応じて多様な「囲み型」が提案されていた。同潤会アパート最後のプロジェクトである江戸川アパート(一九三四年)は、中庭に緑地や遊び場などを持つ「囲み型」住宅といえる。

同潤会アパートは住宅計画に加えて施設計画においても先進的な取組みがなされており、浴場や談話室が住宅地内に用意されていた。大塚女子アパート(一九三〇年)は女性単身者専用の住宅として計画され、設備や内外装には西洋的なしつらえが取り込まれていた。これらの住宅設計手法は、ヨーロッパの集合住宅に見受けられ、また現在においても郊外型団地や街路型住宅、囲み型住宅、生活支援施設計画など時代を超えて受け継がれている。一方、住宅の間取りは従来の日本家屋の流れを汲むものが多く、生活の合理化をめざした住宅の大きな変化は一九五〇年代の公的住宅政策の展開とDK誕生を待つことになる。

軍人遺家族アパートメント

同潤会のアパート事業に関しては多くの出版物もあるが、「軍人遺家族アパート事業」はあまり知られていない。そのひとつである戸山ヶ原アパートは、木造で一九三七年開設、その後一九四二年に軍人援護会が譲り受け、一九四八年以降は都関連団体運営の戸山母子寮として活用され、一九六二年に移転改築されている。当初は震災復興対策で始まった同潤会アパートは、のちに戦時体制のもと軍人遺家族対策として建設されていた。

02 同潤会以前の公的住宅の取組み・公益住宅・住宅組合・住宅協会・軍艦島

先述のとおり、わが国の住宅問題は、明治、大正期においては不良住宅地区(スラム)対策、災害復興対策としておもに取り組まれ、篤志家や宗教団体による事業が多かった。一九一一(明治四四)年の浅草区、下谷区での大火後に寄せられた義捐金をもとに浅草玉姫町に木造の貸長屋が建設された。その後は玉姫町住宅として東京市に引き継がれたものが東京市営住宅として管理されており、公的住宅の最初期のものといえる。また一九一八(大正七)年の米騒動と前後して内務省の諮問機関である救済事業調査会から「小住宅改良要綱」が答申され、公益住宅建設や不良住宅改善、低利融資による住宅や宿舎建設促進などの住宅政策がはじめて国により示された。

そして社会政策のひとつとして大きな都市に社会局住宅掛(係)といった住宅担当の組織が整備され、公益住宅の建設が始まる(一九一九年)。これらの住宅は当初は木造であったがブロック造やRC造の不燃住宅建設も始まり、商店、浴場、倶楽部(図書室付き)などの共同施設も整備されていた。一九一九(大正八)年には都市計画法や市街地建築物法が整備され、都市や建築物に関する政策が実施に移っていった。また、不良住宅改良事業がその後に設立される同潤会によって行われる。低利融資により民間の持家建設を促進する制度としては、各府県主体で公益住宅を建設した住宅協会(一九二〇年設立)や住宅組合(一九二一年設立)がある。住宅組合は当初は住宅の自力建設の支援に寄与したが、住宅金融公庫の設立など個人

表2｜**初期のおもなアパート、公営住宅**

西暦	和暦	名称	事業主体・種別	所在地	構造・規模	概要
1910	明治43	上野倶楽部	民間	東京	木造、5階建て、63戸	日本初のアパートメントハウス
1910	明治43	千富館	民間	東京	木造、2階建て、37戸	中廊下型平面
1911	明治44	玉姫町住宅	大火義損金、その後東京市営	東京	木造、7棟、128戸	貸長屋その後公営住宅
1916	大正5	端島アパート(軍艦島)30号棟	三菱端島炭坑	長崎県	RC造、7階建て、139戸	日本最古のRC造アパート 世界文化遺産登録
1919	大正8	久保山住宅	横浜市営	横浜	木造、74戸	公益住宅
1919	大正8	櫻宮住宅	大阪市営	大阪	木造、208戸	公益住宅
1919	大正8	鶴町第一住宅	大阪市営	大阪	木造、191戸	公益住宅
1921	大正10	中村町第一共同住宅館	横浜市営	横浜	ブロック造、32戸	日本初の公益不燃共同住宅
1923	大正12	古石場住宅	東京市営	東京	ブロック造、3階建て、99戸	東京市初の公益不燃共同住宅
1925	大正14	お茶の水文化アパート	財団法人文化普及協会	東京	RC造、5階建て、42戸	ヴォーリズ設計
1933	昭和8	大阪パンシオン	民間	大阪	RC造、4階建て、36戸	村野藤吾設計
1937	昭和12	野々宮写真館アパート	民間	東京	RC造、7階建て、63戸	土浦亀城設計

向けの制度が整ったことなどから、一九七一年に住宅組合法は廃止された。また、住宅協会は地方公共団体による融資制度として整備され、その後各地の住宅供給公社へと改組されていく。

公的住宅の系譜と並行して、西洋的な生活を取り入れた民間によるアパート建設と企業による社宅建設も始まる。西洋的な生活スタイルを取り入れた民間のアパートは明治の後期からつくられはじめた［表2］。代表的な建物としてヴォーリズ設計のお茶の水文化アパート（一九二五年）がある。また社宅系建物としては旧三菱端島炭坑（通称、軍艦島）があり、RC造で最も古い三〇号棟（当初四階建て、その後七階建て）は一九一六年の竣工である。端島は長崎の沖合にある約六・三ヘクタールの炭坑の島で、その形状が軍艦に似ているところから軍艦島と呼ばれた。炭坑はその後閉山し無人島となっているが、日本における最初期のRC造アパートであり、貴重な現存する建造物として世界文化遺産登録が決定している。

03 庶民の住宅の模索——住宅営団

住宅営団は、日本の近代化にともなう住宅難に対処するため、労働者そのほかの庶民に対する住宅供給事業を行う目的で一九四一（昭和一六）年五月に設立された。同潤会が東京、横浜地区で住宅建設を行っていたのに対して、住宅営団は政府による最初の公的住宅の直接供給を行う組織として全国の都市部で住宅供給を行った。三〇万戸の住宅建設が計画されたが、戦争による資材不足もあり、実際に建設、管理した住宅は計画を下まわるものであった。住宅営団は同潤会の事業を引き継ぐと同時に、新たに庶民向け住宅の建設を計画したが、第二次大戦の開戦にともない、軍需産業の労働者向け住宅や都市部の被疎開者用住宅、また戦後は応急簡易住宅建設などの事業を行うこととなった。

住宅営団は住宅建設事業を行うにあたり、住宅に関する研究や調査を体系立てて行った。庶民の狭小住宅での住まい方調査などの基礎調査が西山夘三らによって行われた。食べる場所と寝る場所を分けて住まう方式に着目したこれらの研究実績が、戦後普及する「食寝分離」の提案の基礎となった。また個別に行われていた住宅設計や

住宅営団建築技術者論

住宅営団の誕生は、この仕事に参加する建築技術者の中に、従来の建築家とは違った仕事・職能を受け持つ建築家が生まれつつあることを意識しなければならない。建築はここでは単なる建築技術者であるだけでなく、住宅供給の企画に参加する経済学者・社会学者・財政学者でなければならない。狭い技術的視野に閉じこもってはいけない——西山夘三

＊西山夘三記念すまいまちづくり文庫住宅営団研究会編『幻の住宅営団——戦時・戦後復興期住宅政策資料目録・解題集』（日本経済評論社、二〇〇一年）より

総面積2.25ha、戸数112、1…神社、2…国民学校、3…託児所、4…市場、5…浴場、6…運動場、7…プール、8…テニスコート

図1｜**内田祥文による国民学校住区のモデルプラン**（出典:西山夘三『すまい考今学』彰国社、1989年）

建設にあたって、研究にもとづいた規格の統一、設計の標準化に取り組み、営団住宅は「住宅建設基準」「敷地設計基準」にもとづいてつくられていった。住戸の間取りに加えて、基本寸法の検討や、衛生上の観点からの日照時間確保を目的とした隣棟間隔の研究なども行われ、これらがその後の日本の住宅政策や公的住宅の標準化に向けた設計基準、建設基準につながっていった［図1］。

終戦直後の住宅不足に対して、国は応急簡易住宅建設を計画し、住宅営団はその建設を担ったが、一九四六（昭和二一）年一二月、GHQ（連合国総司令部）の指導のもと特別戦時機関のひとつとして閉鎖が決定され、着工中の住宅は昭和二二年三月末をもって地方公共団体に移管された。管理していた営団賃貸住宅も払い下げが決定され、旧同潤会アパートの住人らは住宅営団借家人組合を結成し払い下げに関する交渉と住環境の管理を行った。協議が継続するなか、東京都内の営団住宅は昭和二五年に東京都に譲渡され、最終的に同潤会から引き継がれた大塚女子アパートだけは女子アパートの秩序を守る観点から居住者が払い下げを拒否し、都営住宅のまま残ったが、ほかのアパートは払い下げられた。

04 戦後の住宅難と住宅供給

第二次大戦後の日本は住宅の焼失に加え海外からの引揚げ、復員が進み、大量の住宅不足に陥り、一九四五(昭和二〇)年八月の時点で四二〇万戸の住宅が不足していた。その内訳は、空襲による焼失二一〇万戸、強制疎開による除却五五万戸、海外からの引揚げによる需要六七万戸、戦時中の供給不足一一八万戸、戦争死による需要減三〇万戸と記録されている。政府は戦災復興院(一九四五年)を設置し戦災都市における仮小屋などの生活者を救済するため「罹災都市応急簡易住宅建設要領」を定め、越冬に必要な応急簡易住宅建設や軍用建物の住宅転用に着手したが、いずれも応急的内容で構造も脆弱であり、数年のうちにスラム化することが予想された。一九四八年一月、戦災復興院は内務省土木局と統合され建設院となり七月に建設省に改組され、それまでは内務省(のちに厚生省)の所管であった住宅政策、住宅行政は、この後建設省に一元化され、翌一九四九年には住宅局が設置される。

その後も住宅不足を補う各種対策が取られるが住生活の安定は図られず、一九五二(昭和二七)年の時点では三一六万戸がいまだ住宅不足(建設省の資料)とされている。その内訳は非住家および同居世帯一一五・九万戸、狭小過密居住世帯八三・四万戸、老朽建替えを要する住宅一一六・三万戸と記録され、単なる数的不足だけではなく、住宅難の状況を分析し目標とする居住水準を設定して要因別に不足数が算定されており、この数字がその後の公的住宅建設計画上の基礎数値となった。

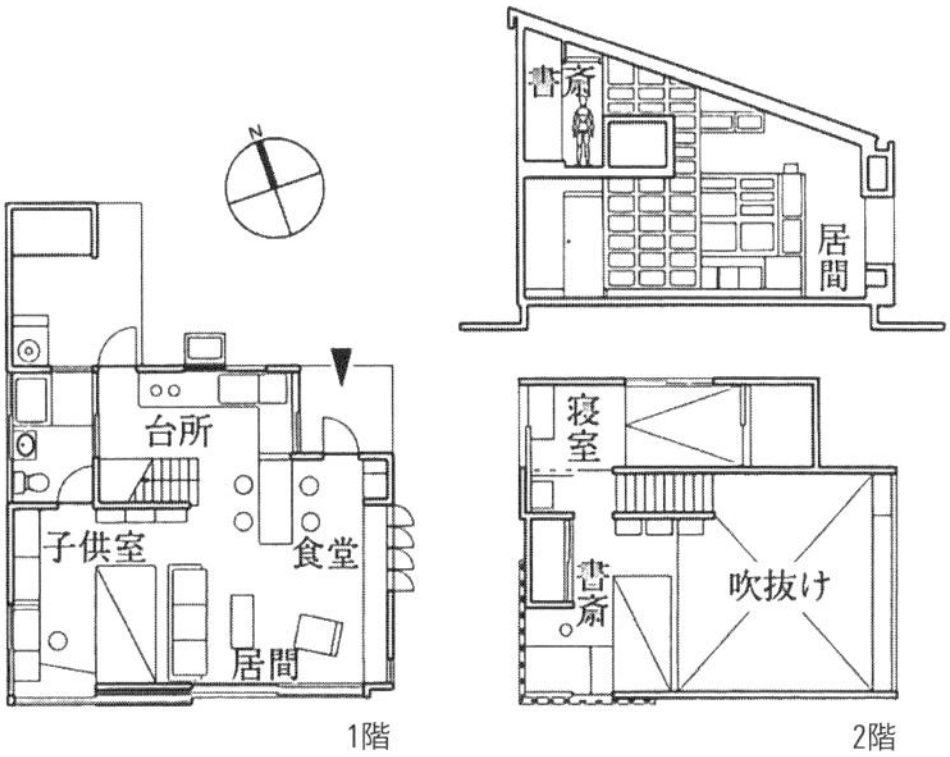

図2｜**立体最小限住居**（設計：池辺陽、1951年、出典：日本建築学会編『建築設計資料集成［居住］』丸善、2001年）

戦後の公的住宅建設は応急簡易住宅建設から始まるが、都市部においては国庫補助住宅として不燃化をめざした恒久的な公営住宅が計画され、戦後初のRC造アパートである都営高輪アパート（一九四八年）や、都営戸山ヶ原アパート（一九四九年）が建設された。また、公営住宅の標準設計の整備も進み、一九四八年には外部からの提案を求め懸賞設計が行われ、規模別にA型、B型、C型標準設計が整備され、一九五一年には51C型などの標準設計が整備される。

住宅問題の解決に向けては、行政のみならず研究者や建築家からも多くの提言がなされた。『日本住宅の封建性』（浜口ミホ、一九四九年）や「立体最小限住居」（池辺陽、一九五〇年）などが発表され、折から到来したベビーブームのもと、新たな家族形態での女性の地位の向上や家事作業の合理化など、新たな住まい像を求める社会的気運が高まっていった［図2］。また戦時中に住宅営団によって開発が進められていた戸建て住宅の量産化についても検討が進み、木質系プレハブ住宅「プレモス」（前川國男、一九四六年）などの開発がなされ、昭和三〇年代には住宅産業が徐々に成長し、戸建て系のいろいろなプレハブ住宅の建設が始まった。

05 公庫・公営・公団——三本柱での住宅供給

住宅不足解消に向けて、政府は国庫補助住宅(政府施策住宅)に取り組むが、膨大な住宅不足の解消は期待できず、民間自力建設を対象に経済・資金面での対策に着手し、一九五〇(昭和二五)年に住宅金融公庫法を制定した。住宅金融公庫の創設は低利で住宅建設、購入資金を融資し、民間による住宅の建設と取得を進める持ち家政策であった。同時に、融資基準の設定を通じて建設される住宅の居住水準の向上を図ることも目的としていた。一九五一年には「国及び地方公共団体が協力して、健康で文化的な生活を営むに足りる住宅を整備し、これを住宅に困窮する低額所得者に対して低廉な家賃で賃貸することにより、国民生活の安定と社会福祉の増進に寄与する」ことを目的として公営住宅法が制定される。公営住宅建設は住宅政策の基本となる制度として、収入により区分される一種、二種の公営住宅が地方自治体により直接供給されていったが、予算上の制約や、対象も低所得層に限られていたことから一般の住宅難の解消には至らなかった。

一九五五(昭和三〇)年の段階で住宅不足は二七一万戸あり、一九五二年時点の三一六万戸よりは改善されたもののまだ住宅不足は解消されておらず、政府は予算案の基本方針のひとつに住宅難の解消を掲げ、一〇年間で住宅不足を解消する「住宅建設十箇年計画」を発表した。計画実現に向けて政府施策住宅の建設を推進するため日本住宅公団が一九五五年に設立された。日本住宅公団は当時新たに生

表3｜**戦後初期のおもな公的住宅**

西暦	和暦	名称	事業主体・種別	所在地	構造
1948	昭和23	高輪アパート	東京都（国庫補助住宅）	東京都	RC造
1949	昭和24	戸山ヶ原アパート	東京都（国庫補助住宅）	東京都	RC造
1953	昭和28	古市団地	大阪市営住宅	大阪市	RC造
1956	昭和31	金岡団地	日本住宅公団、最初の賃貸住宅	堺市	RC造
1956	昭和31	稲毛住宅	日本住宅公団、最初の分譲住宅	千葉市	RC造

じていた人口の都市への流入にも対応し、「大都市部で勤労者のための住宅建設」、燃えない都市づくりの実現に向けた「耐火性能を有する集合住宅の建設」、公的住宅の大量建設に向けた「行政区域にとらわれない広域圏の住宅建設」、庶民向けの戸建て住宅建設に向けた「大規模かつ計画的な宅地開発」という当時の課題を解決すべく設立され、宅地開発、団地建設から公共住宅の設計施工のそれぞれの分野で先進的取組みをしていく。そのなかでも、DK型プランの普及や団地づくりからニュータウン開発に至る住宅地開発はその後の日本の都市と住宅に大きな影響を与えた。

戦後の住宅建設は、階層別に住宅供給を行う体制が整備された。持ち家階層向けの住宅金融公庫制度、住宅に困窮者する低額所得者向けの公営住宅、増加が予想される大都市部の中堅勤労者向けの公団住宅がそろい、公庫・公営・公団*が公的住宅供給の三本柱として位置づけられた。その後地域でのさらなる住宅建設の推進に向けて一九六五（昭和四〇）年、地方住宅供給公社法が制定され、各地の住宅協会が住宅供給公社に改組され、公社住宅が加わることになる。また、住宅建設十箇年計画は一九五七（昭和三二）年以降、「住宅建設五箇年計画」に改められ住宅建設は進められた。一九六五（昭和三一）年の『経済白書』は「もはや戦後ではない」と述べ、高度経済成長の時代のなかに住宅問題も突入していく。

公庫住宅——住宅金融公庫（その後、住宅金融支援機構に改組）の融資を受けて建設された住宅
公営住宅——都・道・府・県・市・町・村営住宅
公団住宅——日本住宅公団（その後、住宅・都市整備公団、都市基盤整備公団、UR都市機構に改組）が建設し管理をしている賃貸住宅

06 復興に向けて——国土の整備、都市化の進展

第二次世界大戦により、都市部の多くは焼失し、廃墟に等しくなっていた。住宅不足の課題に対しては当初旧軍用建物の住宅転用や応急簡易住宅の建設で対応したが、それらはやがて劣化し、新たな住宅・都市問題を生み出していった。また、国土の整備においては戦災時の状況を目の当たりにし、都市の不燃化に向けた基盤整備や将来の都市の発展基盤づくりに向けて、戦災復興土地区画整理事業が一九四六(昭和二一)年に開始された。建築に関する課題に対してはそれまで運用されてきた市街地建築物法が廃止され、建築基準法が一九五〇年に制定された。また宅地難の解消に向けて一九五四年に土地区画整理法が整備されるなど、制度も徐々に整えられ、都市の復興は進んでいったが、住宅不足はいまだ解消されなかった。

都市部の不燃化促進も重要な課題とされ、同潤会や自治体によってなされていた不良住宅改良事業を引き継ぎ、住宅地区改良法が一九六〇(昭和三五)年に制定された。一方すでに一九五〇年代半ばから始まった高度経済成長は、とくに三大都市圏に大きな人口集中を招き、住宅不足に加え、交通、スプロールなど新たな都市問題が次々と生じていた。都市部での住宅用地難から、土地の所有者との共同事業で住宅を建てる市街地住宅制度もつくられ、これらは一階が店舗などの施設となっていたことから通称「ゲタばき住宅」と呼ばれた。また都市計画と連携して都市改造をめざす線的、面的な市街地住宅も建設さ

れたが大量供給には至らなかった。

昭和三〇年代に入り、一九五六（昭和三一）年には首都圏整備法が制定され、大都市圏の整備が取り組まれる。また地方においても一九六二年には全国総合開発計画、新産業都市建設促進法が制定され、市街地整備や農地干拓、臨海部などでの工業団地の建設促進など新たな開発の試みがなされ、日本は高度経済成長期を迎えた。そうしたなかで日本において象徴的になされた都市開発は東京オリンピックに向けた首都圏の開発・整備であった。都市機能の充実と広域交通網の整備はますます地方から都市への人口流入を招き、急激に進行する都市化のもと、都市部には低家賃の木賃アパートが大量に建設され、郊外部は戸建て住宅の建設が増え、スプロール化が進行していった。そうしたなか、団地と呼ばれる生活施設を兼ね備えた新たな集合住宅地が郊外各地で計画され、数千戸規模の大規模団地が次々と建設されていった。

住宅不足の解消のためにはさらに大量の住宅供給が必要とされ、大規模な地域を対象とした住宅と生活施設を一体的に整備する開発手法が必要とされた。これらの開発はニュータウンと呼ばれ、その実現にむけては新住宅市街地開発法が一九六三（昭和三八）年に制定された。この法律は、全面買収による大規模なニュータウンの開発に向けての制度で、住宅と施設を計画的に大規模に配置し、新たな都市をつくろうとするものであった。その後生まれる多摩ニュータウンや千里ニュータウンなどはこの手法によって事業が行われた。

首都圏整備計画

戦後の都市化の進展のもと、東京を中心とする周辺七県を一体的に整備しようと首都圏整備法を受け、一九五八年には首都圏整備計画が策定された。首都への産業および人口の過度の集中を防ごうと衛星都市を設定し、既成市街地との間をグリーンベルトとする案などが構想されたが、緊急の課題である住宅難の解消が優先され、実現には至らなかった。その後も数度の改正がなされ、業務核都市を指定し、自立した都市圏が交通網で連絡されるネットワーク構造の首都圏をめざして政策が実行された。

07 住まいと街の連携、住宅団地の誕生

住まいの課題を住宅単体として捉えず、まちづくりや住宅地全体で考えていく発想はE・ハワードの『明日の田園都市』(一九〇二年)などが端緒となり、日本においても古くは小林一三による阪急沿線の開発(一九一〇年)や田園都市株式会社の東京郊外での事業(一九二二年)を通じて社会に提案された。

団地という言葉が最初に公的に登場するのは一九一九(大正八)年の都市計画法で、「一團地住宅経営」という用語が示されている。住宅団地はその後、居住性能、空間構成の面において一般市街地内の住宅建設とは違う独自の計画手法を発達させ、定着していく。ヨーロッパの第一次大戦後の集合住宅から大きな影響を受けた同潤会時代の集合住宅の計画手法に加え、日照時間の研究など居住性を守るうえでの物理的性能や配置手法の研究が住宅営団によって体系的に行われ、それらの蓄積が戦後の住宅難のなかで日本独自の住宅建設の基準につながっていった。一九四九年、建設省より団地型の住宅づくりに向けて「コミュニティへの道・都市計画一團地住宅経営」と名づけられた具体化の指針が示され、一団地での集合住宅の計画が徐々に行われていった。

住宅難の解消に向けては大規模団地が必要とされ、いきおい団地建設は郊外の山林や農地、臨海部の埋立て地などで行われ、まったく新しい空間が突如として郊外に生まれていった。住棟の配置に際しては、各住戸の性能確保への配慮だけでは均等で単調な空間となり、空間の匿名性が増すことからコミュ

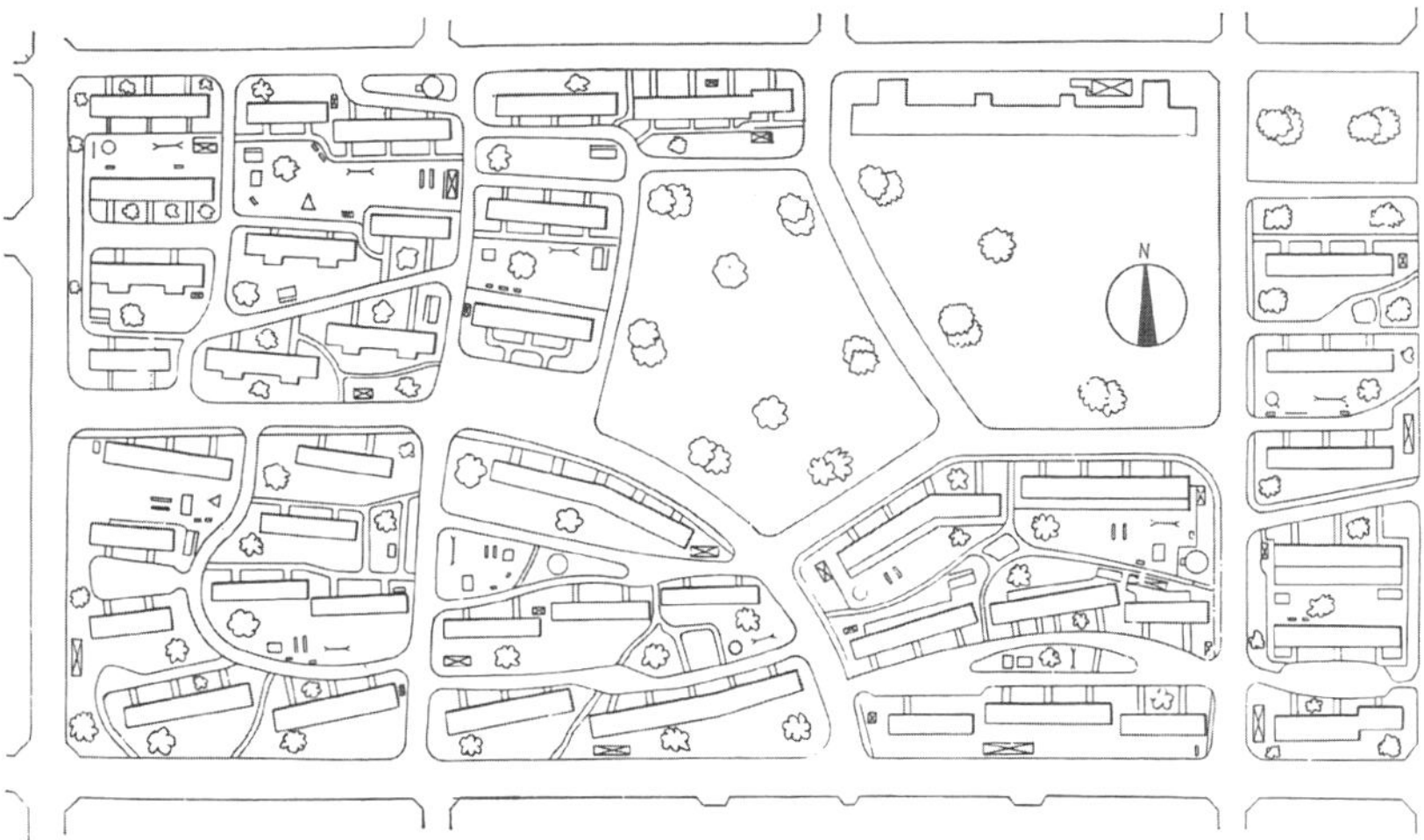

図3｜**大阪市営・古市中住宅配置図**（1953年、出典:『昭和の集合住宅史』日本住宅協会、1994年）

ニティ形成など生活上必要な要素を含む計画にならないと言われた。そこで住棟をある規模でグルーピングし配置する手法がとられた。北入り住棟と南入り住棟をペアでつくるNSペア手法や、数棟での囲み手法などが試みられた［**図3**］。規模がさらに大きくなると地域計画が要請され、一小学校区を単位とするグルーピング手法（近隣住区理論）や、また施設計画においても施設の利用人数に応じて段階的に施設整備を行う手法（段階構成手法）などの計画手法がとられた。集合住宅のみならず戸建て住宅においても計画的な道路計画のもと多数の住戸で形成される住宅団地が建設された。初期の団地づくりにおいても地域を意識する視点はあったが、周辺はいまだ田畑や山地であることが多く、周辺の開発、発展を想定するなかでの計画となるケースが多かった。

一方、都市部においても高層住宅が都市をつくる建築物として登場し、公団晴海アパート（一九五八年、一〇階建て）では初の公共高層住宅としてスキップフロアー方式が採用されるなど、新たな住生活に向けた試みがなされた。構造躯体も将来の住戸規模変更に備えた架構が取り入れられ、先進的な取組みが起こっていた。

08 豊かな暮らしを求めた団地の設計と管理

住宅の大量供給が最大の目的であった当時の団地づくりにあっても、居住環境、生活空間としてより良いものを供給しようとする努力がなされている。一般市街地と異なり、計画的に空間づくりができる団地の空間は、一見どこも同じで単調な空間に思われがちだが、地域計画やコミュニティ形成の観点からそれぞれ検討され、多様な配置設計が試みられていた。また、モータリゼーションの進展のなか、団地設計ではいち早く歩車分離がなされ、緑道と呼ばれる歩行者動線が軸として形成された。店舗や生活施設、集会所や広場、幼児の遊び場が緑道沿いに配置されるなど、コミュニティ活動を想定した配置設計や安らぎを演出する造園設計がなされた。現在ではそれらが成熟し、公園のように地域の環境に貢献している団地も多い。生活空間に安全性や快適性を持ち込む歩行者動線は、その後団地内にとどまらず区画整理などの周辺地区全体に連なる軸として位置づけられ、ニュータウンの計画や既成市街地でのまちづくり計画に大きな影響を及ぼした。

これらの試みは後年その傾向の分類がなされている。この分類では団地づくりを、自然、風土、地形から造形のテーマを見つけようとする「風土派」、日照条件、経済条件からデザインを決定しようとする「物理機能派(日照派)」、生活行為の解析からデザインのテーマを見つけようとする「生活派」、幾何学的要素にデザインの構成原理を置こうとする「幾何学派(抽象派)」、さらには複合的要素を持つ「自然派」、「し

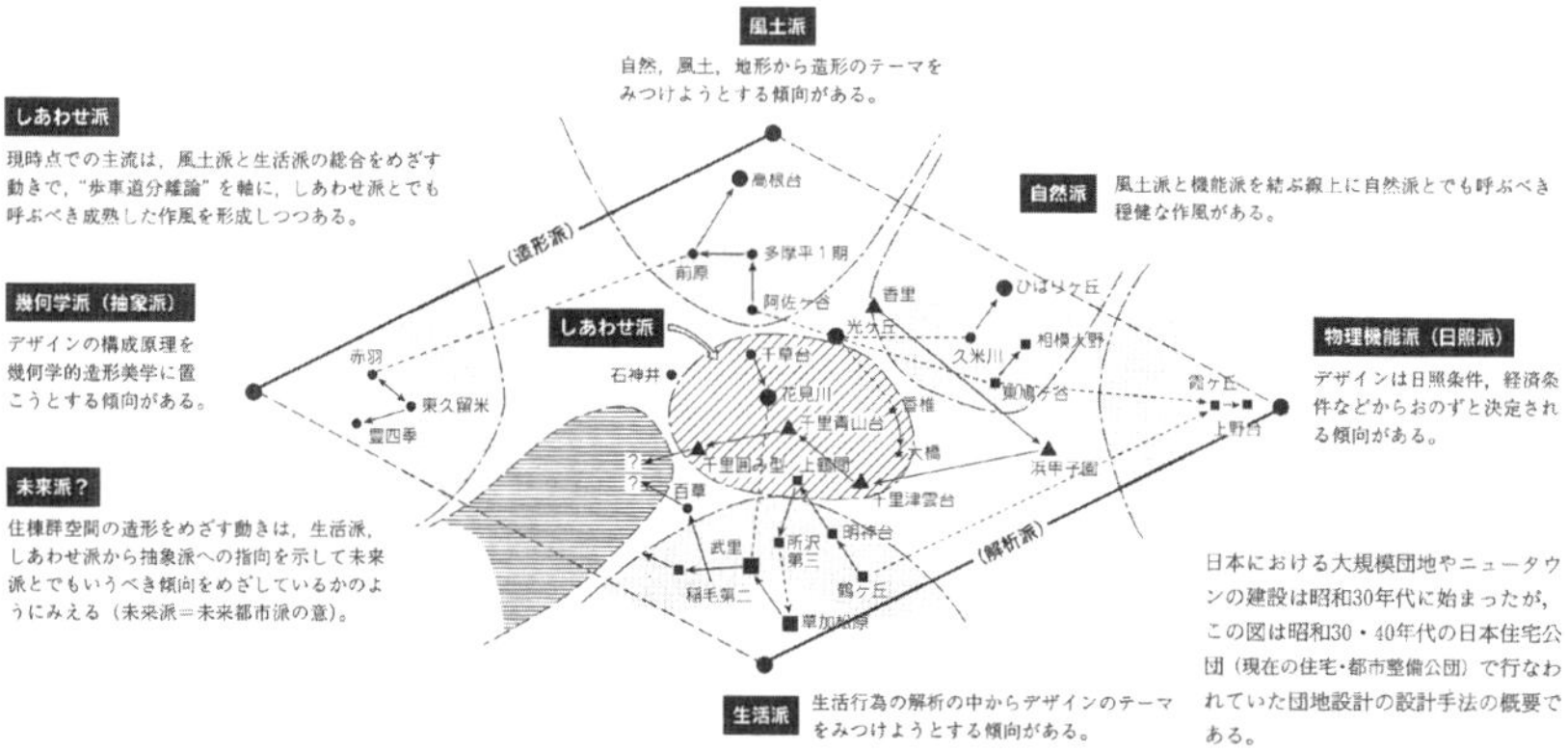

図4｜**団地設計の傾向を分類する試み**（杉浦進作図、出典:彰国社編『建築計画チェックリスト 集合住宅（新訂版）』彰国社、1977年）

あわせ派」、「未来派」を想定し、それぞれの代表作を示している［図4］。

　また、団地暮らしは当時まだ馴染みのない生活スタイルであったため、管理運営の面でも新たな模索がなされた。公団住宅ではヘルパーと呼ばれる大学の家政学、福祉学部出身の女性を管理補助者に配置し、新入居者に対して住宅や施設の使い方指導を行うほか、周辺の買い物地図づくりや行事の開催など、今でいう生活サポートやタウンマネジメント的な役割を担った。分譲住宅においても、当時は民法上の取決めしかなかった共有物管理に対して、譲渡人相互の意思の疎通のために管理組合の結成などの手法が試みられていた。今日ストック再生の時代において、既存ストックをより有効に活用するうえで、これら団地萌芽期のハード、ソフトの試みや問題意識、社会状況、設計の意図などを総合的に理解することもたいせつな視点ではないだろうか。

09
DKプランによる生活提案

住棟住戸の計画においても公的住宅の建設予算が厳しいなか、生活の近代化に向けて新たな生活提案が積極的に行われた。その代表例としてDK型住宅がある。庶民の住まい方については、住宅営団などが中心となり戦時中から調査がなされていた。従来の多くは和室を多目的に活用し、食事時にはちゃぶ台を取り出して食事をし、就寝時は布団を取り出して就寝するというものであった。この調査から、食べる場所と寝る場所を分ける「食寝分離」の考え方が提案されていった。

公営住宅では、標準設計のモデルを求めて有識者の委員会が持たれており、そうしたなかの提案のひとつに、「食事のできる台所」のある住宅があった。この「食寝分離」の考えがはじめて公的住宅の設計に取り入れられたのは一九五一(昭和二六)年に設計がなされた51C型と呼ばれる公営住宅標準設計である[図5]。設計にあたっては食寝分離と並んで、子どもと大人の就寝室を分ける就寝分離の考えも取り入れられていた。これらの新しい生活提案は公室と各個人の私室を分ける「公私分離」の考えに発展していった。戦争直後の限られた予算のなかで合理的な暮らしを求めた初期の小規模住宅における「台所・食事室」型住宅と、暮らしの豊かさを求め、公室私室分離に発展していったLDK型住宅を連続的には語れないという説もあるが、結果としてDK型住宅は、個室とLDKで構成されるnLDKと呼ばれる今日の日本の住宅の間取りの原型となった。

当時「台所・食事室」は公営住宅標準設計のほか、公務員住宅や国鉄アパート、郵政アパートなどの社宅においても実現されている。そしてこの新たな生活スタイルを提案する間取りは、一九五五(昭和三〇)年に発足した日本住宅公団の標準設計に取り込まれることにより大きく社会に広まることになる。公団ではこの台所・食事室を「ダイニングキッチン(DK)」と名づけた。台所の暗く寒々しいイメージを払拭しようとダイニングキッチンは南側に配置され、清潔感があり当時憧れの的であったステンレス製の流し台が開発・導入され、人気の間取りとして一気に普及していった[写真1]。

ダイニングキッチンの原型は、一九二〇年代にヨーロッパの小規模住宅において提案されていたヴォーンキュッヘ(リビングキッチン住宅)にある。ダイニングキッチン住宅の建設された昭和三〇年代の初期においては、まだ椅子式生活が普及しておらず、食卓テーブルが一般では入手できなかったため、住宅につくり付けで食卓テーブルを設置したとの記録も残っている。

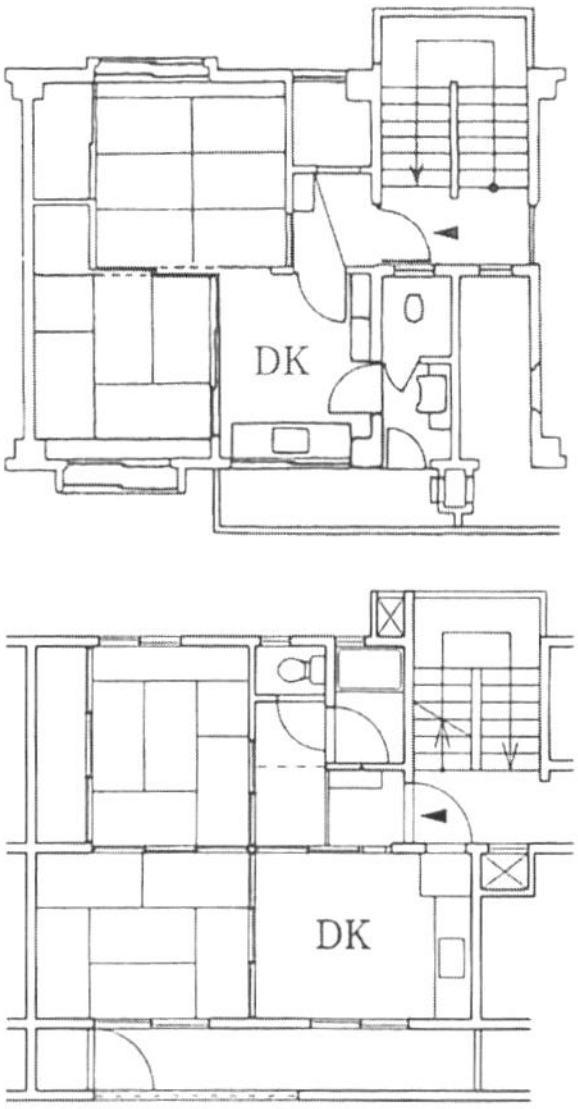

図5｜**公営住宅51C**(上)**と公団住宅2DK**(下)(出典:日本建築学会編『建築設計資料集成[居住]』丸善、2001年)

写真1｜**DKのインテリア**(出典:『生まれくる住宅と都市』日本住宅公団、1960年)

10 量産化とコストダウンをめざした建築生産の合理化・プレハブ化

戦後一〇年を経て経済が上昇しはじめ、住宅需要も増加し、その旺盛な需要に対して住宅の量産化の動きが活発化してくる。この時期の住宅政策の展開は住宅建設戸数の拡大を基調とし、公共住宅の建設計画において、住戸規模の拡大、不燃化率の上昇、中層耐火住宅の拡大が予算折衝の中心となった。

一九六三(昭和三八)年に来日した建築生産近代化の権威であるフランス建築総監カミュ・ボノムは日本政府に対し、直接的に関与できる公共住宅および公共建築の近代化に積極的な施策を講ずるべき、との助言・勧告を行った。こうした要請や助言を受けて、国は総力を挙げて量産化とプレハブ化の努力を始め、工業化の技術開発が推進された。

まず躯体設計において量産化、工業化が試みられ、工場で製作したコンクリート版を現場で組み立てるPC工法などにより、量産公営住宅として実績を上げていった。公団住宅においては、現場でPC板を築造し、建てていくティルトアップ工法や型枠を転用するMF工法も採用され、躯体の品質向上と施工の合理

写真2｜**ティルトアップ工法による住宅建設**(出典:『日本住宅公団10年のあゆみ』日本住宅公団、1965年)

写真3｜初期のプレハブ建物・ミゼットハウス。ミゼットハウスは3時間で庭先に建つ勉強部屋として、自分の部屋を持たない子供たちのために開発された。その後室内に流しなどの水廻りの整備が図られ、今日のプレハブ住宅につながっていった（提供：大和ハウス工業）

化が図られた［写真2］。さらに公団ではティルトアップ工法を発展させ、大型ＰＣ工法などにより、中高層集合住宅の技術開発に展開していく。これらの技術開発は従来の職人体制では大量供給に対応できず、新しい工場での大量生産方式の採用と不足する木材に代わる火災に強い不燃材料の使用をめざした時代に必然でもあった。この時期の建築生産の合理化とはおもに躯体生産の合理化であった。また、各公的事業者共通の標準設計が求められ、ＳＰＨ（Standard Public Housing）と呼ばれるＰＣ工法による公共量産住宅標準設計が開発される。ＰＣ工法は当初、ヨーロッパの技術の吸収から始まったが、雨の多い日本特有の気候に合わせ、ＰＣ板をつなぐ目地部の納まりを工夫するなど日本向けのディテールが開発された。また、屋上防水、断熱・結露防止工法、遮音の取組みなど、今日の集合住宅の基礎的な工法開発が官民協力のもと繰り広げられていった。

戸建て住宅の分野では、一九六〇年代に入り、ハウスメーカーをはじめとした住宅産業が形成され、各社はそれぞれの規格で部品生産を行い、住宅建設を進めていった。戸建住宅の建設に加え、庭先に勉強部屋を増築するプレハブ建物や工場製作率を上げた工業製品のようなプレハブ住宅などが商品化され、人気を得て多数建設されていった［写真3］。公共住宅系が共通のモデュールでのオープンなシステムに向かったのに対して、ハウスメーカーは特許や商品登録などの関係もあり、各社独自の部品群で構成されるクローズドなシステムのなかで住宅の商品化が競われた。

11 生産の合理化と生活の質向上にむけた設計の標準化と住宅部品の開発

標準設計は、大量生産が求められる生産・施工の分野において、大きな役割を果たした。標準設計はDK型、LDK型、K型の型系列を中心に、居室数や北入りや南入りといったアクセス方向別に体系的に整備されたが、それぞれの設計は共通の寸法ルールとディテールで構成され、多くの部品が導入しやすく市場に開かれたオープンなシステムで構成されていた。

住宅部品の分野ではKJ部品と呼ばれる公共集合住宅共通部品の開発が進行し、品質を保証する認定制度を備えた部品として、サッシやキッチンユニットなど新たな生活をつくり出す住宅部品がメーカーの協力のもと開発されていった。公団住宅と公営住宅を含めたKJ部品制度がスタートし、ステンレス流し台、台所換気ファン、スチールドア、小型洗面器などがKJ部品として登場した。一九六一年には住宅用アルミサッシが発売され、一九六五年ごろから急激な普及を見せた。一九六二(昭和三七)年にはハーフユニットバスおよびほうろう浴槽が発売され、一九六三年の洗面化粧台とともに、すでに普及しつつあったキッチンセットと合わせ、住宅設備回り部品はほぼ出そろった。一九六三年から本格的に建設が開始された量産公営住宅の内装には、床・壁・天井をはじめとしてパネルが用いられ、内装パネルの部品化も始まり、住宅部品が生活の質を規定する時代が始まった。

こうした時代状況のもと、標準設計は新しい住宅部品を製品化し、数多く世に送り出した。従来モル

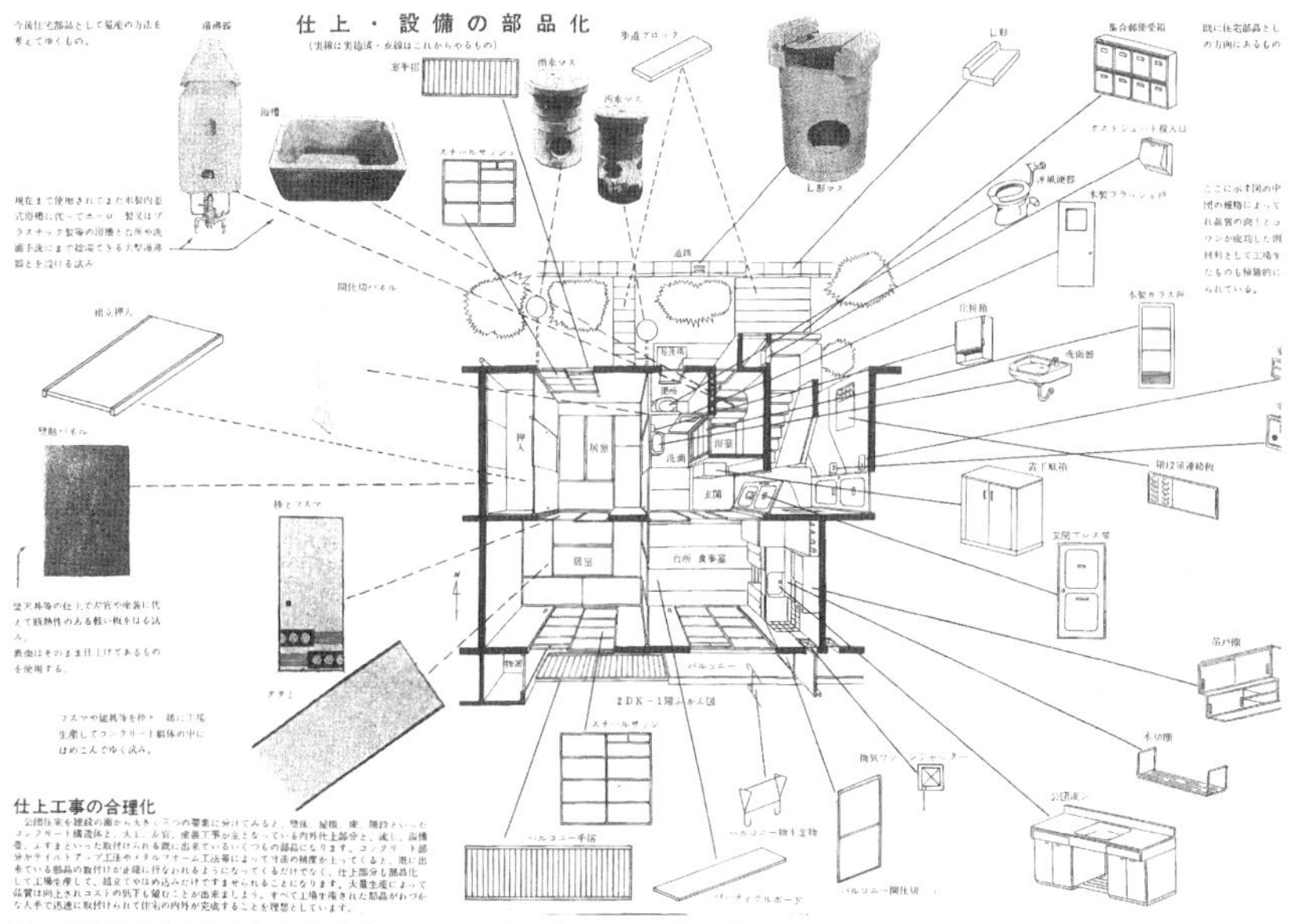

図6｜**規格化された住宅部品**(出典:『いえなみ』日本住宅公団、1962年7月)

タル系の材料でつくられていた流し台の表面材にステンレスを採用するなど、それまでの部品や材料の考え方を大きく変えるものであった。トイレについても、公団住宅においては一九五八(昭和三三)年に洋式トイレがはじめて導入され、翌年にはすべての標準設計において洋式トイレが採用された。浴室も当時の庶民の暮らしでは公衆浴場を利用することが一般的であったが、公団標準設計では当初からすべての住宅内に浴室が設置されており、バランス釜など安全に燃焼する風呂釜がガス会社によって開発されるなど新たな生活提案がなされた。

一方、規格化のために設定されたモデュールに対しては課題も生じた。面積上の制約から初期の標準設計はいわゆる「団地サイズ」といわれるモデュールが採用され、畳の寸法は従来の畳よりも小さなものとなっていた。団地暮らしが大きく社会に普及するなかで小さな畳は大きな問題となり、その後昭和四〇年代の標準設計で団地サイズは解消されることとなったが、一旦定着した小さな「団地サイズ」の畳のマイナスイメージはその後も長期間消し去ることはできなかった。

12 マンション法がもたらした第一次マンションブーム

昭和三〇年代、社会は高度経済成長時代に突入し、RC造の中高層住宅の建設が進んでいった。当初は賃貸が主流であったが、地価の上昇にともない、住宅の資産としての価値が意識されるようになり、分譲での供給が始まる。最初の分譲共同住宅は東京都により建設された宮益坂アパート(一九五三年、一一階建て)である。その後、公的機関は階段室型の中層住宅や庭付きのテラスハウスをおもに分譲したのに対して、民間の分譲住宅は高層住宅が中心であった。エレベータ付きのマンションは、住宅地が徐々に郊外に遠隔地化するなかで、都心部の利便性の高い高級住宅として受け入れられていった。このころから、当時普及していたアパートという呼び名と区別するかたちで、マンションという呼び名が高級感のある民間のRC系の中高層集合住宅に使われていった[表4]。

分譲の集合住宅は、所有権や法的位置づけ、共用部分の運営管理などについて民法上の規定しかなく、法的には十分な整理がなされておらず課題が残されていた。通称マンション法といわれる区分所有法が一九六二(昭和三七)年に成立し、管理組合の役割、専有部分と共用部分の区分と管理、改築、建替えなどの許可、議決の方法など多くの事項について定められ、ようやく分譲住宅という所有形態の位置づけが明確なものとなった。法律に沿って各マンションで管理規約が定められたが、当初は分譲会社や管理会社が個々に作成したもので、内容的にばらつきがあり、その後標準的な管理規約が国から示されるこ

表4｜**初期のおもな分譲集合住宅、マンション**

西暦	和暦	名称	事業主体・種別	建物概要	設計者	所在地
1953	昭和28.5	宮益坂アパート	東京都住宅協会	11階建て	東京都建築局	東京都
1956	昭和31.5	稲毛住宅	日本住宅公団	4階建て	日本住宅公団	千葉市
1956	昭和31	四谷コーポラス	日本信販	5階建て	佐藤工業	東京都
1957	昭和32	三田東急アパート	民間	9階建て	東急不動産	東京都
1959	昭和34	アジア信濃町マンション	民間	4階建て		東京都
1960	昭和35	市ヶ谷マンション	民間	7階建て	大日本土木	東京都
1964	昭和39	ヴィラ・ビアンカ	民間	8階建て	堀田英二	東京都
1965	昭和40	コープオリンピア	民間	8階建て	清水建設	東京都

となる。区分所有法の制定を契機に分譲住宅は増加し、一九六二年から六三年にかけて、第一次マンションブームと呼ばれる時期が到来した。マンションは一方で投資用の不動産として捉えられ、他方では居住用として郊外一戸建住宅に至る住替の一ステップとして捉えられ、その後に徐々に都市居住の一形態としての位置づけがなされるようになっていった。

昭和三〇年代後半は東京オリンピックを控え、多くの都市開発が始まっており、都市型高級住宅としてモダンなマンションは人気を集め、都心の好立地に建設されることが多かった［写真4］。第一次マンションブームが区分所有法の成立後のマンションの萌芽期、高級マンションが出始めた時代であったのに対して、この後住宅ローン制度の整備にともない、庶民が取得できるマンションが普及する第二次マンションブームが到来し、その後も時代の変動とともに何度かのマンションブームが到来する。

写真4｜**初期のマンション**（コープオリンピア、横田篤撮影）

Column

DKが生まれたころ、マンションが生まれたころ

参考資料：大月敏雄＋東京理科大学大月研究室「集合住宅写眞（第一六回 市ヶ谷マンション）」『住宅建築』二〇〇三年四月号

――DKが生まれたころ

DKの誕生にあたっては、女性建築家浜口ミホの活躍があった。自らもヴォーンキュッヘ型の住宅に住み、DK型住宅の普及に努めた。設計にあたっては浜口と家政学者の武保《たけやす》の間で調理台・流し台・コンロ台の配列をめぐる検討がなされ、実験を踏まえて配列が決定されていったという。また、ダイニングキッチン（DK）の命名は、日本住宅公団の初代設計課長であった本城和彦の提案であった。DKは、着実な調査に基づく新しいライフスタイル提案、明快な設計コンセプト、実験に基づく部品やディテール開発、そして新しいネーミングのもと誕生した企画であった。

昭和三〇年代、団地暮らしが始まったころ、なにしろはじめてのことだらけのなか、いろいろな事件や騒動があったという。ある私鉄沿線の団地では、初期入居後の初出勤の日は大変な満員電車となり、重すぎて電車が動かなくなったとか、鉄道ストライキの日は、当時は公衆電話が団地の中央にだけあり、会社に電話連絡するお父さんたちの長蛇の列ができたとか。また住戸内においても、初期のDKにつくり付けた机は、引っ越し時になくならないようにと鎖で床に固定していたとか…いろいろなことが起きたという。

――メーカーの協力による部品開発

次々と住宅部品が製品化されていったこの時代、メーカーの協力が不可欠であった。ステンレスの流し台量産に向けてプレス機を購入し社運をかけてチャレンジした話、最初に洋式トイレを採用した団地では、和式でも使えるよう両側に踏み台を追加で設置したという話、シリンダー錠の導入にあたっては盗難対策に加え、マスターキーの管理方法の模索など多くの試行錯誤と開発が、それぞれの部品メーカーの協力のもとで繰り広げられた。

――マンションという呼び名

マンションという呼び名は、昭和三五年に設計・分譲された市ヶ谷マンションがはじまりで、当時の不動産会社の担当者がヨーロッパ視察旅行中、この言葉を気に入り命名したとのこと。また、昭和三四年に建設された「信濃町アジアマンション」が第一号という説もあるが、販売当初は「信濃町文化アパート」として分譲され、一九六〇（昭和三五）年に「マンション」と名前変更したとされており、実際のところどちらが先かは定かでないとのことである。

（井関和朗）

1965▼1974

2

高度経済成長期

山口幹幸

2

高度経済成長期
1965▼1974

時代状況――

急激な都市化で住宅難時代を迎えたが、果敢な住宅政策を軸に、今日の大都市の原型を形成

わが国の経済は一九五五(昭和三〇)年から一九七三年にかけて年率一〇パーセント以上の経済成長を達成し、飛躍的な発展を遂げた。この高度経済成長期は社会的様相の異なる時代区分で分け、昭和三〇年代を前期、昭和四〇年代を後期高度経済成長期とされる。

一九六二(昭和三七)年の国民所得倍増計画の掛け声のもとに産業経済は活況を呈したが、さらに一九六四年の東京オリンピック、七〇年の大阪万博、七一年の札幌冬季オリンピックなど国家的事業の開催が景気拡大の追い風となり、六八年には国民総生産(GNP)が、当時の西ドイツを抜き、世界第二位となった。東海道新幹線や東名高速道路などの大都市間の高速交通網が整備され、エネルギーは石炭から石油へと変わり、太平洋沿岸にはコンビナートが立ち並んだ。カラーテレビ、クーラー、自動車の耐久消費財が新・三種の神器として喧伝され、消費主導型の戦後最長のいざなぎ景気が生まれた。こうした世界的にも例のない、第二次世界大戦後の復興から続いた経済成長は「東洋の奇跡」といわれた。

この経済の動きと歩調を合わせるように国内人口も年々膨らみ、一九六七(昭和四二)年にはついに一億人を突破した。都市では戦災後の住宅不足に喘ぐなか、経済成長と相まって住宅需要は一段と増大していった。この深刻な住宅難に対処するため、住宅建設計画法が制定され、公的資金による計

画的な住宅建設が始まった。公的主体の供給体制も整備され、住宅戸数は飛躍的に増大するが、地価高騰の影響などから市街地での建設用地の取得が次第に困難な状況となり、大量の住宅難民の受け皿として郊外に大規模なニュータウンが次々と建設されていった。都市は外延的に肥大化していき、膨大な人口を擁する今日の都市の原型が形成されていく。

郊外の団地開発を巡り、その過程では地元市町村との摩擦も生じるが、この歩みは後の質の高い住宅・まちづくりの先駆けにもなったといえる。また、住宅の大量建設は、高層建築物やプレハブ工法など建築技術の近代化を生み、生活の豊かさをもたらしたが、市街地の用途混在や生活基盤施設の遅れなどが重なり、日照紛争や公害問題などを引き起こす原因ともなった。この複雑化した問題解決に、公害対策基本法や新都市計画法の制定、建築基準法の全面改訂など、各種の法的整備が果敢に行われていく。

一方で、一九六二年の区分所有法の制定を契機に都心に民間の高級分譲住宅も誕生したが、一般世帯には手が届かないものだった。しかし、勤労者の所得向上や一九七〇年に持ち家取得を促す住宅金融公庫の個人向け融資の道が開かれたことにより、一般世帯の間に分譲住宅への取得意欲が高まり、都心近郊などにおいて一気に建設が加速化していった。分譲住宅が大衆化への路線を歩み始め、都市の新たな住まい方のひとつとして浸透し、定着していった時期でもある。

01 大量の住宅不足に対して計画的な住宅供給に着手

経済の高度成長によって都市への人口集中が強まり、核家族化の進行や一人世帯の増加、地価高騰などから住宅不足が深刻な社会問題となった。これを六大都市圏の住宅市街地の地価の動きで見ると、昭和三〇年代初頭からの一〇年間に約一〇倍、四〇年代末までの二〇年間で約四〇倍と、すさまじい勢いで上昇しており、当時の住宅・宅地の取得がいかに困難であったか想像できる［図1］。

この表面化した都市問題に対処するため、長期的視点に立ったわが国の将来像とその道筋を示すふたつの計画が打ち出された。ひとつは国土総合開発法にもとづく全国総合開発計画である。これは、構想としての国家経営戦略的な性格をもっており、国土的な視点から人口と工業の分散によって都市の肥大化を防止し、地域間の均衡ある発展を図ろうとするものである。

もうひとつは、首都圏整備法にもとづく首都圏整備基本計画である。市街地の無秩序な拡大と深刻な住宅不足に襲われている首都圏において、目標とする首都圏の建設と秩序ある発展を図ろうとするものであった。

いずれの計画も、昭和三〇年代に当初計画が策定されたが、激しい社会経済の変動にともない、四〇年代には軌道修正した第二次計画が示されている。たとえば当初の首都圏整備基本計画では、イギリスの大ロンドン計画に範をとり、既成市街地の外周一〇キロメートル圏にグリーンベルトを設け、市街地の膨張を抑制するという大胆かつ画期的な発想のものであったが、現状の急激な市街化の勢いを抑えることができず、第二次計画ではこれを断念し、計画的な市街地整備と緑地保全を図るという方向に政策転換を余儀なくされた。

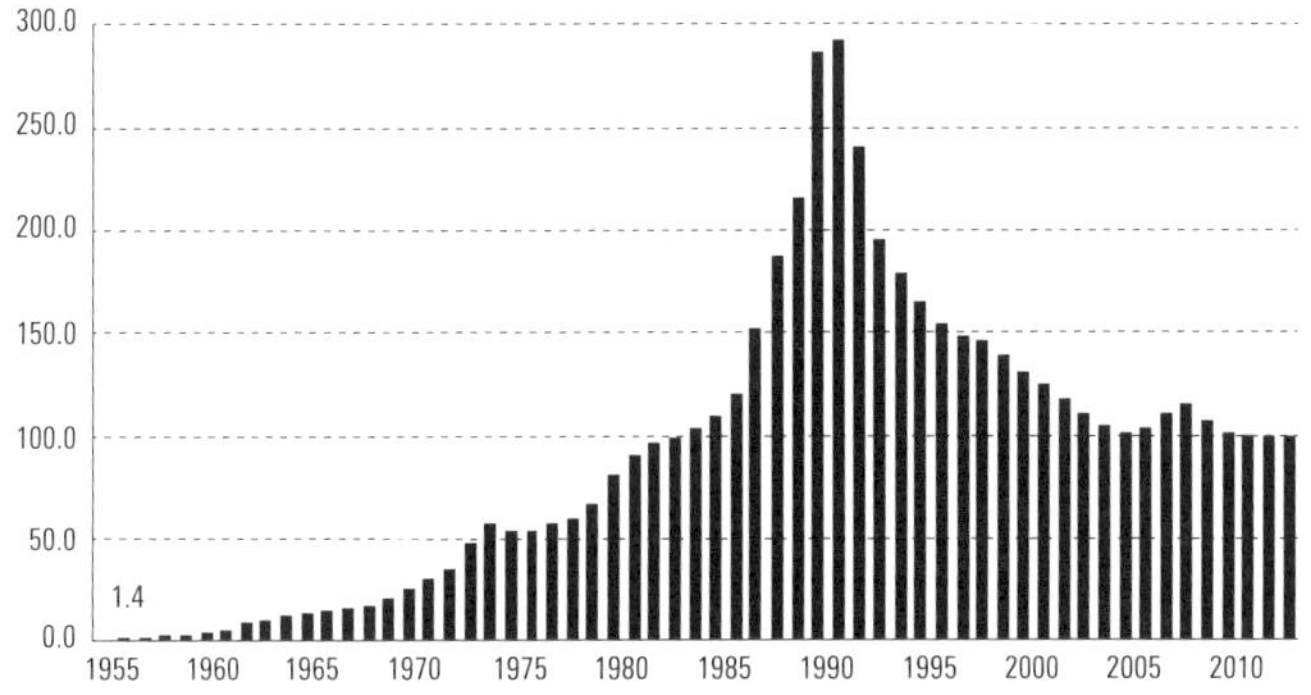

図1｜**住宅市街地の地価の動向**(6大都市圏)

これら計画に合わせ、長期的な見通しをもった住宅政策を確立する必要もあったことから、一九七六(昭和五一)年、住宅建設計画法が制定され、国および地方公共団体が住宅事情の実態に適応した施策を講じるものとした。つまり、直近の住宅統計調査などから住宅事情や社会的ニーズを捉え、住宅政策の目標や供給戸数、実現手法などを定めたのである。従来、その時々の予算措置で左右されてきた住宅建設は、今後、法の後ろ盾で計画に沿った確実な執行が期待できることになる。法制定の意義はそこにあり、わが国の住宅史上において画期的な試みといえる。

この時期には、一九六五年度を初年度とする第一期、七〇年度からの第二期の住宅建設五箇年計画が策定されている。第一期では「一世帯一住戸の実現」、第二期では「一人一室の規模を有する住宅の建設」をめざしている。

計画期間における供給実績は、その後の調査から、第一期が約一〇一パーセント、第二期は約八七パーセントとなり、量の充足という点で所期の目標が概ね達成されたといえる。

02 公的主体による住宅の供給体制が整備される

住宅建設五箇年計画における公的資金による住宅とは、公営、改良、公団、公庫の住宅などである。戦後、勤労者に対する住宅供給はおもに賃貸住宅であったが、昭和三〇年代後半から、経済成長による勤労者所得の向上と生活様式の高度化にともない、住宅に対する考え方も持ち家志向へと変わっていった。こうした背景をふまえ、中堅勤労者の持ち家取得を推進するために「積立分譲住宅制度」が創設された。これは地方公共団体の出資する法人が、持ち家を希望する勤労世帯から資金を受け入れ、一定期間にわたり積立を行わせ、その資金を頭金として残額は公庫からの融資を受け、当該法人が建設する住宅を分譲するものである。この法人を住宅供給公社とする法が一九六五(昭和四〇)年に制定された。一九六六年建設の世田谷区烏山北住宅は都公社の積立分譲住宅の第一号となった[写真1]。

写真1｜**世田谷区烏山北住宅**(出典:『東京の住まいとともに』東京都住宅供給公社、1996年)

同公社は、東京都のように住宅公社や宅地開発公社などが統合して改組した団体も多い。このため、従来から手掛けてきた一般分譲住宅の建設や宅地の譲渡、賃貸住宅の建設・管理などのほか、新たに土地収用権など特別法人の公的性格を与えられた団体として住宅政策の一躍を担う存在となった。これまでの全国公社による実績は、分譲住宅が約五六万

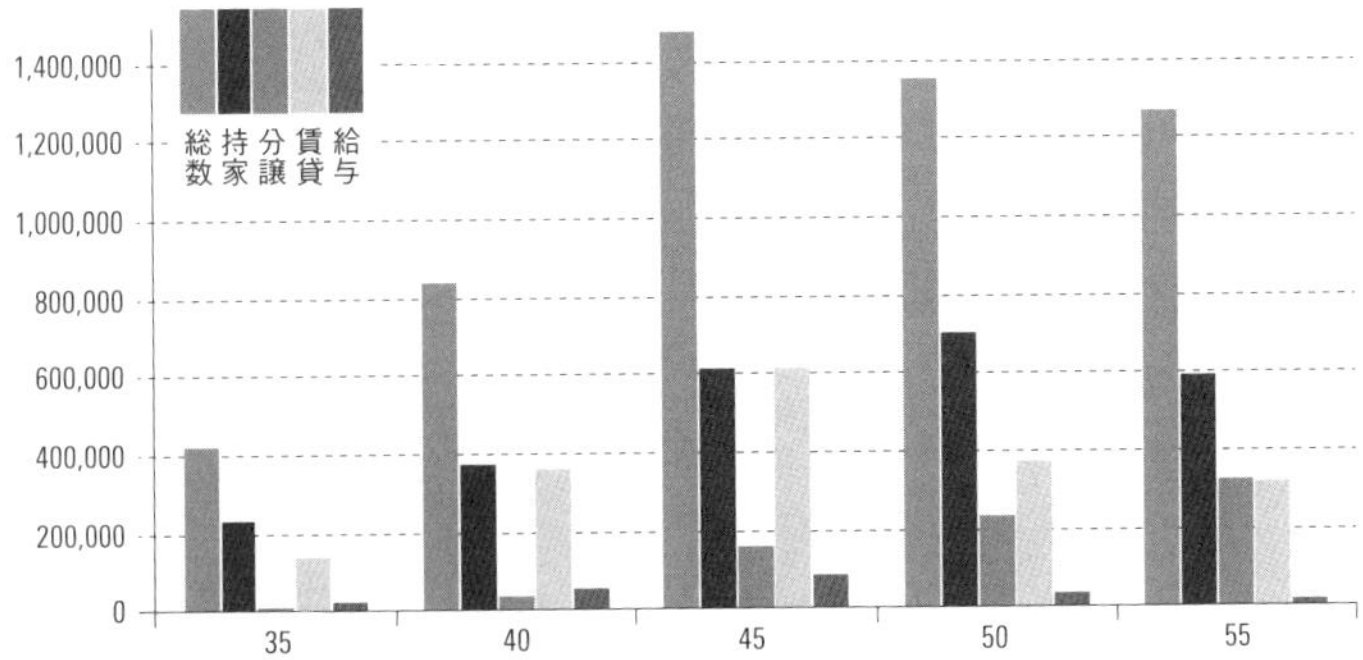

図2｜**居住形態別の新規着工住宅戸数の推移**（出展：総務省住宅着工統計）

五〇〇〇戸（五六公社）、一般賃貸住宅の供給は約一六万七〇〇〇〇戸（四七公社）に達している（二〇一二年度末現在）。

持ち家取得を促す制度の改正は公団でも行われている。公団は一九五五年の発足当初から分譲事業を手掛けてきたが、当初の「普通分譲住宅制度」*1は金利や償還期間の点で高額所得者でないと手が届かないもので、その対象は一般個人向けというより、むしろ社宅などに利用する事業者向けのものであった。その後一九六六年に発足した「特別分譲住宅制度」*2は、償還方法がサラリーマン向けという点で好評だった。七一年の「勤労者財産形成促進法」によって政府の持ち家政策が追い風となるなか、地元自治体からも、定住性や地元意識などの点で賃貸よりも分譲住宅を要望する声が高まり、一九七一年には年間一万戸を超える住宅が計画された。さらに、一九七三年には、勤労者の貯蓄動向を勘案し、家賃並みの負担で分譲住宅を供給する「長期特別分譲住宅制度」*3を創設し、分譲住宅の供給手法を一本化している。

公的な住宅供給主体の確立や制度改善が図られ、さらに一九七〇年以降住宅金融公庫の個人向け融資が加わることにより、勤労者の持ち家政策はますます充実していった［図2］。

*1——普通分譲住宅制度（一九六三年）は頭金なしの二〇年間の長期割賦方式の住宅として発足。当初六年間は民間資金、その後は政府資金であり、当初の割賦金償還額が高い。

*2——特別分譲住宅制度（一九六六年）は一時金を除く残額を当初五年間は元金据え置き利子負担のみで、六年目以降二〇年間に元利償還。

*3——長期特別分譲住宅制度（一九七三年）は「より良い住宅をより安い方法」で供給。当初五年間は利子負担のみで六年目以降、期間を二段階に分けて金利設定し三〇年間で元利均等償還。当初一〇年間は政府の利子補給がある。

03 住生活の質向上への転換点を迎える

高度経済成長を背景とした都市部への大量の人口流入にともない、都市部周辺の農地等の宅地化が進行して市街地が急激に拡大していった。一九六〇(昭和三五)年から一九八〇年の二〇年間において、人口集中を表すＤＩＤ面積が二・六倍に増加するなか、人口は一・七倍の増加にとどまり、人口密度は一平方キロメートル当たり一万五六三人から六九八三人まで急速に低下した。つまり都市への人口集積と都市的地域の拡大のなかで人口密度が低下し、人口が分散したことを示している[図3]。その結果、東京圏においては、二三区以外の多摩の市部、埼玉・神奈川など周辺県で著しい増加傾向が現れている[図4]。

昭和四〇年代初頭には三大都市圏に全人口の約半数が集中する事態にもなっていた。一九六四(昭和三九)年の東海道新幹線や一九六八年の東名高速道路の開通により、大都市間は日帰り圏内へと短縮され、経済圏は拡大したが、大都市圏への人口集

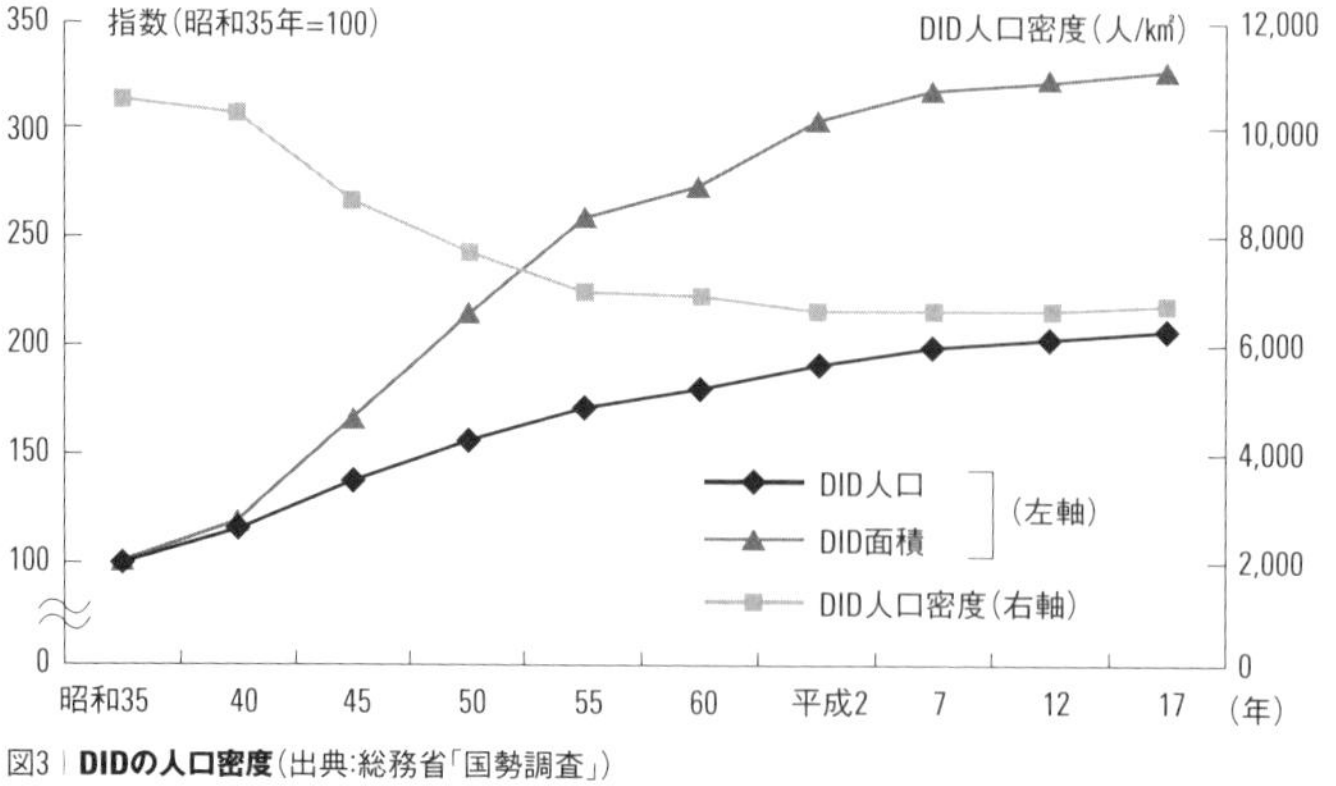

図3 | **DIDの人口密度**(出典:総務省「国勢調査」)

中にさらに拍車をかける結果となった。

都市化の波は、一方で生活圏域での社会資本整備の立遅れを招いた。深刻な住宅不足とともに、市町村道、下水道普及など生活関連施設整備の遅れが深刻であったほか、ミニ開発などによる土地利用の混乱が加わり、日照紛争などの公害なども生じた。

このように、旺盛な経済活動の裏で都市生活者は劣悪な住宅・住環境を余儀なくされていた。その改善にはさまざまな角度からの取組みが必要とされたが、とりわけ、住宅政策では住宅難の解消に主眼がおかれた。居住水準など住宅の質の問題に焦点が移ったのは、一九七五年の第三期住宅建設計画以降のことである。しかし、第一期計画で掲げた「一世帯一住戸の実現」は、一九六八年調査で総世帯数に対する住宅総数の割合が一・〇一と目標戸数を上回り、数値上は戦後の住宅難は一応解消したことになる。

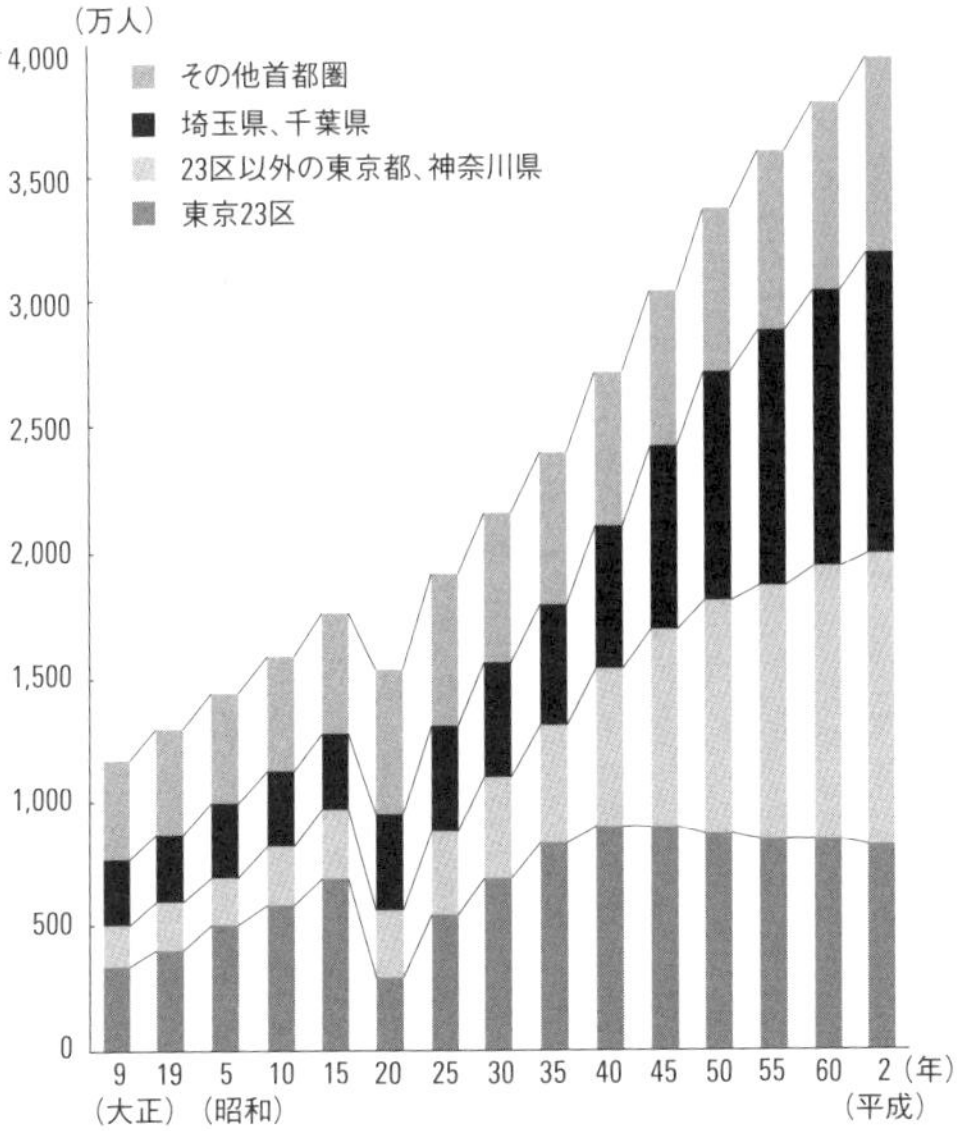

図4｜**外延的に拡大する東京圏の人口**(出典:総務省「国勢調査」)

これを転機にして住宅は「量から質の問題」という新たな局面に入ったともいえる。

当時の住宅の状況をみると、一住宅当たりの居室数、居室の畳数や延面積では、六八年から七八年の各調査年でそれぞれ増加したが、規模目標水準は民営の設備共用借家で著しく下回り、一人一室の規模確保という点では借家全体が目標に届かない。東京都内ではさらに厳しい住宅実態にあった。こうした住宅の質の改善は、その後の大きな課題になったのである。

04 多様な開発手法による市街地住宅の供給

一九五五(昭和三〇)年から続いた地価高騰の原因は、企業の設備投資の急増にともなう工業用地や、人口急増によって生じる住宅用地、第三次産業の伸長による商業用地など、土地需要の高まりにある。さらに、この時期は「一億総不動産屋の時代」といわれたように、土地神話の考えが蔓延し、地価の値上がりを期待した民間企業の投機的な土地取引や買占めがあったことも大きく影響した。列島改造ブームに沸き、金融が緩和されるなか、オイルショックにともなう物価高騰も加わって急激なインフレが生じたのである。

地価高騰に対処するため、一九六三(昭和三八)年の「不動産鑑定評価に関する法律」や一九六九年の「地価公示法」の施行、同年の短期保有土地譲渡の分離重課税などによる税制強化、一九七四年には国の金融引締めによる総需要抑制策が行われた。こうした一連の施策が功を奏し、地価は沈静化に向かい、一九七五年には地価公示価格が前年のそれを下回るという現象まで生じた。

こうしたなかで民間の宅地供給は、普通銀行などの民間金融機関が住宅取得者への融資条件を緩和し、個人取引を拡大した結果、活発な宅地需要が喚起され、大きく伸びた。これに反して、公的部門の用地取得は難航して厳しい状況におかれた。これは、第二期住宅建設計画の供給戸数の達成率において住宅金融公庫の実績が約一二〇パーセントと目標を大幅に超えたのに対し、公営や公団は六〇〜七〇

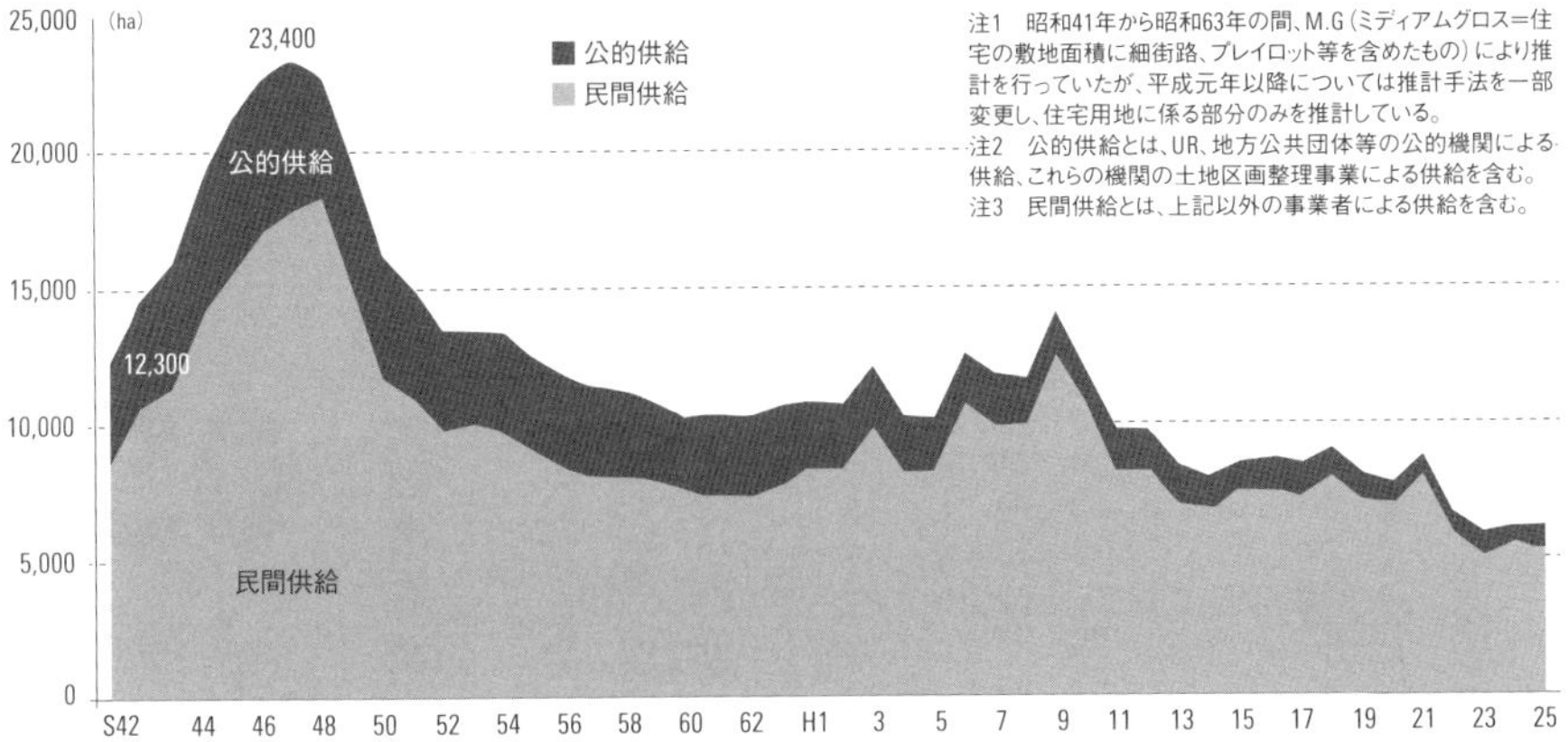

図5｜**宅地供給量の推移**

パーセントにとどまったことからも明らかである［図5］。

こうした地価の高騰は、都心部の居住水準の低下のほか、住宅地の郊外拡散や遠隔化を招いた。これに環境悪化なども加わり、都市生活の困難さを増幅させた。公害や日照問題などから操業に難のある市街地内の工場は、原材料の運搬や増設の困難性も重なり工場移転の機運が高まっていた。この工場跡地を公的主体が取得し、高層団地の建設が進められていった。一九六九年には都市再開発法が制定されたことで、住宅供給や防災上の観点から、一般市街地や墨田区、江東区などの工場跡地で、都や公団による市街地再開発事業が行われている［写真2］。

公団は、五六年度より既成市街地で地権者と連携し、借地方式で上階に公団住宅を併設する「市街地住宅制度」（ゲタばき住宅）による事業を推進してきたが、工場跡地などの買収方式を加えた「面開発市街地住宅制度」を創設した。また、東京都は、用地を取得せずに立地条件に恵まれた公有地を効率的に活用することを目的に、老朽化した都区施設の建替えを機に、上層部に都営住宅を建設する「合築」方式なども積極的に推進したのである。

写真2｜**北区堀船住宅**（1969年、都公社工場跡地利用の建設第1号）

05 大都市郊外で展開されるニュータウン開発の最盛期

昭和三〇年代以降の著しい地価高騰などの影響から、既成市街地やその周辺部で住宅適地が次第に減少し住宅の建設が困難となっていった。そのため地価が比較的安い大都市郊外に開発地を求め、そこで大量の用地を取得してニュータウンの建設が進められた。昭和三〇年代に始まったニュータウン建設のこれまでの実績は、事業継続中のものを含め二〇〇九地区、約一九万ヘクタール、全国の市街化区域全体の約一三パーセント（住居系用途地域との対比では約一五パーセント）と、大阪府にほぼ匹敵する面積にまで達している*1。首都圏での多摩ニュータウン、中部圏の高蔵寺ニュータウン、近畿圏の千里ニュータウンなどはその代表的なものだが、いずれも昭和四〇年代初期に事業に着手している。全国のニュータウンのほぼ四〇パーセントが同じころに事業を開始しており、地区数は四〇年代後半にはピークを迎えた［図6］。

ニュータウンは、地方公共団体、公団、公社などの公的団体、組合や民間など、さまざまな主体の単独あるいは複数の協働により形成されてきた。事業手法は、施行地区の六〇パーセント以上は土地区画整理事業で、新住宅市街地開発事業によるものも地区数こそ三パーセント未満と少ないが、その面積は全体の一割近くを占めている。この事業は、一九六三（昭和三八）年の新住宅市街地開発法にもとづくもので、居住環境の良好な住宅地を大量に供給することを目的とし、まさにニュータウン建設のために誕生

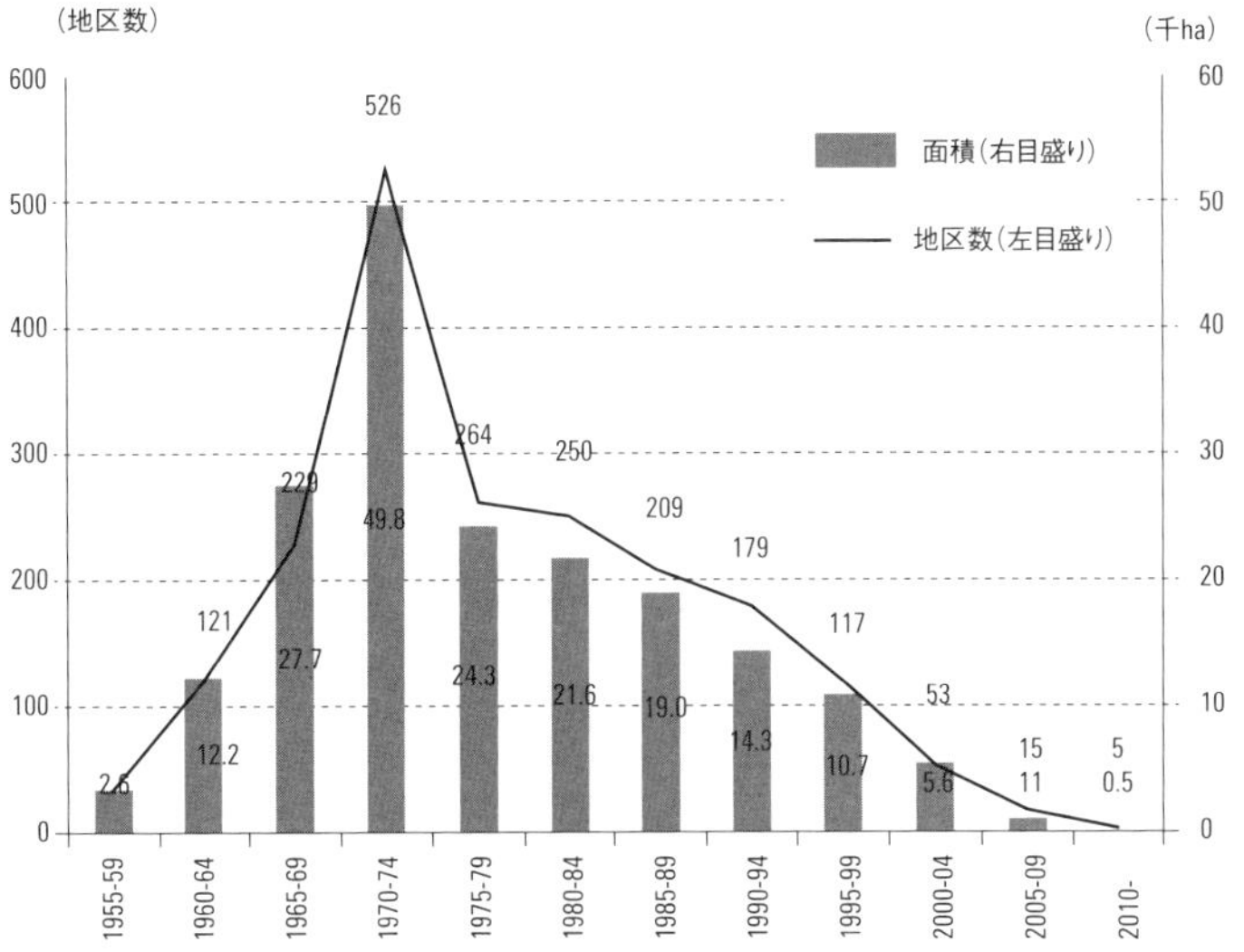

図6 | **ニュータウン事業実績の推移**(出典:国土交通省「全国のニュータウンリスト」)

した事業である。単なる宅地供給でなく、広大な地域全体の道路、公園、上下水道などの公共施設、学校、病院などの公益施設、適切な規模の住宅や店舗などを住区計画に定め、本格的なニュータウンづくりをめざしている。全面買収方式の都市計画事業によって施行し、健全なまちを形成するため、開発後に譲渡した造成地は五年以内に計画建築物を建設するといった規制もある。

東京の多摩ニュータウン建設は、この適用事例であり、区域の約八〇パーセントが新住宅市街地開発事業による。敷地は東西約一四キロメートル、南北二～三キロメートルにわたっており、計画人口が約二八万人、従業員数約八万人と世界的にも有数の規模を誇り、住機能を中心に、商業、業務、行政、文化などの複合機能が集積した、南多摩地域一帯の中枢にふさわしい自立性の高い都市をめざしたものである。

その後、一九六五(昭和四〇)年から二〇〇六年の約四〇年の長きにわたる開発も幕を閉じ、今日では風格ある都市に成熟した。しかし現在、既存住宅ストックの更新をはじめ、人口減少・少子高齢社会への対応という新たな時代の課題に直面している。

*1——全国のニュータウンリストは、①昭和三〇年度以降に着手された事業、②計画戸数一〇〇〇戸以上または計画人口三〇〇〇人以上の増加を計画した事業のうち、地区面積一六ヘクタール以上のもの、③郊外での開発事業(事業開始時にDID外であった事業)の各要件を満たすものである。

06
大規模団地の開発に求められた「地域まちづくりとの調和」

住宅の大量供給に重点が置かれたこの時期は、団地の大規模化と遠隔化が進んだ。団地が誕生し始めた昭和三〇年代初期には、団地建設が人口増加や商業活性化など街の発展につながると地元から歓迎された。一方、団地計画は予算などの制約から、結婚間もない夫婦などが対象の小規模住戸に偏ったものであり、入居後には保育所や幼稚園、その後の小・中学校施設が必要となり、上下水道や清掃事業などを含めれば、行財政需要の急激な増加をもたらすことになる。また、公団などの団地建設は、地域周辺での民間開発を誘発し、こうした動きがさらに行財政を圧迫してしまうという皮肉な結果を招いた。

新住民となる団地入居者の市町村へのさまざまな苦情や要求がエスカレートし、これが過大な行政負担となると同時に、周辺との整備格差を生み出すことになっていった。団地入居者の地域への帰属意識が低いことも地域住民や市町村の反発を招き、こうした背景から、建設計画の地元折衝が難航し、事業着手が困難となる局面を迎えていく。住宅関連施設の未整備が財政力の弱い市町村の財政を圧迫し、団地を受け入れる側との間にその歪みが顕在化して「団地建設お断り」との風潮が広まっていったのである。

この動きは、一九六七(昭和四二)年に兵庫県川西市での行政指導の指針となる「宅地開発指導要綱」制定を契機に横浜市、町田市へと続き、急速に全国市町村に広がり、一九七七年末には八八五団体におよ

写真3｜**団地内の生活風景**（出典:『住宅50年史』東京都住宅局、1999年）

んだ。開発負担の問題は、団地規模の拡大が加速化する昭和四〇年代には大きな摩擦となって現われた。開発にともなう地域整備費は建設コストに含まれ、最終的には家賃に反映される。建築資材などの高騰が家賃の高額化を招いた。これは、新旧入居者の家賃不均衡などにまで発展し、この負担問題は社会問題化し、国会でも採り上げられた*1。地域整備に関わる自治体負担については五六年の国の四省協定*2、六七年に立替制度創設（五省協定）*3で取り決められた経緯がある。建設ラッシュのなかで再燃した問題といえ、あらためて国会審議を経て、七七年、国が特定財源を確保することにより一応の決着をみたのである。建設にあたり地元調整が難航したのは公営や公社も同じであった。都営住宅では六八年、七三年に地域開発整備要綱*4を策定し、また公社住宅にも適用して地元との調整を図った［写真3］。

これは突き詰めれば、国の住宅政策と市町村レベルの地域計画、また、小規模世帯に偏った住宅供給や自己完結型の団地構成と周辺地域との問題であり、相互の整合性を欠いた点に原因があった。このため、団地開発では「周辺融和」「地域の中の団地」「自然を生かす設計手法」などがその後の重要なテーマとなっていった。

*1——第六九回衆議院建設委員会（昭和四七年七月二一日）、第八〇回同委員会（五二年五月二五日）

*2——「日本住宅公団の行う住宅建設に伴う学校施設の建設に関する諒解事項」。公団が地方公共団体の同意を得て、地方公共団体に代わって、公団の資金で学校施設を建設し譲渡できる制度。

*3——「宅地開発又は住宅建設に関連する利便施設の建設及び公共施設の整備に関する了解事項」。公団開発にともなう小・中学校、幼稚園、保育所、道路、都市公園などを整備し、自治体が長期割賦で返済し、地方債で充当する。

*4——昭和四二年「都営住宅建設に関連する公共公益施設の整備に関する要綱」、四八年「都営住宅建設に関する地域開発整備要綱」。公園や道路などの整備のほか、四八年以降は学校や地域施設の整備など財政援助を大幅に拡充した。

07 本格的な住宅高層化への幕開け

住宅高層化の流れを都営住宅の歴史で見ると、昭和二〇年代には平屋の木造住宅が中心となっていたが、一九五五（昭和三〇）年ごろには簡易耐火住宅も建設され始め、六二年にはわが国初の量産化をめざしたコンクリートパネルによる低層のプレハブ住宅も出現する。その後、「住宅建設五箇年計画」の始まる昭和四〇年代に入って耐火造の中層住宅が一般化していく。都営の高層住宅は一九六四年にはじめて建設されるが、主流になったのは一九九三年以降のことである。

写真4｜**東京都戸山ハイツ団地**（1967年）

公団の一般団地で高層住宅が出現するのも一部例外を除いて一九六五年以降のことである。当初は建設戸数のわずか数パーセントにすぎなかったが、一九七四年には約半数に達している。市街地住宅制度によるものも加味すると、この時期にはもはや建設の主流であったといえる。

都公社の賃貸住宅の建設戸数は、一九七一年を境にして高層によるものが中層を逆転し、翌年にはすべてが高層住宅となっている。このように、昭和四〇年代は、いわば住宅高層化の幕開けであり、後半にかけて急速に普及拡大していった時代といえる［写真4］。

住宅の規模は、高地価などを背景とする住宅事情もあり、住宅密度をより高め、戸数を優先した２ＤＫなどの小規模住戸が中心であった。また、多くの住戸を配置できる南北軸のツインコリドール型や中廊下型の住棟形式が多用された。市街地住宅では、容積率二〇〇パーセント、一ヘクタールあたりの住戸密度は三〇〇戸、人口密度は一〇〇〇人という高層高密住宅が平均的な姿となっていた［図7］。

高層住宅が生まれたのは、いうまでもなく建築の計画、構造、施工面など各分野での技術の進歩によるものだが、その裏には、住宅難の解消という命題のもとで生じた地価の暴騰や住宅用地の不足、市町村との建設協議の難航、オイルショック後の資材高騰など、高層化が必然的に要請される社会的事情を抱えていたからでもある。

国は、都市の合理的かつ健全な土地の高度利用を促す「都市再開発法」（一九六九年）、都市周辺部からの工場移転と跡地の宅地化を促す「工業再配置促進法」（七二年）、公有地として先行取得できる「公有地拡大法」（七二年）を制定するなど、宅地の細分化や民間の乱開発を未然に防止し、適切な住宅立地と高層化を促すために必要な施策を次々に講じていった。

これに合わせ、第二期住宅建設計画では、「職住の近接を図り居住環境の改善に資するため、住宅の高層化及び市街地の再開発を促進する」とした。昭和四〇年代は、計画市街地のニュータウン建設の本格化した時期でもあり、郊外の大規模団地と既成市街地での再開発を軸にして住宅の高層化が果敢に進められたのである。

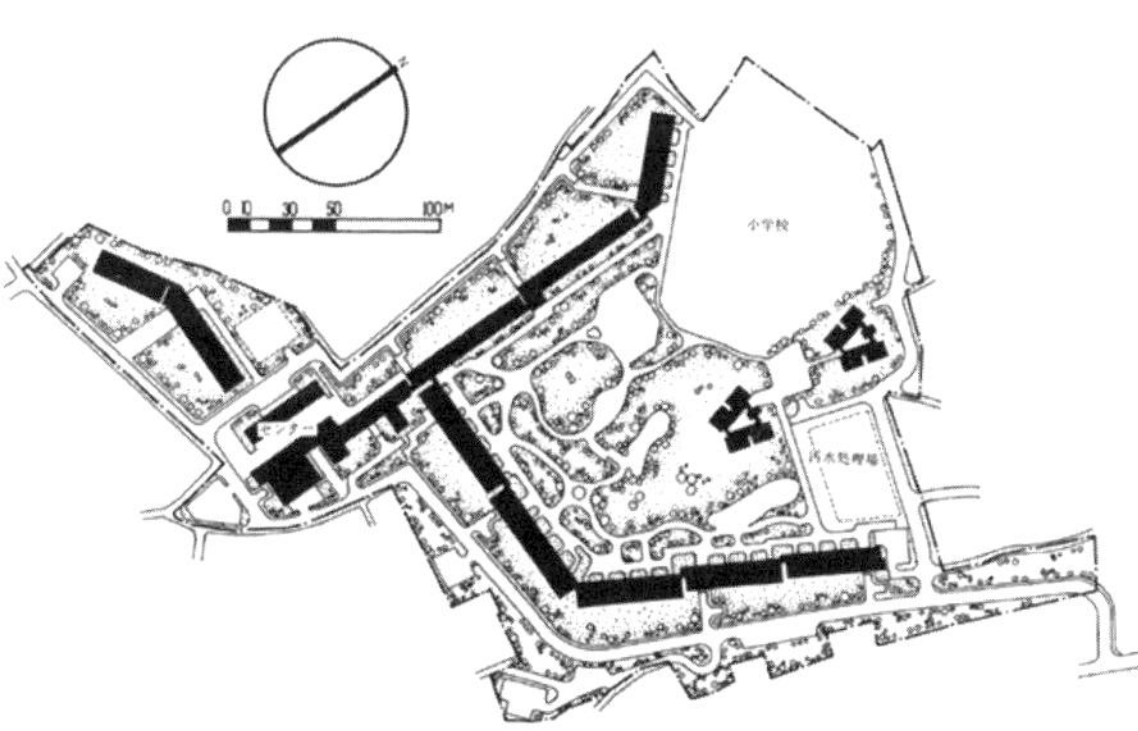

図7｜**横浜市南神大寺団地**（1970年）

08 住宅の大量供給を支えた技術開発

住宅の大量供給という国家的要請に応えられたのは、住宅の計画、構造などに関する数々の研究や技術開発、多様な技術交流を通じて、施工体制の整備や実用化に公共が率先して取り組んできたからであり、この先導役となった公団の貢献は大きい。公団による住宅建設は、昭和三〇年代に始まり、一九七一(昭和四六)年のピーク時には年間八万戸を上回った。良質で安価な住宅を大量に建設するため、公営住宅などによる建設技術の蓄積をもとに在来技術の合理化を進めるとともに、自ら工業化技術を生み出しその普及定着を図った。その基本となったのは「標準設計制度」である。

この制度のねらいは建物設計の標準化を行うことで計画から工事監理に至るあらゆる作業を簡素化し、住宅建設全体の効率化を図ることであり、昭和三〇年代以降に確立していく。こうした動きのなかで、一九六二(昭和三七)年には都営の東京街道団地で初の工業化による低層公営住宅の試作建設が行われ、量産公営住宅の建設が始まる。工業化住宅は一九五八年から増加し、最も多い時期には建設戸数の約二三パーセントの二万戸に達した。標準設計主体の大規模団地が続々と出現し、住宅の量産化が威力を発揮した時代である。

標準設計は、型枠やフォーム タイ等の施工上の開発を導き、住宅の規格化や量産化、工業化の道を切り開いた。シリンダー錠やステンレス流しなどの住宅部品(KJ部品)のほか、PC工法*1やMF工法*2

などの新工法開発の糸口になった。工場製作のＰＣ板は良質で工期短縮が可能となるほか、現場労務量の節減などにつながる。また、ＭＦ工法は、型枠費を節減するとともに、躯体精度を高め、内装材や設備の部品化などを可能としたのである。一九七三（昭和四八）年には優良住宅部品認定制度（ＢＬ）を発足し、一般住宅も含めた部品へと展開した。ＢＬ部品は新しい住生活や多様な住要求に対応し、性能、品質、アフターサービスなどに優れた住宅部品として性能を保証し認定するもので、この制度を通して、住宅部品の普及、産業の育成、住宅設備の向上が進められた。

これらの技術は昭和四〇年代に中層住宅を中心に確立され、その後もＰＣ工法はさらに普及拡大し、やがて高層化も実現していく。このことは、公団が先鞭をつけたＰＣプラントが民間でも建設されはじめ、製造者との提携により一般の施工業者でもＰＣ建設が受注できたことや、施工業者の鋼製型枠の保有率の高まりやリース制度が導入されたのが大きい。一九七〇（昭和四五）年には国、公営、公社、公団などの事業主体とプレハブ建築業界との共同作業によるＳＰＨ*3の開発により、全国の公営や公社住宅でも中層ＰＣ造が建設されるようになり、建設戸数は飛躍的な伸びを示した。一方、高層住宅建設の増加にともない工期短縮の要請から工業化が求められ、このためにＨＰＣ（Hard Precast Concrete）工法*4が開発され、一九七〇年に実用化の運びとなった。北区豊島五丁目団地は公団のＨＰＣ第一号であった。

しかし、量産化住宅は、一九七二年以降には減少の一途をたどり、一九七七年、標準設計の取止めにともない廃止された。標準設計、量産化による住宅の画一化が問題とされ出したのである。社会における生活の多様化が進み、住宅に対する需要者の個性的、美的要求に十分応えられる生産システムの開発の必要性が認識され、その後、住宅の多様化への模索が始まっていった。

*1――壁式プレキャストコンクリート版組立工法
*2――鋼製型枠工法
*3――共住宅中層量産住宅標準設計
*4――鉄骨プレキャストコンクリート部材組立工法

09

戸建て住宅プレハブの躍進

プレハブ住宅は、低層住宅の分野ではわが国においてのみ定着したもので、一大産業を形成するまでに至った。それは日本人の生活様式や住宅市場という点で諸外国に比べ恵まれた条件もあるが、量産化の手法のみならず、住まいの性能や機能のより高度な快適性を追求してきた成果ともいえる。先進的な住宅部品の共用化などで在来工法にも影響を与え、住宅産業全体の資質向上に大きく寄与してきた。

わが国のプレハブ住宅は戦後間もなく産声を上げたが、当時はいずれも企業としては成功せずに消えていった。一九五五(昭和三〇)年の大和ハウス工業の「パイプハウス」が民間市場で成功した初のプレハブ建築とされる。この考え方のもとに同社が低層住宅用に開発した一九五九年の「ミゼットハウス」は、量産化され、コストが安いことなどから爆発的に当時の社会に受け入れられた。この刺激もあり、翌年には積水化学工業の「セキスイハウスA型」、翌々年に松下電工(現パナホーム)の「松下一号」などが相次いで発表され、本格的なプレハブ住宅へと発展していった。この一連の動きは産業界に大きなインパクトを与えることになり、昭和三〇年代中ごろから鉄鋼や建築材料のメーカー、化学工業などが推進母体となったプレハブ住宅の生産が始まり、鉄骨系、木質系、コンクリート系など多くの住宅メーカーと開発技術者を誕生させた。

ミゼットハウスが発表された一九五九(昭和三四)年以降、オイルショックによる経済の減速が始まる

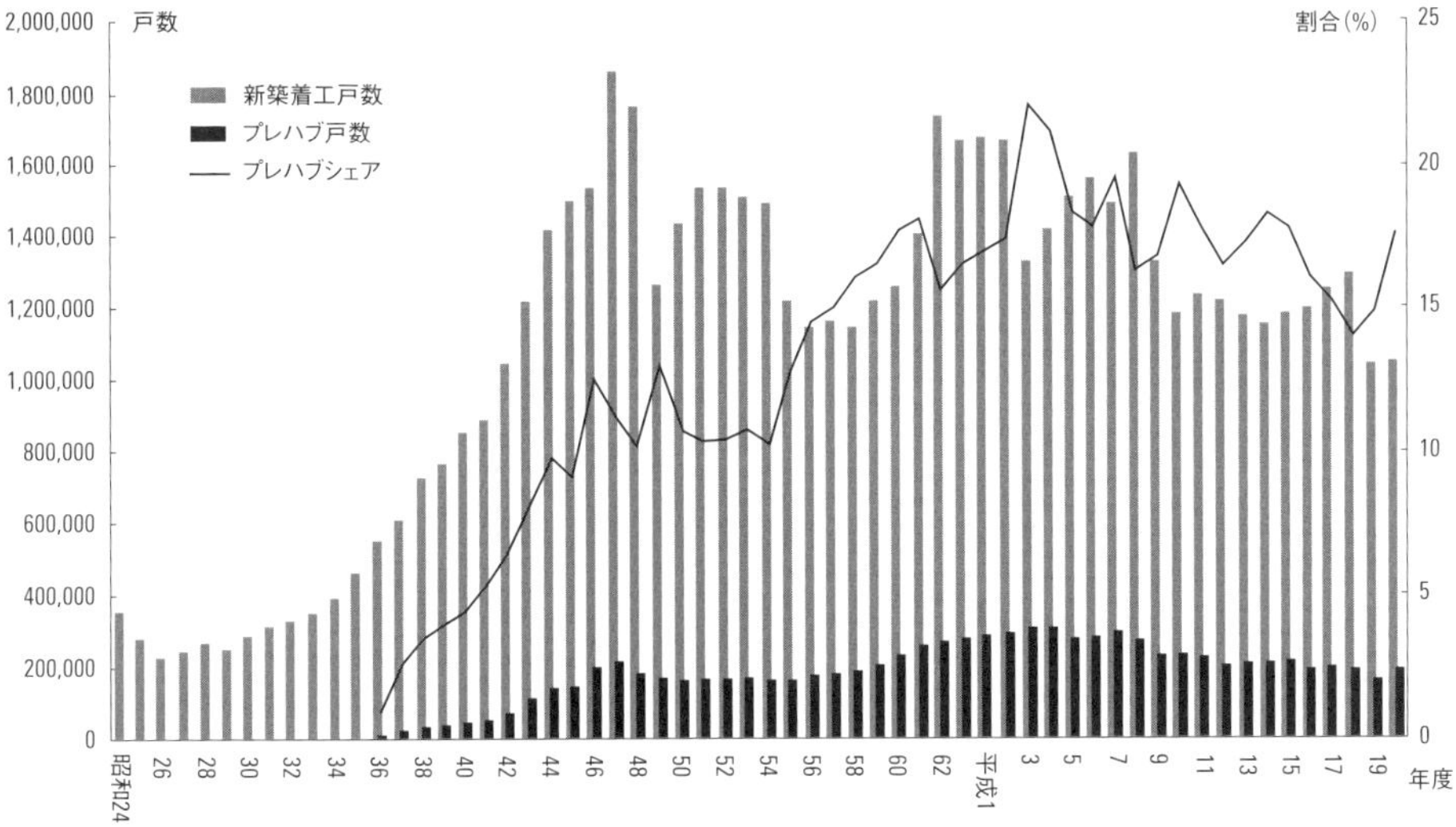

図8｜**新設住宅着工戸数とプレハブ住宅シェアの推移**（出典:国土交通省「住宅着工統計」（社）プレハブ建築協会資料）

一九七三年まで住宅業界は凄まじい活況を遂げ、七三年には新築着工住宅建設戸数一八五万戸と史上最高の数字を示し空前の住宅ブームを迎える。このなかでプレハブ住宅は一九六五年に年間販売戸数が一万六〇〇〇戸であったものが、七〇年に六万八二〇〇戸、七八年には一一万八〇〇〇戸と過去最高となり、全体に占めるプレハブ住宅の割合も年々増加し一〇パーセントにまで達した［図8］。

この背景には、企業自らが銀行とともに開拓したプレハブ住宅ローン、公団や公社、電鉄会社などと提携した団地開発、代理店や特約店方式による販売網や住宅総合展示場による独自の販売方法、一般社団法人プレハブ建築協会の設立、住宅金融公庫の不燃組立て住宅への割増融資制度などの取組みがある。これらは、庶民や工務店の住意識の向上に影響を与えるとともに、企業の技術開発に刺激を与え、住宅の普及と住宅産業の成長支援につながった。

しかし、建設ブームに並行してクレーム件数が増加したこともあり、国は、一九七二（昭和四七）年に「工場生産住宅等優良工場認定制度」で品質管理の考え方を、翌年に性能目標を定めて設計する「工業化住宅性能認定制度」を導入している。プレハブ住宅の主題を量から品質や性能とする大きな転換であり、建築業界全体に対して大きな影響を与えることになった。その後もプレハブ住宅は時代の要請に適応しながら進化を遂げていくのである。

10 分譲マンションの大衆化路線が定着する

一九五六（昭和三一）年に建設された日本信販による「四谷コーポラス」［写真5］は、わが国初の分譲マンションとして話題になったが、半世紀後の今日において分譲マンションは都市型居住形態としてすっかり定着している。それには一九六二年の「マンション法」*1制定が大きな転機となった。この法律によりマンションの資産としての位置づけが明確となり、担保対象として銀行の融資を受けて購入が可能になったからである。東京オリンピックなどの景気刺激もマンション建設への追い風となり、公団の団地型マンションや都心部の民間高級マンションの開発が進んだ。この時期は一般には第一期マンションブームとされている。原宿駅前の「コープオリンピア」もこの時期に建設され、日本の億ション第一号ともいわれる［写真6］。

その後も、マンション建設にはいくつかの波がみられ、昭和四〇年代中ごろまでが第二次、同年代後半が第三次のマンションブームと称される。第二次ブームは富裕層から一般庶民、法人から個人向けに供給の流れが移り、「大衆化路線への転換点」でもある。都心近郊で五〇平方メートル程度の住宅ローン付きマンションで、今日の「第一次取得者向け」を先取りしたものであり、新宿区「秀和外苑レジデンス」［写真7］はその一例である。

第三次マンションブームは、「大衆化路線が定着」した時期で、一九七〇（昭和四五）年の公庫の個人向

写真5｜**四谷コーポラス**

写真6｜**コープオリンピア**

写真7｜**秀和外苑レジデンス**

け融資が発足したのを契機として供給が拡大した。オイルショックなどで価格が高騰したため、既成市街地よりも比較的低価格で購入できる多摩ニュータウンなどの物件が注目され、販売戸数が一九七三年には全国で販売戸数が一五万戸を超えるほどのブームになった。

こうして住宅難解消の一躍を担ったマンションが普及拡大した背景には、公団・公社による分譲住宅の供給とともに、利用しやすい個人向け融資を実現した住宅金融公庫や普通銀行など民間金融機関の改革によるところが大きい。

公団の特別分譲住宅制度や公社の積立分譲住宅制度が、個人向け住宅や民間の従業員宿舎の供給を促す一方で、公庫がプレハブ住宅への融資に道を開き（一九六二年）、高層分譲住宅購入資金融資制度（七〇年）を発足したことが、マンションブームを巻き起こす大きな原動力になったのである。

民間金融機関の住宅ローンは、六九年には公的機関の貸出残高を上回り急速な伸びを示したが、それは住宅ローンの利用拡大への環境整備に努力が払われてきたことによる。購入者が無理なく返済でき、同時に金融機関がリスクヘッジできる方策として、昭和四〇年代後半に抵当証券制度や信用補完制度が創設されたほか、住宅金融専門会社が設立されたことが大きな影響を与えている。

*1――区分所有法（「建物の区分所有等に関する法律」）は分譲マンションをおもな対象としているため、「マンション法」と呼ばれことがある。

11 都市公害問題への対応が求められた住宅開発

急激な工業化の進展や都市開発にともない、河川や大気汚染による環境破壊、新幹線や空港の騒音などの公害が深刻な社会問題となり、昭和三〇年代後半には、各地で反公害運動が高まった。昭和四〇年代には、チッソ工場の廃液が原因とされた熊本水俣病などの代表的な四大公害訴訟も起きている。このため一九六七年に公害対策基本法、七〇年に水質汚濁防止法などが制定された。そして、七〇年の通称「公害国会」では、公害対策関連法のなかで「生活環境の保全について経済の健全な発展との調和を図る」との規定、いわゆる「調和条項」が削除された。これは、これまでの経済優先の考え方が反省され修正を加えたことに大きな意義があり、歴史的な転換点であったといえる。翌年の環境庁設置、一九七二年のストックホルム国連人間環境会議の開催など、これを起点に環境重視の方向に国の政策は大きく舵が切られていく。

こうした環境意識の高まりのなかで、大都市の既成市街地において幅広い用途地域でマンションが建設され、住宅と工場の混在などから騒音、大気汚染、水質汚濁などの都市公害、高層建築物による日照阻害や電波障害などの問題が深刻化した。また、都市の外周部では、無秩序な市街地の拡散や道路・下水施設などが未整備の不良住宅地が形成されるなど、都市化によるさまざまな弊害がもたらされた。

こうした状況に対して市街地の拡大に計画的な方向性を与えられなかった反省から、一九六七（昭和四五)年の宅地審議会答申では、適正な土地利用計画とその実現を担保する手法を都市計画の制度として確立する必要があるとし、建築物の用途・密度に関する地域制により土地利用の合理化を図り、環境劣悪な地区などでは再開発を推進すべきとした。これを受け、一九六八年、新都市計画法の制定による市街化区域と市街化調整区域の区分と開発許可制度、また、総合的な面開発手法の都市再開発法が創設された。一九七〇年には建築基準法が全面改正され、用途地域を八区分に細分化し容積率制限が適用されることになったほか、日照阻害の防止に北側斜線規制が設けられた。

住宅建設においては、周辺住民のテレビ電波障害を防除する共同受信施設の設置や汚水の臭気などを防止する下水三次処理施設の整備など環境対策が求められ、住宅地開発計画は規制強化と高地価への対応という難しい局面を迎える。

写真8｜**準接地型住宅**（茨城県営会神原団地、設計：現代計画研究所）

こうした変化の潮流のなかで、従来の高層高密住宅に代わり周辺環境に配慮しつつ中層住宅と同程度の密度を確保した住宅計画など、各戸の個別性と全体景観に配慮した都市型低層住宅（タウンハウス）、メゾネットタイプの住戸に専用庭やルーフガーデンを配した準接地型住宅なども検討され始めた[写真8]。

12 公営住宅法による建替え事業が始動する

写真8｜**西大久保地区**（建替前、出典:『再開発事業誌 西大久保地区』東京都建設局、1963年）

写真9｜**西大久保地区**（再開発後、出典:西大久保地区市街地再開発事業パンフレット、1986年）

公営住宅は、一九五一（昭和二六）年に制度が創設されて以来、戦災後の住宅難解消や高度経済成長期に都市に大量流入する勤労者世帯の受け皿として、住宅に困窮する低所得者の居住の安定を図る側面から大きな役割を果たしてきた。

社会経済情勢の変化のなかでその供給目的を達成するため、法の施行後にも「不燃住宅尊重の明確化」「災害の場合の適用範囲の拡大」など数次にわたる改正が行われ、一九六九（昭和四四）年には「公営住宅建替事業の新設」が規定された。公営住宅法による「法定建替」の導入である。

建替えを推進する地域や建替えにより新設する住宅の構造や戸数に基準を設け、既入居者の明け渡し、請求や再入居の保障などを法に位置づけている。地域の事情などから、この基準を満たさずに実施される「任意建替」とは性格が大きく異なる。建替え対象となるのは、木造三〇年、耐火構造七〇年の耐用年限の二分の一を経過しており、建替えによる住戸数が従前戸数の一定倍率を確保するものとされた。

建替え規定が盛り込まれた背景には、都市部での用地取得が困難な状況であることや立地の遠隔化が見られるなか、当初に建設された公営住宅の多くが交通至便な市街地にありながら、木造中心の狭小で居住性が低下している実態をふまえ、建替えを進めることが公営住宅の供給促

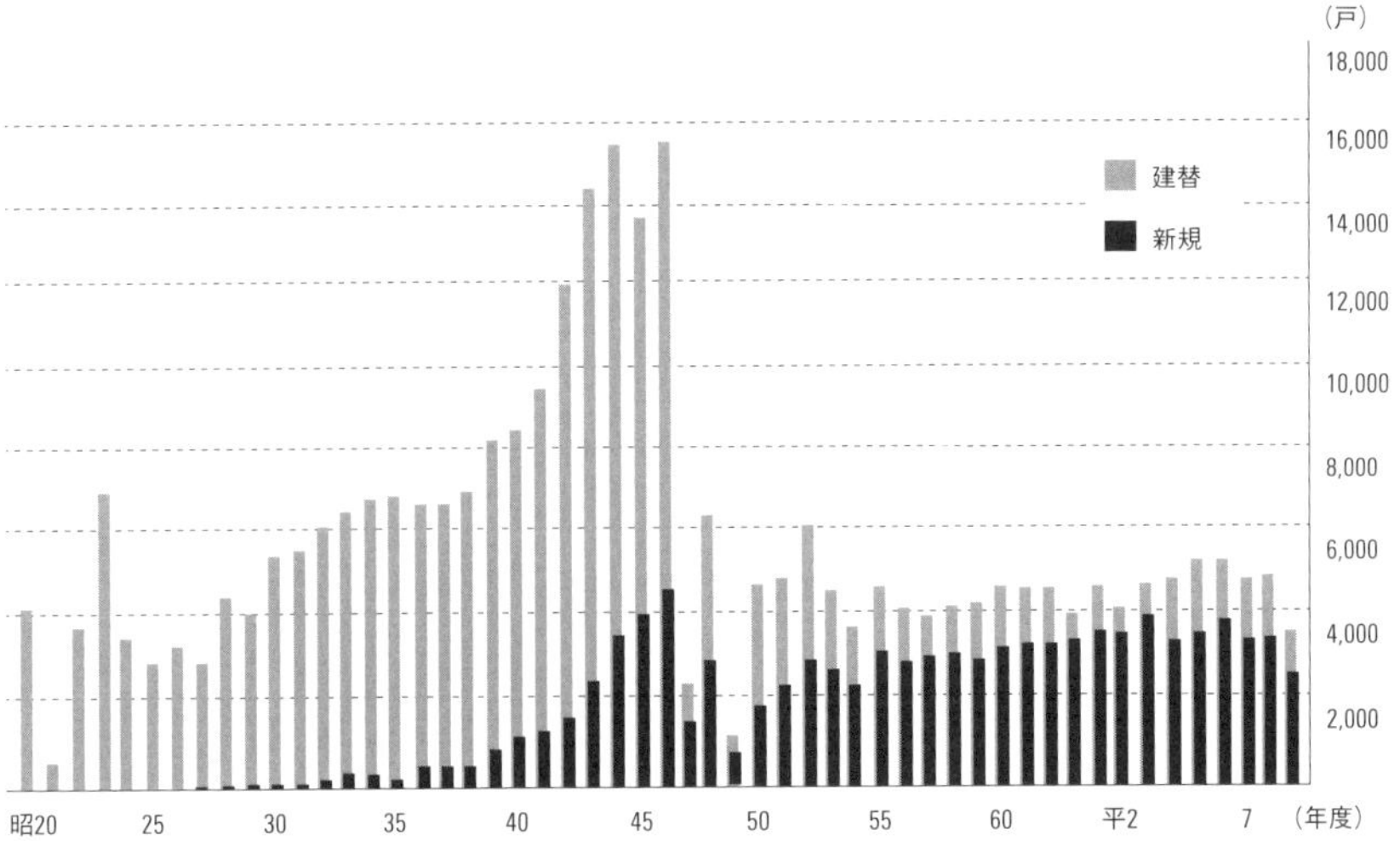

図9 | **都営住宅年度別建設戸数の推移**

進につながると考えられたからである。

建替えに関しては、対象ストックが次第に増大するなかで、一九八〇(昭和五五)年には建替え戸数倍率、一九九四年には建替え事業要件が緩和されていく。現存する全国の公営住宅二一八万戸のうち、大量建設時代のものは七一万戸と全体の三二パーセントを占める(二〇〇九年度末時点)。これらは築後三〇年以上が経過し、建替え時期を迎えている。今日では、自治体の厳しい財政状況や建替対象の増大にともない、公営住宅建設は建替えを主流とする時代に突入している。地価の上昇や用地取得難がより顕著な東京では、すでに昭和五〇年代以降、建替え事業に本格的にシフトしている[図9]。

掲載した写真は、新宿区内での西大久保地区市街地再開発事業(昭和四七年都市計画決定)と連携した都営住宅の建替え事業である。再開発区域と後背地(現在は戸山公園となっている場所)は一部民地を除き大半が、明治以降、旧陸軍の軍用施設用地に、そして終戦後の一九五八(昭和三三)年までは米軍によって使用されてきた。戦後の住宅難を解消するため、一九四六年に応急簡易住宅が一二六六戸、一九四八年に一〇六二戸の木造都営住宅が建設された。事業着手時には、二六ヘクタールの広大な土地に、これらの住宅が建ち並んでいた[写真8]。その後一九五四年には公園整備にともない、予定地内の居住者は近隣の戸山ハイツ建替え事業で大半が移転したが、これに反対する居住者と再開発区域内の都営居住者の移転用の受け皿として、再開発事業において二棟、約三〇〇戸の都営住宅が建設された[写真9]。

Column

既存住宅の資産増価は現実的に可能か？

既存住宅に対する市場の評価理論は経年による大きな資産劣化を前提とし、依然経過年数を柱に原始的なシステムが横行しているのが現実で、このことが既存住宅の適正な市場評価を歪めている。しかし、住宅の資産劣化は単純な機能劣化に起因するものでなく、現在の居住像やライフスタイルにともなうさまざまなニーズに対応できなくなる社会的劣化状況として捉えるのが妥当であろう。市場の価値は、時代やその立地に求められる種々のニーズに柔軟に対応できるようリモデリングしていくことによって市場価値を高めることになる。

急速に変化する社会状況や市場環境の中でこうした市場価値の再構築が徐々に浸透していくことがひとつの期待であり、確実に訪れている「ストック型社会」は従来型の市場評価システムを破綻していくことは明白である。当面、試行錯誤を繰り返しつつ新たなシステムに向けて再編されていくであろうし、その適切な再構築に期待したい。

また、日本の住宅地の資産価値をみると土地の価値が唯一確実な価値であり、かつ私的財産権が強く、とくに所有権は絶対無比の権利として認識されている。このことが良好な環境が市場で十分に評価されない状況をつくり、建築協定、地区計画を活用し、住環境の持続に努めている住宅地も規制や制度の硬直性により市場価値としては十分に評価されていない。逆に、土地は自由度の高さが評価されるため、これらの制度地区は市場でマイナス評価を受ける例も見られる。

このような状況でクローズアップされているのが住宅地の「管理状況」を評価する視点である。住宅地の持つ価値は良好な住環境自体とそこに形成されるコミュニティや居住文化・生活活力の持続力であるとすれば住宅地の管理状況はきわめて妥当な評価軸ともいえ、住宅地の資産価値維持・増価に向けて大きな方向を示していることに間違いない。

（川崎直宏）

3

1975▼1984

政策模索期

奥茂謙仁

3 政策模索期 1975▶1984

時代状況——
「量から質へ」の転換が謳われるも、達成すべき「質」の模索が続く

この時期は、高度経済成長期の後、二度のオイルショックを経て、時代の空気や風潮が一気に変容した。経済は高度成長から安定成長へと移行し、一億総中流意識が定着し、次の時代に向けての種々の議論や試行が始められた時期でもある。

世界の潮流は、レーガン、サッチャーをはじめとする民活・規制緩和路線にあり、わが国でもこれに呼応するかたちで公共セクターの民営化が進められ、日本住宅公団も住宅・都市整備公団に改組されるに至った。また公共事業の民営化が志向され、国鉄、電電公社、専売公社の民営化が進み、住宅領域においても公共事業の役割の縮小が議論された。

一方、一九八〇年代は住宅政策の転換に向けた助走期間ともいえ、住宅行政関係者の間では、公共住宅や住宅政策の今後の方向性について危機意識が持たれるようになり、政策の転換も議論の俎上に載った。住宅の量的充足は進み、全体としての居住水準は着実に向上していることもあり、住宅困窮者対策を基本とする従来の住宅政策は、蔓延する中流意識のなかでは重要政策課題となりえなくなっていた。とくに、公共住宅の直接供給を柱とする住宅政策は縮小が余儀なくされ、これに代わる住宅政策の枠組みが求められていたといえる。

一九七六(昭和五一)年の「第三期住宅建設五箇年計画」では、「最低居住水準」以下居住の概ね半分の

解消を目標に、住戸面積水準の向上が図られた。一九七八年に「最低居住水準」以下の割合は半減し、面積以外の「質」にも徐々に目が向けられることとなり、一九八一年の「第四期住宅建設五箇年計画」においては、「住環境水準」が規定され、住宅市街地における低水準の住環境の解消や、良好な住環境の確保が求められた。

公営住宅においては整備基準が定められ、採光、通風などに関し、一定水準以上の住宅建設が進められたが、一方、社会全般においては面積以外の住宅の「質」、確保すべき住まいの性能・機能に関する価値基準に関しては、まだコンセンサスを得られていなかった。数次にわたるマンションブームにより加速化するマンション建設は、市街地内の高容積開発や、郊外ニュータウンでの低層・低密な住宅地開発を誘発するなど、居住の豊かさが追い求められ、さまざまな形態の共同住宅団地が誕生する結果となった。一方では、市街地の日照紛争に対応して一九七六年に日影規制が、一九八一年には耐震性確保のための新耐震基準が定められるなど、徐々に住宅の「質」を規定するアウトラインが見えはじめた。

「量から質へ」、「官から民へ」の時代潮流のなかで、徐々に民営化に向かう公的住宅セクター、市場において存在感を増し始めた民間デベロッパーなどにより、じつにさまざまなタイプの住宅計画、試行・実践が繰り返され、まさに「住宅百花繚乱」の時代様相を呈することとなった。また公的支援のもと、今日の住宅計画にもつながる生産合理化や超高層化、長期耐用化へ向けた民間技術開発が進められた。平均寿命が毎年のように延び、世界有数の長寿国となり、高齢者など生活弱者へ目を向けた住宅供給施策の萌芽が見られるのもこの時期である。

01
「質」の模索の結果として、住宅の百花繚乱時代が現出

住宅の「質」に関する国民の確たるコンセンサスが醸成されぬままに突入した第三期住宅建設五箇年計画のもとで、八六〇万戸の住宅建設が計画され、さまざまな公共セクター、民間事業者などにより、じつに多種多様な住宅の建設・供給が行われた（建設実績は七七〇万戸）。大都市圏への労働力の大量移入を背景に、郊外部丘陵地などの住宅地開発が盛んに行われ、住宅の「質」の模索とともに、比較的中密〜低密な開発形態も多く見られた。

公営住宅——居住水準の向上に重点を置きつつ、地域の実情に応じ、多様な公営住宅団地が建設された。六〇年代の都心部高密度開発の反省から、都営戸山ハイツ（〜一九七六年）をはじめ、都市部でも、高密でありながら通風や採光の確保、生活利便性を担う施設の導入など、居住性の高い住宅のあり方が模索されている（中高層ミックス配置、雁行住棟、ゲタばき住棟など）。

地方部でも多様な公営住宅団地の計画が行われ、茨城県営六番池団地（一九七六年）が先導役となり、低層準接地型住宅の団地が、高度利用が求められない地方部などで数多く供給された［図1］。これらは、三階建ての階段型住棟を敷地の形状に合わせて雁行配置し、変化ある独特の景観、居住空間をかたちづくった。それらの流れは、一九八〇年代に入ってからも石川県営諸江団地（一九八〇年）、タウンハウスひばりヶ丘（一九八二年）、埼玉県営向陽台団地（一九八四年）などで受け継がれ、近年では見られない低層住宅団地が

全国に多数誕生した。

民間賃貸住宅――この時期、大都市内の市街地などにおいては、民間賃貸住宅の供給も進められたが、公営住宅に見られたような住宅の「質」の追求が行われた事例はまだ少なかった。

公的分譲住宅――日本住宅公団や地方住宅供給公社などの公共住宅セクターにより、大都市近郊部の丘陵地開発を中心に、大規模分譲住宅団地の建設が行われた。それらはタウンハウス諏訪(一九七九年)のようなタウンハウス形式の低層団地や、中層階段室型、高層片廊下型(スキップ廊下型を含む)など、多種多様な集合形式、密度、形態の団地となって現出した[写真1]。また勤労者の持家取得を容易にするために設けられた「積立分譲住宅制度」を活用した公社等の分譲住宅団地も多数建設された。

民間分譲住宅――一九六〇年代よりすでに大都市内の市街地では、民間分譲マンションの建設が始まっていたが、その流れを受けつつ、民間分譲においても、ライブタウン浜田山(一九七七年)、ガーデン目黒(一九七八年)、行徳ファミリオ(一九七八年)のように、低層タウンハウスや中層住宅団地の計画が見られた。

　このように、集合住宅団地の形態や住宅の「質」に、必ずしも一般類型や標準解が見出せなかったこの時期に、住宅セクターや設計者はそれぞれに模索し、創意工夫を凝らしつつ、さまざまな住宅タイプの開発、試行と実践が行われた。

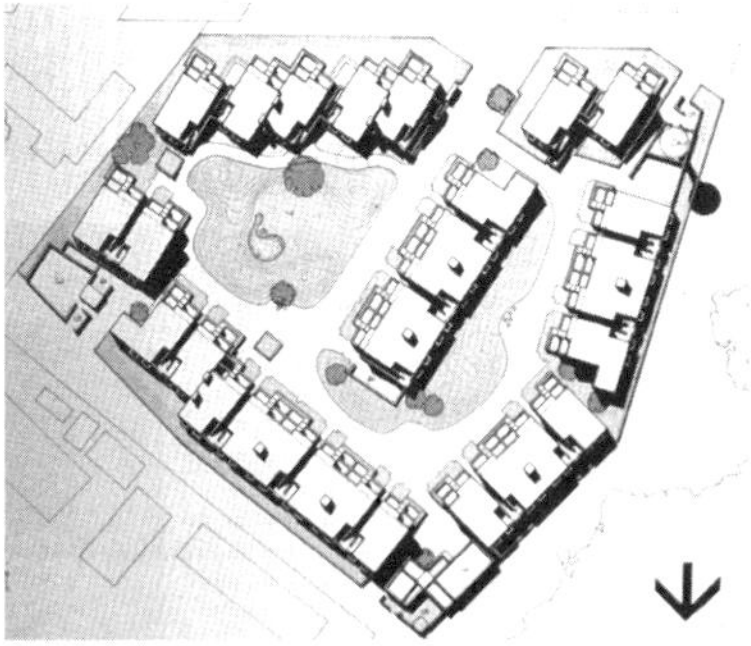

図1｜**茨城県営六番池団地住宅配置図**(設計・提供:現代計画研究所)

写真1｜**タウンハウス諏訪**(設計・提供:山設計工房)

02 より良い住まいを求めて、全国にさまざまな公共賃貸住宅が出現

「量から質へ」という社会潮流に合わせ、全国一律の標準設計によらず、住まいの地域性、地方性にも着目した計画を求める動きは、公共住宅主導で地方部から始められていった。「優良モデル住宅街区建設プロジェクト」は、良好な住宅性能を持ち、かつデザインの優れた公営住宅の建設を周辺環境との調和に配慮しつつ行い、良好な市街地環境の形成にも資することをめざして始められたプロジェクトである。一九八〇年度にパートⅠとして一二団地、八二年にパートⅡとして一二団地が建設省の指定を受け、設計・建設された。

パートⅠでは、地方の大都市における中高層大規模開発のモデルとして、周辺環境への影響を抑える形態や、立体街路やスキップ住棟など、住戸居住性の向上と効率的なアクセス形式の両立が工夫された計画を中心に行われている。

後段のパートⅡでは、大都市近郊の地方都市における中層開発のモデルとして、領域性の高い囲み型の配置や、水平垂直アクセスを組み合わせた住棟形式など、良好なコミュニティ形成も念頭においた計画を中心に行われた。

これらのプロジェクトは、全国の公営住宅建設に携わる事業主体に大きな影響を与え、八四年からは形を変えて公営住宅の計画・設計に反映され、各地でさまざまな個性的な公共賃貸住宅が建設された。

これらの社会状況を反映し、石川県営諸江団地（一九八〇年）は、金沢の伝統的な町家を再評価し、積層中層住宅でありながら、接地性や都市住宅としての集住性、生活街路を通じた良好なコミュニティ形成などが図られている［写真2］。

島越村営宮ノ森団地（一九八三年）では、豪雪地帯の過疎村における、克雪と新たな生活の実現をテーマとして、切り妻屋根の木造戸建て高床形式の住宅とし、雁木を設けるなど、地域の景観や生活への馴染みが強く意識された計画となっている。

写真2｜**石川県営諸江団地**（提供:現代計画研究所）

沖縄県営前原団地（一九八五年）は、沖縄の気候・風土を考慮し、地域の居住様式も積極的に採り入れ、南入りの半戸外空間を付帯した住戸計画や、風通しや明るさを確保した住まいの実現をテーマとして計画され、後の同県における住宅づくりの先導的役割を果たした。

これら個性的な共同住宅では、良好な居住環境や変化ある景観形成、良好なコミュニティ形成に一定の効果をもたらした反面、その多くが後年の住棟バリアフリー化の流れに適応できず、住棟形式はエレベータを用いた各戸水平アクセスを前提とした片廊下形式のものに移行していった。

03 公共住宅の生産合理化が進み、住まいは個別性対応、個性化の方向へ

公共住宅を中心とした住宅の大量供給にあたり、合理的な住宅生産を可能とする仕組みとして「標準化」が求められたのは必然であった。建設省は一九七〇(昭和四五)年に標準設計「SPH(Standard Public Housing)」を策定し、設計から生産を含めた総合的な標準設計が生まれた。しかし固定的な標準設計では、一律化、画一化は免れず、立地条件などの個別課題への対応が難しいという弊害が問題視された。そこで、設計の多様性を受容する新たな標準化の試みとして、一九七五年に「NPS(New Planning System)」が策定された。

NPSは、各団地の個別条件に応じて適切な設計を行うための標準ルールとしての色合いが濃く、面積型ごとに生活型を選んで部屋構成を選択できるなど設計の自由度を高めたほか、モデュールによるグリッドプランニングをルール化して住宅部品化への対応も図られ、可動間仕切りなどによるフレキシビリティの確保にも言及されるなど、建築生産と密接に結びついた設計システムが構築されていた[図2]。このNPSにもとづき、全国各地にさまざまな形態、居住空間を持つ公営住宅、公団住宅等の公共住宅が建設されており、その点でNPSは、住宅設計・建設時の生産合理化という、初期の目的を達成したものとみられる。

一方、住宅生産の合理化と住戸内部空間のフレキシビリティ確保を両立させるためには、躯体や間仕

NPS面積系列(中層用)

面積型	室構成のルール(**太字**は主たるもの)
50(㎡)型	1L大DK、**2LDK**
60(㎡)型	2L小DK、**3DK**
70(㎡)型	2L小DK・S、3L小DK、**4DK**
85(㎡)型	3L大DK,**3L小DK・S**、4L小DK
100(㎡)型	**4L大DK**、4L小DK・S、5L小DK

多様な住み方に対応しやすいように室構成に自由度をもたせている

NPS寸法ルール

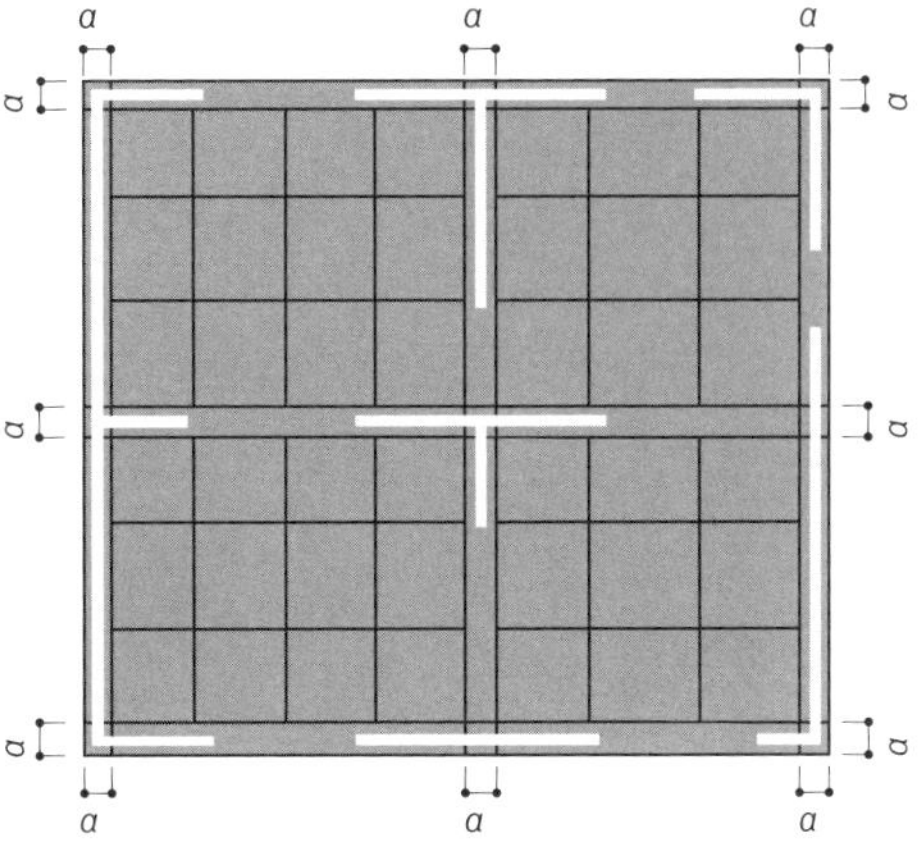

内法寸法を採用し、モデュールは90cmとする。

図2 | **NPS住宅の考え方**(国土交通省パンフレットを元に作図)

切りなどの寸法のモデュール化に加え、設備や内装部品寸法の規格化や生産のオープン化が不可欠であった。住宅公団ではNPSによる住宅建設と平行しながら、KEP(Kodan Experimental Project)を発足させ、NPSとの整合のなかで、間取り可変の内装システムの構築を行い、KEP前野町をはじめとする実験的プロジェクトを複数実施した。

分譲マンションが大衆化し、徐々に低価格の大規模開発の方向に動き出したことを受け、民間事業者においても合理的・効率的に建設する仕組みの開発が行われた。長谷川工務店(現・長谷工コーポレーション)が七三年に開発した「コンバス(CONBUS)」は、良質な住宅を低廉に提供することを目的に、企画設計から建設、保守までをカバーする生産性の高い標準設計システムとして開発された。合理的な建築生産と結びついた標準プランは、間取りの標準化に加え、水回りの統一化や設備水準の向上、ファッション性の導入などにも取り組んだ商品バリエーションを開発し、いわゆるマンションタイプの住宅普及に大きな役割を果たした。

高度成長期の合理的生産が生んだ画一的住まいへの反省から、徐々に個別性対応の必要性が増し、個別性や可変性の付与に関する取り組みや、さらには二次的に内装を供給する二段階供給の研究が進められ、BL優良住宅部品をはじめ住宅部品産業化をけん引しつつ、日本の住宅産業界は成熟期に向かって進んでいった。

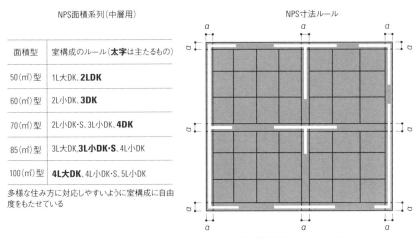

04 まずは入居要件の緩和から——生活弱者への対応が始まる

「高齢化」が政策の前提条件として考慮され、高齢社会の到来を前提とした住宅施策として本格的に展開されるのは、一九八五(昭和六〇)年に高齢化率一〇パーセントを超えた以降、「第五期住宅建設五箇年計画」からであるが、「第四期住宅建設五箇年計画」ではその端緒を見ることができる。

当時、高齢者はまだ「老人」と規定されており、持家居住世帯が多い高齢者の問題は、老人ホームなどによる施設介護が想定されるなど、おもに福祉施策として捉えられており、将来の高齢化社会に対応した住宅政策という観点には乏しかった。しかしながら、「第四期住宅建設五箇年計画」においては、その施策の推進方針においていわゆる生活弱者への対応が示され、「公的資金住宅の供給に当たっては、老人・母子・障害者等の世帯に特に配慮」とはじめて施策対象として明示されている。

一九八〇(昭和五五)年の公営住宅法改正により、高齢者、身体障害者、生活保護受給者など「居住の安定を図る者」に単身入居が条件付きながら認められた。また住宅金融公庫の融資制度では、一九七二年に「老人同居割増」としてスタートした老人福祉対策であるが、七三年には老人同居・心身障害者同居の「面積要件緩和」、七四年の「身体障害者同居割増」へと進んだ。さらには八六年の「高齢者・身体障害者用設備割増融資」へと展開し、生活弱者の居住を支える設備が公的資金による住宅供給の対象と位置づけられることとなった。

□ **設備・備品の解説**

1．扉：有効幅は85cm以上とする。
　引き戸が望ましい。
2．浴槽：浴槽深さ55cm程度。
　背もたれ角度の小さいもの。
　エプロン高さは車いす座面とほぼ同高。(40〜45cm程度)
3．洗場：車いすから移乗しやすい高さ，形状とする。
　手の届く位置にハンドシャワーを取り付ける。
　(H＝洗場床高＋60cmおよび100cm)
4．手すり：ステンレス製　径4cm程度
　必要に応じて連続させる。
5．給水栓：上肢障害者にはレバーハンドルがよい。
　混合操作を容易にするためサーモスタット式，シングルレバー式とする。
　車いすのままで湯加減が調整できる位置につける。
6．シャワー：原則としてハンドシャワーとする。

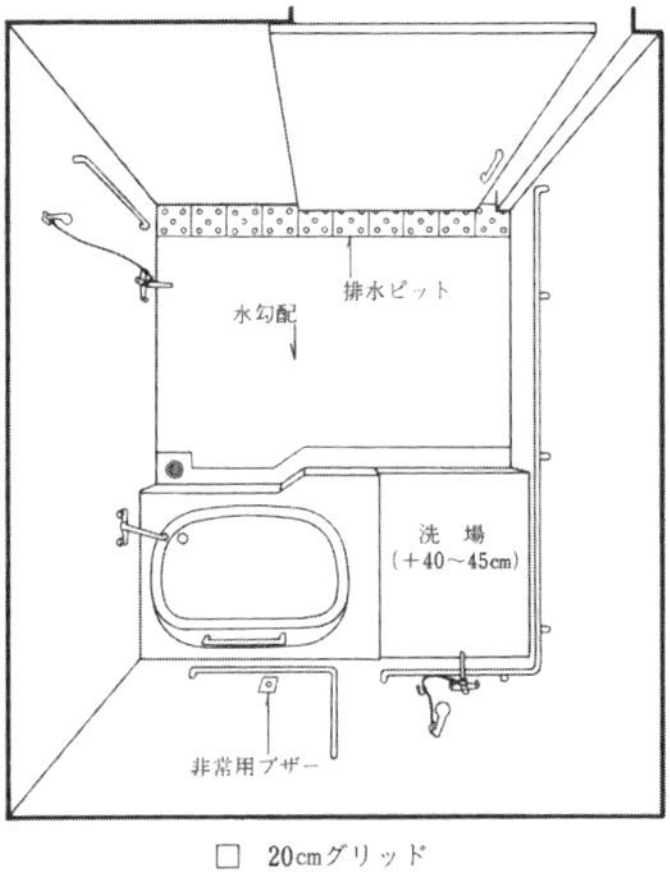

図3｜**身体障害者の利用を配慮した建築設計標準**（日本建築士会連合会編『身体障害者の利用を配慮した建築設計標準』日本建築士会連合会、1982年）

具体的な住宅においては、一九七五(昭和五〇)年まで建設された都営桐ヶ丘団地で、初の車いす住宅が供給された。ここでは車いすによるアプローチを可能とするスロープの設置、肢体不自由者に配慮した浴室の整備が行われている。この流れは以降、公営住宅を中心に全国的に供給が進められた車いす住宅の出発点となっている。

また一九八〇年、日本建築学会にハンディキャップ特別委員会が設けられ、『建築設計資料集成』の単位空間の項に車いす利用など身体障害者関係の資料(浴室施工例など)が集成・刊行された。一九八一年には建設省により「官庁営繕における身体障害者の利用を考慮した設計指針」が策定され、また翌八二年には「身体障害者の利用を配慮した建築設計標準」が策定されるなど、今日の生活弱者支援のまちづくり、住宅政策の礎となるものだった[図3]。

こうした住宅施策における生活弱者対応、高齢化対応の取組みの端緒は、一九八六年厚生省と建設省の連携により打ち出された「地域高齢者住宅計画(住みよい街づくり)推進事業」、およびケア付き高齢者住宅制度、シルバーハウジングプロジェクト(一九八七年〜)事業の創設へと引き継がれていく。

その一方で民間事業を中心に、高齢者が安心して老後を送れるよう、食事、医療、介護、レジャーなどのサービスを備えた集合住宅も、リゾート型を中心に生まれ始めている。中銀ケアホテル(一九七九年)はその典型であるが、富裕層の高齢者をターゲットとするリゾートホテル的な取組みであり、本格的な高齢者住宅としての発現は、次なるバブル期以降となる。

05 地域ごとに固有の環境を持つ住宅づくりが始まる

「地域に根ざした住まい・まちづくり」を標榜して建設省が一九八三(昭和五八)年から実施したHOPE計画(地域住宅計画)制度は、それまでの全国一律の住宅政策のあり方を見直し、「住まいづくり」は広く「まちづくり」であるという視点に立ち、地域の社会性や住宅生産条件、気候風土や住文化の違いを認識したうえで住宅政策を立案する、という非常に新しい考え方の住宅政策であった。

写真3|**有田町営中樽団地**(設計:アルセッド建築研究所)

当初の三年間はモデル事業として六二市町村で実施され、地域の気候風土や景観に馴染み、地域ごとの住宅生産体制や建築材料などを活用した固有の住宅づくりの計画が行われた。地域の視点からつくられる豊かな住まい・まちづくりはまさに地域住民の願いに合致するものであり、その後も一般的な制度に移行して事業は継続され、数多くの自治体で計画が行われ、個性的でさまざまな取組み成果を残すこととなった。

一九八三年にHOPE計画を策定した佐賀県有田町では、有田らしい住まいづくり、まちづくりを考えるために地域の設計事務所・工

写真4｜**HOPE計画で改修された有田町の民家**

務店を中心とした有田地域住宅研究会が発足された。会では伝統的な民家を調査し、有田焼創業期から伝わるまちなみに調和した住まいや建築物の設計など、古いまちなみ・景観の保存と居住性を両立させる住まいづくりの提案を行い、まちの持つ雰囲気を伝える「有田らしい」景観をつくるための景観カタログを作成するなど、多くの活動成果を残した［**写真3、4**］。

一九八四（昭和五九）年にＨＯＰＥ計画を策定した愛知県足助町では、地域産業の活性化をテーマに、足助大工と三河産材を活用した民家型構法による住まいづくりの第三セクターを設立。足助らしさを前面に押し出した住宅地開発などを進めたが、人口減少に歯止めはかからず、一九九八年に新たな住宅マスタープランを策定し、山村での定住促進に軸足を移して取り組んでいる。

これらＨＯＰＥ計画は、その後の地域高齢者住宅計画や住宅マスタープランへと受け継がれたが、徐々に自治体の住宅政策計画としての色合いが強まり、地域の住文化を活かした固有の住宅計画という特性は少しずつ失われていった。

しかしながら、地域に根付いた大工・工務店、設計事務所などを起点に、木材生産や流通までを広くカバーしつつ、地域型住宅生産に関わる業界を盛り立てようとする流れは、現在の林産資源活用、地域型木造住宅振興の政策や、東日本大震災からの地域型復興住宅による復興推進策などに、時を経て受け継がれている。

06 民間事業者による新たなマンション開発と、大衆化のさらなる進展

高度経済成長期以来、国策として勤労者の住宅取得促進策が展開されてきたが、民間開発業者の大衆化路線により、一九六七(昭和四二)年の第二次マンションブーム、七二年の第三次マンションブームが起こり、大衆化が定着していった(高度経済成長期七〇頁)。

大衆化の進展にともない、分譲価格を低く抑えるため(平均価格六〇〇〜一〇〇〇万円)、立地は徐々に地価の安い周辺市街地へと移行し、また建物は大型化し、基準容積率(一九七〇年制定)の限度に近い土地の高度利用が図られるようになった。このため既成市街地内では、経済論理が優先されたマンション建設による近隣紛争(日照や通風、プライバシーなど)も発生し、こうした紛争を背景に、一九七六(昭和五一)年には建築基準法に日影規制が制定され、市街地内での近隣環境配慮に関し、一定の担保が図られるようになった。

一九七七〜八〇年の第四次マンションブームでは、いわゆる団塊世代が一斉に住宅取得に動き、マンションの大衆化がより一層進展するとともに、住宅着工数のマンションの占める割合がそれまでの五パーセント程度から一〇パーセントを超えるまでに急上昇した(一九八一年に約一三パーセント)。

徐々に郊外あるいは臨海部立地の大規模開発へと移行していったマンション開発は、建築生産性の向上によるコストダウンとともに、周辺に不足しがちな生活利便施設を、自前で整備し、共有する形態

写真5｜**六甲の集合住宅**(設計:安藤忠雄)

写真6｜**ヴィルセゾン小手指**(設計:圓堂建築設計事務所)

へと進化を続けた。ヴィルセゾン小手指(一九八四年)はその代表格であり、高層化による豊かな屋外空間に加え、レンタルルームなどの充実した共用施設と二四時間フロントサービスを付帯させ、近年のマンションサービスの原点となっている[写真5]。

郊外部への進出は、これまで未利用だった市街地内に残された傾斜地での開発も生んだ。千里山ロイヤルマンション(一九八〇年)は、傾斜地立地における高低差をうまく利用して棟間を空中歩廊で結び、周辺の住宅地に溶け込む景観形成を図っている。そのほか、六甲の集合住宅(八三年)をはじめ、それまで開発されなかった急峻な傾斜地に、階段状の斜面型住棟によりマンション開発を行う例も大都市近郊で数多く見られた[写真6]。階段状のセットバックにより生み出されたテラスは、地形に沿った変化ある景観とともに高級マンションのシンボルともなって、一時代を彩ることとなった。

このように、不動産事業として立地や需要層に応じて幅広く展開を始めたマンション開発のバリエーションは、勤労者の住宅選択肢として急速に定着を進めたことに加え、市街地での環境・景観問題、近隣紛争なども発生させつつ、バブル経済における不動産価格の上昇、資産スパイラルの潮流へと引き込まれていくこととなる。

07
持家促進政策の結実——持家系住宅の着工比率が高いレベルで推移

経済が飛躍的に成長を遂げた高度経済成長期を経て、国民の所得水準の向上を背景に、住宅金融公庫の個人住宅融資による持家政策が奏功し、住宅着工数に占める持家系住宅(持家+分譲住宅)の比率は一九七四(昭和四九)年以降著しく伸びた。持ち家に分譲住宅を加えた持家系住宅の比率は、一九六〇年代には四〜五割程度であったが、八〇年には七三パーセントを占めるまで上昇した。これには、七〇年に始まった住宅金融公庫の分譲マンション融資により、大衆化した分譲マンションの建設に拍車がかかったことに加え、郊外NT(ニュータウン)の戸建て分譲住宅地開発が旺盛に進められたことも、持家系住宅比率が上昇した要因となった。

長期金利が五〜七パーセントで推移する比較的高金利の時代背景により(ただし公庫金利は年五・五パーセントが上限)、年間の住宅着工戸数は一一〇〜一五〇万戸と落ち着いていたものの、郊外の一戸建て持ち家は年間五〇〜七〇万戸のハイペースで建設された。そうしたなかで行われた郊外戸建て住宅地開発においては、背割り宅地で効率的に宅地を供給するだけでなく、良好な街並み景観形成やコミュニティ形成を意図した動線計画やグルーピング、住宅配置やデザインコーディネートなど、いわゆる「計画戸建て住宅地」の手法が全国各地で多様に展開された。

この時代、クルドサック道路により五〜六戸をグルーピングし、市有地の緑道でネットワークした西脇NT緑風台(一九七八年)、ボンエルフ道路を用いた住宅地計画により人間優先の歩車共存のまちづくりをめざした汐見台NT(八〇年)、戸建て住宅地にはじめて共有地の概念を導入し、六〜一二戸でのグルーピングの豊かさを実証した高須NT(八二年)、コモン広場によるグルーピングと屋外環境の向上を意図した守谷御所ヶ丘(八二年)など、名作と呼べる住宅地が数多く誕生している[写真7]。これらの戸建て住宅地計画手法は、ある意味では戸当り宅地面積に余裕があってこそ成立しうる手法でもあり、地価や工事費の高騰などの理由により、多くは後の時代に引き継がれてはいない。

写真7｜**高須ニュータウン**(計画:宮脇檀建築計画室)

これに続く一九八六(昭和六一)年以降のバブル期においては、地価や分譲住宅価格の高騰を背景に、投機的に多くの賃貸住宅建設が行われたため、持家系住宅比率は五割を割り込むまで大幅に減少した。豊かに展開した戸建て住宅地の計画も、小宅地を背割りに並べた効率優先の計画に移行し、庶民の夢であった持ち家の取得が、豊かな居住環境づくりの模索と相まって、比較的容易に実現可能だった時代は、プラザ合意の後のバブル経済とともに終焉を迎えることとなった。

08
住宅建設技術開発への公的支援により、超高層住宅時代の幕開けへ

第四次マンションブームを背景に、大都市圏の臨海部や工場地帯では、倉庫や工場閉鎖にともなう土地利用転換や、埋立て地における住宅開発が少しずつ動きはじめた。こうした都市内大規模開発においては、より一層土地の高度利用を図る必要があり、民間の建設技術を活用し、高層高密度開発を進めるための、技術的基盤づくりが始められることとなった。

このような時代背景のもと、民間の住宅技術開発意欲を刺激し、生産・供給システムの提案を求めたパイロットハウス技術提案協議が一九七〇(昭和四五)年に建設省・通産省などの主催で実施され、民業による住宅建設生産技術の開発や市場形成のための技術ノウハウの蓄積が、国により誘導されはじめることとなった。この流れを受け、一九七二年に行われた「工業化工法による芦屋浜高層住宅プロジェクト提案競技」は、臨海部の広大な埋立て地に対象地区を設定し、企画・計画・生産・供給・管理まで一貫して民間主導で行うことを前提に実施され、ASTM案が実施案に選定された[写真8]。

この案では、旧来の階段室型住棟を垂直に積み重ねたような立体的コミュニティ単位の構成が図られ、それらを二〇階を超える超高層住棟の鉄骨造メガフレーム内に収容し、プレキャストを用いた一連の建築生産システムにより建設する。さらにその住棟を連結させて三〇〇〇戸を超える団地を構成していく、という革新的な提案であった。超高層住棟の生産技術もさることながら、完成後の経営管理ま

でも含まれていたことにより、さまざまな分野の企業連合が結成され、この民間事業者により大規模開発を行うノウハウは、後の住宅生産の発展に多くの蓄積を残すこととなった。またこうした民間住宅建設技術開発を国が支援する方式は、建設省によって進められた「新・都市型ハウジングプロジェクト」(一九八五〜九〇年)によるCFT構造システム開発に引き継がれていった。

このように民間の建築生産技術開発が端緒となり、わが国の超高層住宅時代は幕を開けたが、これを契機に、民間ゼネコンを中心として、超高層住宅建設を可能とするさまざまな建設技術の基礎研究や構法開発が進められた。それらは高層RC工法等として具現化し、約一〇年の年月を経て、ようやくサンシティ(一九七九年)、葛西クリーンタウン(八二年)などの超高層住宅建設において花開くこととなるが、住宅取得や居住という日常的な問題と、大地から遠く離れて暮らす超高層居住との間の庶民感覚のギャップを埋めるためには、それ相応の時間が掛かったと見るべきだろう。

この当時に開発された民間の超高層住宅建築の技術は、大手ゼネコン各社で開発が続けられ、バブル期以降、今日までの超高層住宅建設に引き継がれていく。

写真8｜**芦屋浜高層住宅プロジェクト**(設計:ASTM)

09 さまざまな住宅技術開発、研究プロジェクトの始まり

ハウス55プロジェクト（一九七六年）は、「良質で安価な住宅を」という国民の要請に応えるべく、通産省、建設省の連携により行われた新住宅供給の技術提案募集プロジェクトである。一九八〇（昭和五五）年に一〇〇平方メートルで五〇〇〇万円台の戸建て住宅を本格供給することを目的に、応募案から三つの住宅システムが選定された。いずれも多機能パネルを用いた構法であり、五年間の技術開発へと移行、高度工業化による商品化の動きは注目を集めた。必ずしも所期の目的をすべて達成した商品とはならなかったものの、住宅市場に大きな影響を及ぼし、他の住宅メーカーから同様のモデルが多数発表されることになった。それらはいずれも、低価格ながら優れた品質を確保したものであり、後の日本の工業化（プレハブ）住宅の基本技術となった。

一方、共同住宅での居住が徐々に大衆化し、終の棲家としての住宅のあり方が模索されるなかで、鉄筋コンクリート造の共同住宅に対しては、世帯の変化に対応し将来にわたって住み続けられる可変性や、躯体寿命を全うするまで使い続けられる耐久性・耐用性が求められるようになった。

それまで建設されてきた公共賃貸住宅は、住戸の面積水準が著しく低かったため、政策目標を達成するためには規模の拡大が必要となり、これを達成する手立てとして、公営住宅の一室増築工法や二戸一改善手法の開発と実践が行われるようになった。

CHS（Century Housing System）は「住機能高度化推進プロジェクト」の一環として研究・開発が進められた、共同住宅の耐久性向上を図るための新たな生産・供給システムである。開発は一九八〇年に始まり、その成果を実施に結びつけるため、八三年に業界団体などによりCHS事業化協議会が設立された。CHSでは家族構成やライフサイクルの変化により、住戸プランや内装・設備などが陳腐化（社会的耐用性の喪失）しないよう、将来にわたる家族構成等のライフステージの変化を想定した間取りを設定し、その変更を実施するために三〇〇ミリを基本とする寸法ルールを設定するとともに、躯体と内装を分離した六面体構造とすることで、設備の維持管理や交換、間取りの変更などを容易にする住宅づくりの新たなルールが設定された。CHS適用住宅は、いくつかのプロジェクトで試行、実践が行われ、後に認定事業も開始された。

こうした住まいの長期耐用化に向けた検討の流れは、近年のスケルトン・インフィル方式や、長期優良住宅制度による建物長寿命化の源流ともなっており、今日の住宅計画の主題のひとつに確実に受け継がれている［図4］。

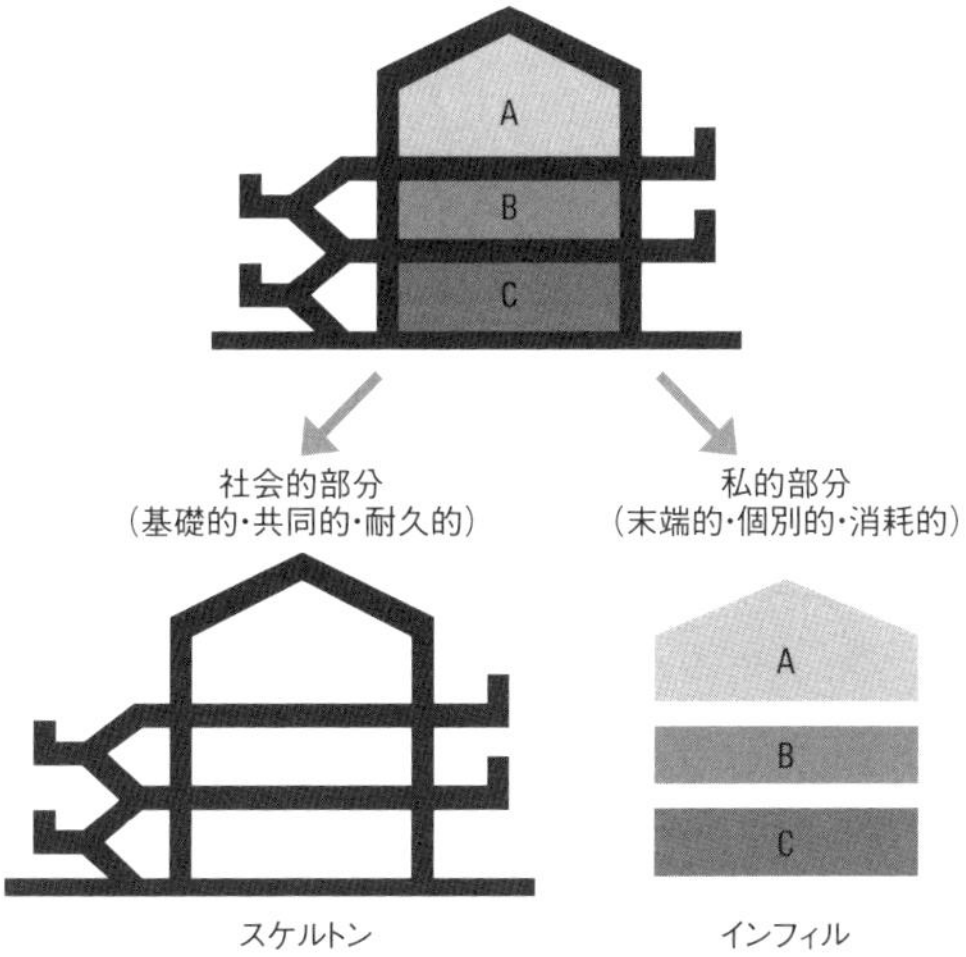

図4｜**スケルトンインフィル住宅の考え方**（国土交通省パンフレットを元に作図）

10

より良い住まいを自らつくる仕組みの萌芽――コーポラティブ住宅

高度経済成長期が残した大量の画一的な住まいに対するアンチテーゼとして、一九七〇年代半ばより、居住者自らが住宅建設を行うコーポラティブ住宅の動きが始まった。わが国でも、戦前から協同組合による住宅建設の事例はあったものの、居住者が共同住宅の設計から建設、管理にまで参加するプロジェクトはそれまで見られなかった。勤労者が協同で住宅取得を行う取組みは、日本勤労者住宅協会や住宅生協などが主導して進められてはいたが、住まい手自らが住宅の計画・設計・建設プロセスに参加するコーポラティブ住宅とは異なり、住宅の共同購入の域を出ないものであった。

先駆的プロジェクトは、一九六八(昭和四三)年に四人の建築家が共同で設計・建設した千駄ヶ谷コ・オペラティブハウスである。一九七五年にはわが国初のコーポラティブ住宅といわれるコーポラティブ柿生が完成し、本格的なコーポラティブ時代に入り、東京のOHPグループや大阪の都住創グループなど、建築家が主導し、草の根運動的に都市部に徐々に拡がりを見せ始めた。

コーポラティブ住宅のメリットは、入居前から入居者コミュニティの確認・形成ができることや、一定の制約下ではあるが実費に近い金額で、それぞれの嗜好に応じた住まいを手にできる点にある。一方では、住まい手主体の計画づくりにあたり、個々の要望を調整しつつ、全体計画として取りまとめる有能なコーディネーターの存在が、成功のための必須条件となる。

写真9｜**ユーコート**（設計：京の家創り会設計集団）

このようなコーポラティブ住宅の黎明期において、徐々に上昇し始めた地価の影響により、事業費調達が難しくなり、事業の難易度も上がり始めたことを受け、住宅都市整備公団により「グループ分譲制度」が創設された。これは共同で住宅を持とうとする人たちのグループに対し、公団がその希望に沿う住宅を建設し、長期割賦で譲渡するものであり、公的住宅セクターによるコーポラティブ住宅建設支援の制度といえる。この適用を受けて誕生したユーコート（一九八五年、四八戸）は、公団が資金と土地を手当てし、その形態デザインや、個々の住宅のユニークな設計内容など、先進的なコーポラティブ住宅の結実と見ることができる［写真9］。

コープタウン松ヶ谷（八四年、一四二戸）は、東京都住宅供給公社がはじめて手がけた最大規模のコーポラティブ住宅であり、コープ住宅推進協議会がコーディネーター役を務めた。配置計画や住棟の基本構造、水回りなどは企画者側の提案を基本とし、住戸の間取り、仕上げについては個々の自由設計。共有部の設計にも居住者の意見を採り入れるなどの方法が採られた。

多くの専門家の労力や、さまざまな試行錯誤の積み重ねにより、コーポラティブ住宅の仕組みが生み出されたものの、地価や建設費高騰の波に襲われたバブル期には、住宅プロジェクトの成立性自体が地価と工事費に大きく翻弄され、コーポラティブ住宅の流れは徐々に途絶えざるをえなくなった。

Column

団地再生における イギリスの住宅政策

一九五〇年代〜七〇年代前半にかけてイギリスの地方自治体によって建設された団地が、標準的で同質的なこと、犯罪、失業、移民の増加、低い教育、荒廃コミュニティなどの社会問題が団地に集約されたこと、住棟そのものが低い水準でかつ老朽化したことによって魅力がなくなり、空き家が増大した。空き家と老朽住棟の改修費の増大は、国による財政の締付けが厳しい団地を管理する自治体にとって団地管理のいきづまりを意味していた。

その対策のため、イギリスの団地再生では、サステイナブル（後世にまで持続可能な）で包括的な再生がめざされている。物理的な建物や環境の改善だけでなく、コミュニティや地域の再生、維持をめざした物理的、社会・経済的な問題に対処するための包括的な再生策が不可欠とされ、多様な社会課題に対して、多様な主体（省庁・部門・組織）、多様な手法（制度・資金）が投入される。

住宅ストックと住宅市場の再編も重要な政策である。団地は低所得者や高齢者などの偏った居住者の居住地となっている傾向がある。そのため、地域内の住宅形式や収入バランスの是正や、地域の格や価値向上を、住宅ストックの再編や住宅市場の再編によって行うようになっている。それは、住宅政策や都市政策の大きな達成目標であり、同質的で魅力がない団地を、都市再生と、団地を含む広域的な地域の再生に連動させている。

民活が古くから進んでいるイギリスでは、団地再生を民間ベースで進める政策が進められている。そのひとつが住宅ストックの移管（LSVT）である。地方自治体所有の住宅ストックの全部あるいは一部を住宅協会や地域の住宅会社（RSL）に移管することで、多様な再生資金の獲得を可能にする事業である。居住者にとってのアフォーダブルな家賃を継続しながら、社会住宅の質を向上させることができる。

包括的な団地再生は、単独の事業主体だけでは困難であり、地方自治体、住宅管理主体（住宅協会等）、民間デベロッパー等のさまざまな事業体とのパートナーシップによって事業性の向上、包括的な再生に対応している。イギリスにおけるパートナーシップは、民間セクターをうまく内包するパートナーシップの仕組みをつくり出している。それは、委託や下請けの契約関係ではなく、各事業体が対等な関係となり、互いに独自のノウハウや人材・資源を出し合って、プロジェクトの価値を違いに高め合うように設定された新しい契約方式で、これにより大きな成果をあげるようになっている。（鈴木雅之）

4

1985▼1994

バブル期

鈴木雅之

4 バブル期 1985▼1994

時代状況――

バブルに翻弄された住宅政策の空白期

一九八〇年代前半、アメリカは多額の貿易赤字による財政赤字を抱え、世界経済が不安定となっていたことから一九八五(昭和六〇)年に開催された先進国蔵相・中央銀行総裁会議(G5)において、ドル高是正の協調介入を行うことが合意された(プラザ合意)。これによって日本は輸出産業が打撃を受け、円高不況となり、金融緩和措置を実施する。これが不動産関連投資を促進し、バブル経済へと進展していくことになる。

バブル経済により地価や住宅価格が高騰し、その勢いが右肩上がりに続くと信じられた。都心部の細分化されていた土地も地上げによって整地され、大規模・高額マンションの供給が続き、この期間に三回ものマンションブームを迎えた。

日銀はバブルを抑えるため、一九八九(平成元)年から一九九一年にかけて公定歩合を二・五パーセントから六パーセントまで引き上げ、また大蔵省は一九九〇年に不動産融資総量規制を行った。株価は一九八九年をピークに大幅に下落し、地価指数も一九九一年をピークに下落に転じ、バブル崩壊後の長期不況(いわゆる「失われた一〇年」)に突入していく。

一九八六年度からの「第五期住宅建設五箇年計画」では、「ライフサイクルの各段階、居住する地域の特性等に応じ、安定したゆとりある住生活を営むことができるよう、良質な住宅ストック及び良好な住環境の形成を図る」ことが目標とされ、一九九〇年度からの「第六期住宅建設五箇年計画」では「良質な住宅ストック及び良好な住環境の形成、大都市地域における住宅問題の解決、高齢化社会への対応、地域活性化等に資する良好な居住環境の形成」が目標とされた。

この時期、人口構成において団塊、団塊ジュニアというボリュームゾーンが、それぞれ壮年・熟年時代、世帯形成を迎える時機と重なったことも民間デベロッパーによるマンション供給、宅地開発の急増を底支えすることになった。都心部では、大規模土地の住宅系の利用転換で、超高層住宅が林立しはじめる。

また、ケア付きの高齢者向け住宅や、環境共生住宅、二段階供給方式の住宅、定期借地権付の住宅が実現するようになっていった。公共住宅設計に著名な建築家を登場させるなど、新たな試みも見られた。

このような成長一辺倒のなかで、居住水準は確実に向上が図られたが、その一方で、持家・借家格差、地域格差が課題になった。また、大都市圏の住宅取得難に対応した宅地供給のスプロール、バブル崩壊後の地上げ途中の一帯に虫食い状に残された低未利用地など大きなツケを後世に残した。また一九九五(平成七)年の阪神・淡路大震災によって、時代の空気が一気に変容し、住宅政策の転換が進まない「空白の一〇年」となった。

01 バブル経済による地価高騰と億ションに踊る

バブル経済は、不動産の資産価値が投機によって実体経済以上のペースで高騰を続けた一九八六〜九一年までの時期をいう。金あまりにより、不動産に対する需要が増加し、供給量を上回り資産価値がより上昇した。こうした局面では、売却益を求めてさらなる投資が行われるため、資産価値が連鎖的に上昇している。

この時期、地価や住宅価格の高騰が右肩上がりに続くと多くの人が疑いをもたず、建設、購入、投資に突き進んだ。また、「マイホームが夢」という消費者ニーズは、不動産価格上昇の一方で、一刻も早く取得しようという行動が需要喚起を生み、三度のマンションブームを引き起こした。このように、不動産の価格はスパイラル的な展開を取って上昇を続け、一時は、東京の山手線内の土地価格でアメリカ全土が買えるという試算結果まで出る始末であった。一九八九(平成元)年末には、日経平均株価は三万八九一五円という最高値を記録している［図1］。

不動産価格は、地価の高い都心の戸建て、高級マンションでは億を超える価格にまでに上昇した。不動産取得価格を年収の五倍以内にという政府目標に対し、八〜九倍までに上昇し、都心近郊においても戸建て住宅の購入を困難にした。郊外化は分譲・賃貸ともに進み、長い通勤時間を強いることにもなった。都心部や周辺部の細分化されていた土地は、地上げ屋と呼ばれる集団が、強引な手口の地上げによって整地し、新聞を賑やかす社会問題にも発展した。

　このようなバブル経済は、一九九一（平成三）年に崩壊する。不動産価格が消費者の購買力を上回るとともに、供給が需要を上回り、資産価値が下落した。投資サイドは売却損失を避けるために、資産を一斉に売却する方向に走り、消費者も買い控えに回ったため、需要が急激に減少するというスパイラル展開になりバブルがはじけた格好となった。

　バブル期の住宅価格の高騰は、なによりバブル経済の市場原理により、住宅供給の政策によるコントロールが利かなかったという皮肉的な結果によるものであろう。一方で、バブル期の住宅難を解消しようと、東京都の住宅政策として借上げ型の都民住宅が生まれたりもした。

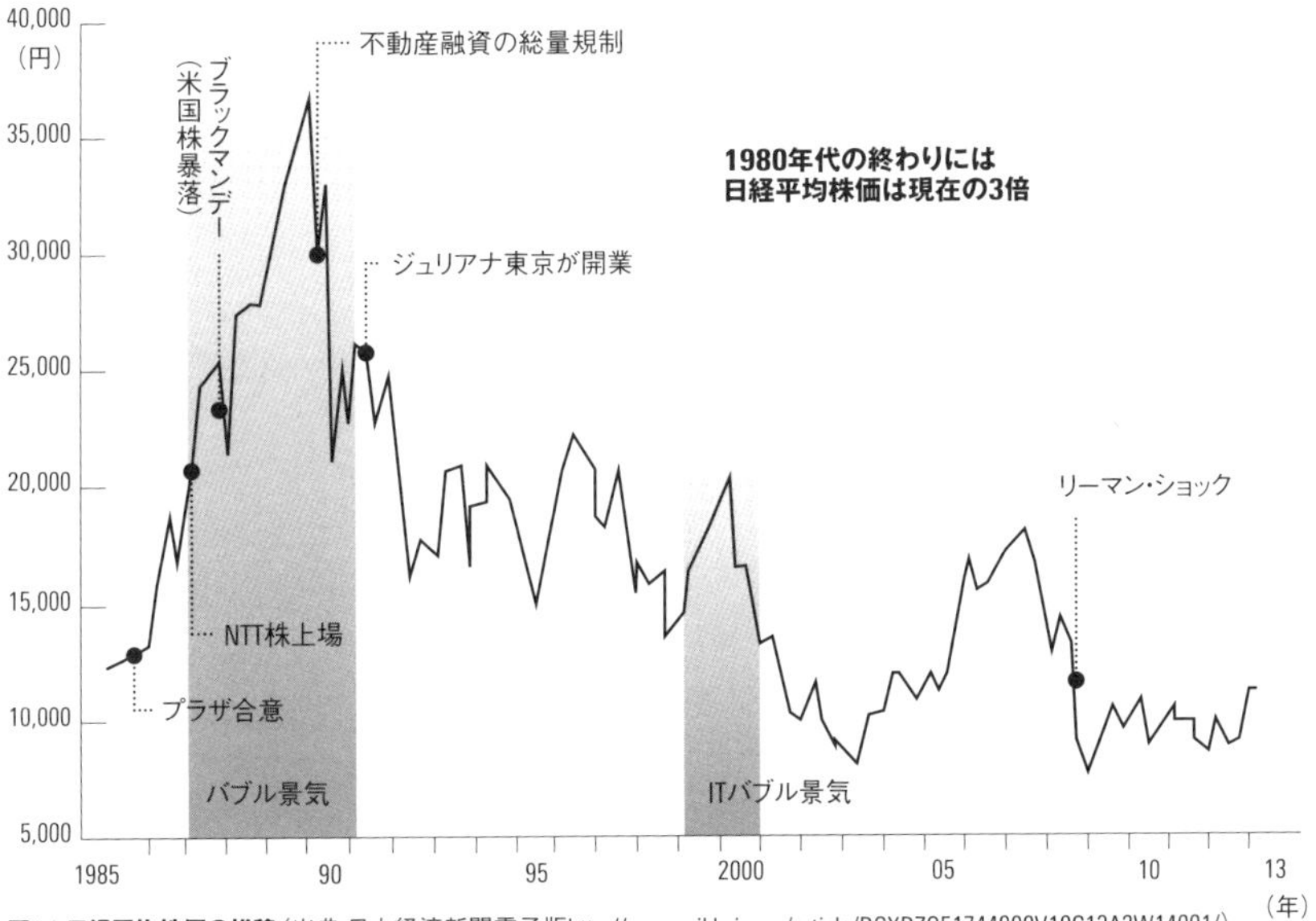

図1｜**日経平均株価の推移**（出典:日本経済新聞電子版http://www.nikkei.com/article/DGXDZO51744900V10C13A2W14001/）

02 大規模土地の住宅系利用転換が進む

この時期には企業のリストラクチャリングとして、大都市圏とくに工場地帯の大規模土地利用転換が進んだ。この土地利用転換は、工場閉鎖や集約化に加え、商業立地の郊外化などが背景にある。臨海部の工場地帯では大規模な遊休地が発生し、その後に超高層マンション、大規模マンションへと転換が図られた。

この大規模な土地利用転換を支えたのは、各種補助制度を導入した事業、いわゆる「要綱事業」と呼ばれたものであった。「都市再開発」など法律に基づくものは「法定事業」と呼ばれ、それ以外は「任意の再開発」で大規模土地利用転換は、当時の建設省が定める制度要綱に基づき行われた事業であった。

当時の都市再開発事業を進めるうえでの大きな課題は、上昇を続ける地価の克服であり、共同事業化、土地の高度利用、住宅と施設の複合化、各種補助事業などの導入など、さまざまな手法を用いて地価負担力の向上を図る必要があった。

大規模土地利用転換を進める代表的な事業に「特定住宅市街地総合整備促進事業」（以下、市街地総合）がある。これは、原則として二五ヘクタール以上の土地で、工場跡地などを活用し、道路や公園など公共施設を整備しながら、良好な住宅と居住環境を改善するものである。この時期、事業対象地区は二〇地区あり、そのなかでも大川端リバーシティ21は代表的な地区であった［写真1］。

大川端リバーシティ21は、東京都中央区の佃にあった石川島播磨重工の工場跡地を再開発した超高層住宅群である。石播の跡地は三井不動産、そして日本住宅公団に売却され、一九八二(平成五七)年に「市街地総合」によって骨格が決定された。大規模な工場跡地において都心居住を実現させた代表的な事例である。

地区は三ブロックに分けられ、分譲一三八二戸、賃貸二五〇四戸の計三八八六戸で構成されている。西ブロック(三・一五ヘクタール)は三井不動産、東ブロック(三・二五ヘクタール)は東京都住宅局、東京都住宅供給公社、住宅・都市整備公団(現UR都市機構)、北ブロック(二・六〇ヘクタール)は、三井不動産、住宅・都市整備公団が超高層住宅によって供給している。各ブロックには公共施設、商業施設、公園などを併設し、隅田川沿いはスーパー堤防(緩傾斜堤防)を整備するなど、安全で快適な市街地整備が行われ、都心居住を支えている。住戸プランも都心居住者のライフスタイルなどの志向を読みとり、的確な計画がなされている。

写真1｜**大川端リバーシティ**(ウォーターフロント開発)

このように、さびれた工場地区の超高層住宅群による開発は、立地に恵まれた条件もあって、魅力的な住宅地として見事に再生されている。

03 ケア付きの高齢者向け住宅が始まる

日本は一九七〇(昭和四五)年に高齢化社会(高齢化率七・〇パーセント)に入り、一九九四年に高齢化率一四・〇パーセントを超え高齢社会に突入した(現在は高齢化率二五パーセントを超え、超高齢社会)。この進展のスピードは世界一である。その進展を見越し、高齢化に対応した住宅政策が進められたのもこの時期である。住宅部局と福祉部局が密接に連携し、ケア付きの高齢者向け住宅を供給するようになった。国、東京都、住宅・都市整備公団のプロジェクトが相次いで実施された。

一九八七(昭和六二)年に、当時の建設省と厚生省の共同でシルバーハウジングプロジェクトが始められた[図2]。公共住宅供給主体(地方公共団体、地方住宅供給公社など)による高齢者に配慮した住宅の供給を推進するための事業実施に関わる計画を策定するプロジェクトである。高齢者の安全や利便に配慮した公営住宅に、高齢者の安否確認や緊急時対応のサービスを行う生活援助員(LSA:ライフサポートアドバイザー)を配置するようにした。

東京都では住宅施策と福祉施策が連携し、シルバーピア事業として進められた。段差解消、手すり取付け、緊急通報装置の設置などの高齢者仕様の都営住宅に、居住高齢者の安否確認、緊急時対応を行う「ワーデン」と呼ばれるLSAが常駐している。事業主体である市区町村は、住宅の供給主体である東京都、市区町村、住宅・都市整備公団、東京都住宅供給公社と協力してシルバーピアを運営し、高齢者が、地

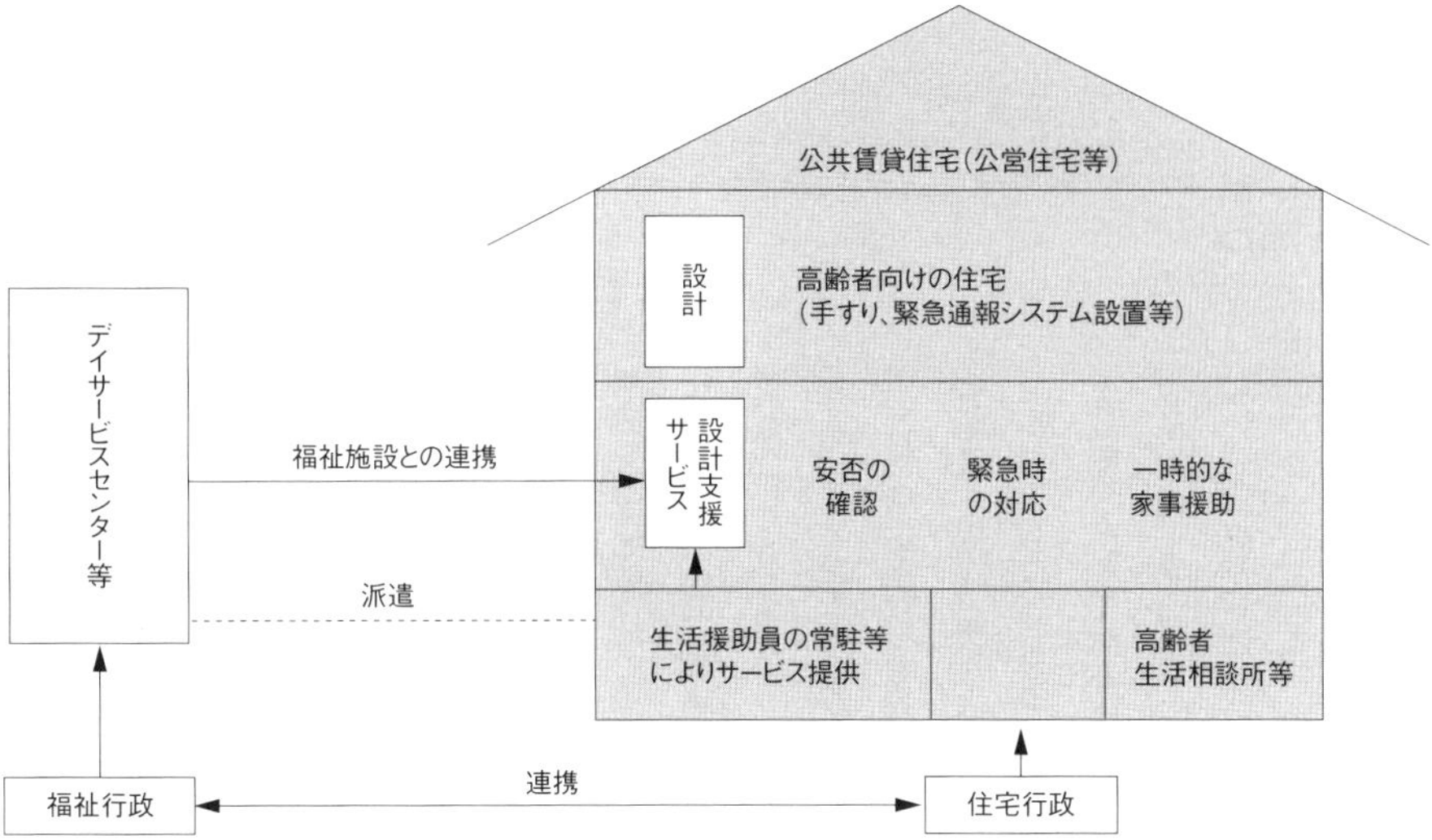

図2｜**シルバーハウジングプロジェクトの概念図**（内閣府発行『平成25年度高齢社会白書』を元に作図）

域社会のなかで安全・安心に暮らせるようサポートしている。

一九九〇（平成二）年になると、当時の建設省によるシニア住宅供給促進事業が開始される。住宅・都市整備公団などの供給主体が建設する高齢者向け賃貸住宅の建設補助制度で、終身年金保険に加入することにより、将来の家賃支払いに対する不安を解消するシステムを採用したものである。UR都市機構は、この制度にもとづき、一九九五年にシニア住宅「ボナージュ横浜」を整備し運営している。シニア住宅とは、高齢者の生活特性に配慮した設備・仕様を採用し、生活を支援するための施設の設置、およびサービスの提供によって高齢者の生活をサポートする住宅である。生活サービスには、緊急時対応、生活・健康相談、フロントサービスといった基礎サービスのほか、オプションとして別料金のサービスが取り入れられて、安心・安全な暮らしが提供されている。

一九九四（平成六）年に、建設省は「高齢者向け公共賃貸住宅整備計画」、厚生省は「ゴールドプラン（高齢者保険福祉五ヵ年計画）」を策定し、二一世紀初頭までに、高齢者向け公共賃貸住宅の整備戸数を最低居住水準未満かつ低所得高齢者などの世帯数に等しい三五万戸に設定した。

04 リゾートマンションが建設ラッシュに

一九八七(昭和六二)年に民間事業者の活用により、国民の余暇活動を推進するための総合保養地域整備法、いわゆるリゾート法が制定された。リゾート開発の計画を都道府県が策定し、国の承認にもとづき、弾力的な開発許可、税制優遇、政府系金融機関融資などの優遇措置が受けられるもので、民間事業者や地方自治体にとってメリットがあった。地域振興策に悩む地方の自治体がこの制度に飛びつき、ほとんどの自治体で計画が策定された。当時のバブル経済の金あまりによるニーズの高まりからくる期待感、スキーブーム、リゾートブームも自治体のリゾート開発を後押ししていた。

リゾート地域・施設の整備に絡み、リゾートマンションの建設も増加していく。自治体も民間開発事業者に積極的に誘致を図り、スキーブーム、リゾートブームに乗り、またバブル景気に重なり、投資目的の購入も増え続けた。

リゾートマンションの特長は、避暑地、温泉がある観光地、スキー場周辺、海岸沿いに建てられたもので、別荘としての利用を主目的として短期的な利用がされる。間取りは1DKやワンルームが主流で、温泉やプール、テニスコートなどの共有施設が設置されているものも多い。利用期間が短く、頻度が少ないために、管理を外部委託することと、豪華な共用施設の維持のため、管理費が高額になる傾向がある。

ただし、民間事業であるため、政策的な誘導や設計基準の関与には限界がある。市場の流通商品にすぎず、商品としての需要と供給の選択により普及されることになる。また、そのストックは個別に管理されていくことから、その管理内容も市場や社会情勢のもとにある個人の事情がはたらくことになる。

そのような背景をもつリゾートマンションの地方での供給は、さまざまな問題を生む。リゾートマンションの高層化による景観・環境問題、上下水道などのインフラへの負担増など、コントロールが利かなくなる。そして、社会情勢や個人事情による問題としては、管理費や修繕積立金の滞納によって維持管理システムが破たんする管理不全マンション化がある。バブル経済崩壊後は、この問題が顕在化している。バブル経済崩壊とその後の景気低迷により、リゾートマンションを売りに出すことが増えている。中古の供給過多のため、分譲時の販売価格の何十分の一、あるいは数百万円というような格安で取り引きされるケースが多くなっている。

05 環境共生住宅が始まる

環境問題への取組みが始まり、環境に配慮した住宅計画の考えが普及し始めたのもこの時期からである。一九九〇(平成二)年の地球環境保全に関する関係閣僚会議において「地球温暖化防止行動計画」が策定される。これにもとづき、政府は、温暖化対策を計画的・総合的に推進していくための方針と今後取り組むべき対策の全体像を明らかにした。二酸化炭素の排出を抑制することを目標に、一九九〇~二〇一〇年の二〇年間に講ずべき対策として、二酸化炭素排出の少ない都市・地域構造の形成、エネルギー供給構造の形成、ライフスタイルの実現などが掲げられた。

環境共生住宅の整備は、これらの目的を達成するための環境政策であるが、悪化した都市環境や住環境の向上をめざすもので住宅政策として位置づけられる。住宅業界においては、自然環境の恩恵を効果的・持続的に得られるように住まいやまちの環境を整え、環境共生社会の実現をめざす「環境共生住宅推進会議」が一九九四(平成六)年に設置(後の一九九七年に「環境共生推進協議会」へと改組)され、環境共生住宅の研究、指針づくり、情報発信が進められた。

また同年には、建設省補助事業「環境共生住宅市街地モデル事業」が実施された。この事業は、環境への負荷を低減し、環境との共生を図ったモデル性の高い市街地・住宅団地の整備において、環境共生住宅建設、環境共生施設設備などに要する費用を補助し、環境共生住宅の普及を推進するものであった。

このモデル事業では、透水性舗装、雨水浸透施設、屋上緑化施設、緑化公開空地、コンポストなどのゴミ処理システム、雨水および中水道などの水有効利用システムなどの整備にかかる費用が補助された。一九九八（平成一〇）年までに全国で五一地区がモデル地区の指定を受けた。環境共生住宅に関連する国の補助制度を受けた事業の多くは公共セクターのもので、公共主体で整備普及が進められた

そして、一九九五（平成七）年には、このモデルとは別に、日本勤労者住宅協会による日本初の集合住宅型環境共生住宅「アースビレッジ・ルミナス武蔵小金井」が生まれている。この事例では、環境共生型の暮らしを支えるさまざまな工夫や技術、育成管理の仕組みが考えられた。環境共生の技術としては、雨水貯留の水循環システム、太陽光発電機と太陽熱温水器、風力ポンプ、屋上・壁面緑化、ビオトープなどが設置された。

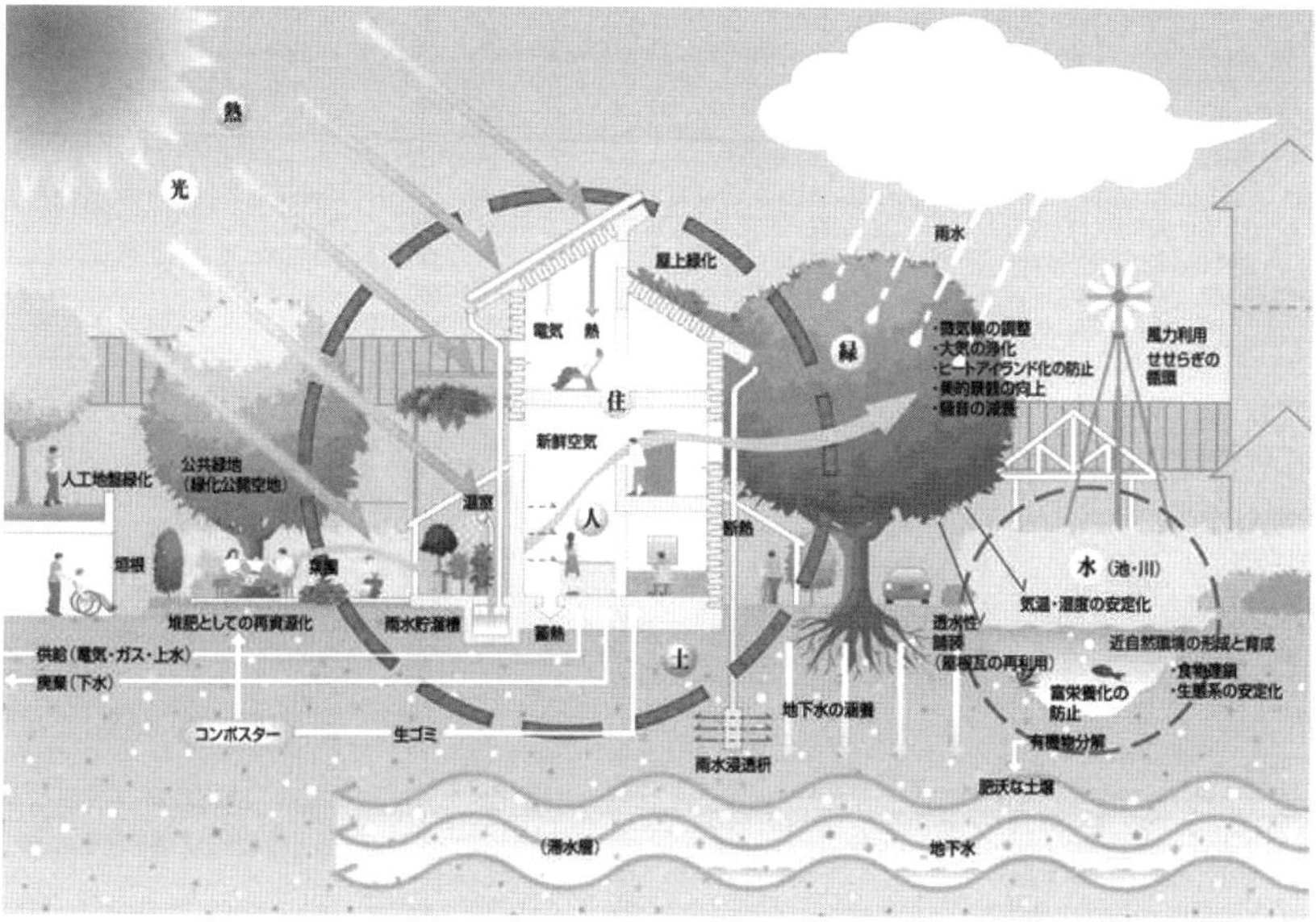

図3｜**環境共生住宅市街地モデル事業**（出典:『世田谷区深沢環境共生住宅——計画・設計のあらまし』（世田谷区発行パンフレット、1997年）

06 地方の公共住宅設計に著名建築家の登場

一九九〇年代に入ると公共住宅の設計にアトリエ建築家が参入する。住宅の供給が「量」から「質」に転換されて時間が経ってはいるが、量的な充足を目的とする計画の枠組みを本質的に変えることができてはいなかった。短期的な住宅政策のなかで改善を求める方法では計画の枠組みを補強しがちであり、そこには限界がある。住宅の計画や政策の枠組みを考える際にも、共通の空間像やあるべき生活像が明確になっておらず、計画・供給・需要サイドにおいて共有もされていなかった。

そこで、計画の枠組みを疑い、一から新しい計画を生み出す可能性のある建築家に白羽の矢が立つのは理解できる。また、公共住宅に建築家を採用する事例が地方で同時に起きているのも注目される。公共住宅を中央＝地方という枠組みからも解放し、地域からの計画論・供給論として、発信していくことにも当時の役割があったといえる。

そのシステムを最もよく採り入れたのは「くまもとアートポリス」である。当時の熊本県知事・細川護熙が磯崎新をコミッショナーとして迎え入れ、公共建築設計の発注の全権をコミッショナーに預けて熊本県内の建築づくりを進めていく。細川知事はこの事業を採り入れるのに先立ちベルリンのＩＢＡ（国際建築展一九八五年）を視察している。ＩＢＡはベルリンの都市再生を集合住宅によっ

写真2｜**熊本県営保田窪第一団地**（設計:山本理顕）

て実現しようとする国際コンペによる事業であり、くまもとアートポリス構想に大きな影響を与えたといわれている。

くまもとアートポリスの初期の建築家による集合住宅は、山本理顕の熊本県営保田窪第一団地（一九九一年）、早川邦彦の熊本市営新地団地A（九一年）、新納至門の熊本県営帯山A団地（九二年）、富永譲の熊本市営新地団地C（九三年）、元倉眞琴の熊本県営竜蛇平団地（九四年）、坂本一成・長谷川逸子・松永安光の熊本市営託麻団地（九四年）と続いた。

そして、もうひとつの事例は茨城である。茨城県は一九七〇年代後半から地域型住宅の計画供給に力を入れてきていたが、集合住宅としては大野秀敏の茨城県営松代アパート（九一年）、長谷川逸子の茨城県営滑川アパート（九八年）がある。熊本でも茨城でもいずれの集合住宅も、これまでの集合住宅の平行配置の住棟形式を脱した中層の中庭型住宅であった。生活の向きや領域の構成を集合住宅にいかに組み込んでいくかの挑戦が見受けられる。

ただ、建築家による挑戦的な集合住宅が、管理・メンテナンスを含んだトータルなコストを見込まず、住棟構成、材料などの工夫が複雑すぎたために、現在に至るまでに十分に維持・管理・修繕が行き届きされていないという問題が生じている。

07 二段階供給方式が実現

建物駆体部分のスケルトンと、内装部分のインフィルに区分して建設、供給する方式を二段階供給方式、あるいはスケルトン・インフィル(SI)方式という。スケルトンは、基幹共同的、恒久的で社会性が強い部分で、インフィルは、個別的、消滅的な私的性が強い部分という性格を持つ。

この二段階供給方式は、一九七〇年代から京都大学で研究が積み重ねられた。それは「公共化住宅」実現に向けて、多様な住要求への対応と、生活的社会資本形成を同時に実現することが目標にされていた。その条件は、スケルトンとインフィルの取合いの建築・構法技術、建設供給の二段階化による法制度が課題の解決となった。

一九八二(昭和五七)年に日本初の二段階供給方式による集合住宅が大阪府住宅供給公社によって供給されるが、注目を浴びるようになったのは、一九八〇年代後半から一九九〇年はじめにかけてである。この時期は、地球環境問題の深刻化から、この供給方式がサステイナブルな長期耐用型集合住宅の実現方法のひとつとみなされたことによる。その最も優れた事例がNEXT21である[写真3]。

NEXT21は大阪ガスが一九九三(平成五)年に大阪市に建設した実験集合住宅である。社宅としての実験ではあるが、長寿命を社会的に実験する世界のなかでも進んだ事例といえる。インフィルに対して、実証研究課題と居住コンセプトを変えながら、一九九四年四月〜一九九九年三月に第一フェーズの

写真3｜**NEXT21**（1993年〜、近角真一提供）

居住実験が行われた。その後、第二フェーズ（二〇〇〇年）〜第四フェーズ（二〇一三年）まで居住実験が進行している。

ＮＥＸＴ21はスケルトンとインフィルが分離し、二段階供給の理想をまさに実現したものである。共用廊下部分は逆スラブにして配管スペースとし、住戸内の床面はスラブから二四〇ミリメートル上げて、水回りの位置変更も自由にできるようにした。ＳＩが分離しているので、外壁・戸境壁も移動が可動だ。

このようなシステムを活かし、居住者のニーズを反映してリフォームした住戸がある。水回りの移動、和室の追加などが行われているが、最大の特徴は外壁が移動されていることだ。スケルトンとインフィルが分離しているからこそ、活かされた技術である。居住者のニーズに真に対応するためには、戸建て住宅のような増築や減築に対応する、このような外壁の移動もサポートするようなシステムが重要である。

08 小ぶりな民間建設による密集市街地更新が始まる

密集市街地の面的な整備は、その多くが東京圏や大阪圏、地方都市の旧市街地で大きな問題となっていた。古くからの市街地の基盤が残り、道路インフラが脆弱であり、個々の敷地規模も小さい。旗竿敷地や無接道など敷地条件が悪いため建替えもできず、老朽化したまま放置されているものもあった。

このような密集市街地の整備のために、小規模共同、協調建替え事業を合意がとれた敷地群ごとに更新し、それを市街地に連鎖させていく方式が行われるようになる。密集市街地の敷地は個別の土地所有者のものであるため、面的な再開発は適さない。居住の継続を担保する個別あるいは協調による漸次的な更新システムによって住環境を整備していくことが現実的である。

これらを事業化するために、非法定事業制度であるコミュニティ住環境整備事業(一九八九年)、木造賃貸住宅地区整備事業(一九八二〜八八年)、市街地住宅密集地区再生事業(一九八九〜九三年)など、いくつかの事業をうまく組み合わせて推進する必要がある。これらは一九九五(平成七)年に密集住宅市街地整備促進事業に統合されている。これは、地区を定めて、整備計画を立て、一定の地域に対して老朽住宅などを買収・除去し、道路・公園などを整備し、従前居住者のための住宅の建設・購入・借上げ、敷地の共同化の推進するものである。

埼玉県上尾市中町愛宕地区は非法定事業で連鎖型建替えによって中山道沿いの密集市街地を更新し

た事例である。一九八四（昭和五九）年に地区の構想案が策定され、共同建替えを個別の再開発として、コープ愛宕（一九八九年）、オクタビアヒル（九一年）、シェブロンヒルズ（九三年）、緑隣館（九七年）と連鎖的に展開した。

大阪の東大利スクエアタウンは、文化住宅、木賃アパートが密集していた地区であるが、共同・協調建替えを連鎖的に進め、公園・道路などの公共用地を整備しながら地区全体の住環境をつくり出した［写真4］。この地区の整備では、民間セクターと公的セクターが協働して進められた。地権者が協議会を設け、市、住宅・都市整備公団、大阪府まちづくり機構がサポートしている。

接道条件がよい敷地では自力建設が可能で、個別に更新が進行しているのが実情である。密集市街地整備では先進例があるものの、民間主導の事業としては周辺には波及しにくいという実態がある。

写真4｜**東大利スクエアタウン**

09 阪神・淡路大震災が時代の空気を一変

一九九五（平成七）年一月一七日に発生した阪神・淡路大震災は、都市直下で起こった地震により未曾有の都市型災害となった。

阪神・淡路大震災の被害は、死者六四三四人、住宅被害は全壊一〇万四九〇六棟、半壊一四万四二七四棟という甚大なものであった。死者のうち、八割に相当する約五〇〇〇人は木造家屋の倒壊の下敷きによる圧死であった。

マンションは二五三二棟が被災し、八三棟が大破、一〇八棟が中破、三五三棟が小破であった。このうち被害が集中したのは一九八一（昭和五六）年の「新耐震設計基準」以前に建設されたいわゆる旧耐震マンションであった。現在まで、被災マンションのうち一一五棟が建て替えられている。しかし、その過程において、既存不適格、

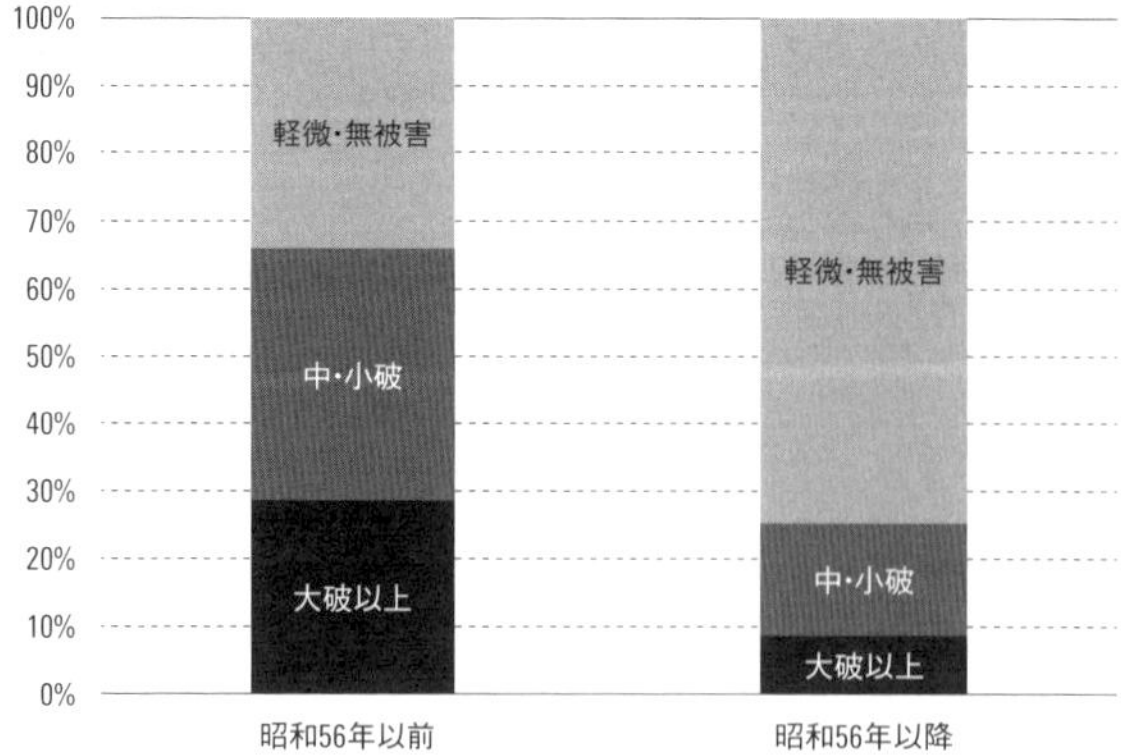

図5｜**旧耐震と新耐震の被害の状況**（国土交通省ウェブサイトを元に作図。http://www.mlit.go.jp/jutakukentiku/house/jutakukentiku_house_fr_000043.html、出典:平成7年阪神・淡路大震災建築震災調査委員会中間報告）

区分所有法の解釈、住民の合意形成の困難などで多くの問題が指摘され、いくつかの事例では建替え決議の無効を求めて係争にもなった。

この震災によって多くの住宅、マンションが倒壊し、災害に対しての対策の未整備が露わになった。この震災により、急を要する住宅復興事業と、その後の耐震改修のための法整備に加え、マンション建替えなどの法整備が一気に進められていくことになる。

住宅復興事業は、兵庫県が策定を進めていた住宅マスタープランを前倒しし「ひょうご住宅復興三ヵ年計画」を策定して進められた。一九九五〜九七年度までに、災害復興公営住宅二万四〇〇〇戸、災害復興準公営住宅一万八〇〇〇戸、公団・公社住宅二万二〇〇〇戸を含む一一万戸の供給が計画された。それにもとづき高層・超高層の復興住宅が多く建設された。なかにはコレクティブ住宅形式を採用してコミュニティの居住継続を採ろうとしたものも生まれている。

住宅の倒壊被災が多かったことから、耐震改修の建築基準法の改正が進んだ。また、被災マンションの復興にあたって「被災区分所有建物の再建等に関する特別措置法」が施行され、さまざまな問題が顕在化したことから、マンション建替えを含む関連法整備が一気に進んだ。

10 地方ごとの総合的な住宅政策を展開する住宅マスタープランの策定へ

バブル期の住宅対策は、経済力の向上、高齢化の進展、ライフスタイルの変化などの社会経済情勢の動向により、高度化・多様化するニーズに的確に対応していくことが求められた。住宅政策においても同様に、公共住宅の供給を中心とした施策から、民間における優良な住宅供給、住宅ストックの向上、住環境の整備までをフォーカスする方向性が打ち出された。さらに、都市計画・建築規制、市街地整備、福祉施策、地域振興施策などと連携するなど総合的な展開が必要とうたわれるようになった。

一九九四(平成六)年、建設省は地方公共団体に地域独自の政策課題に対応した住宅マスタープランの策定を通達する。これは、地域特性に応じた住宅整備の充実を図るため、具体的施策の展開方針などからなる住宅の整備などに関わる計画を策定し、その枠組みにしたがい総合的な住宅政策を展開するものであった。

これまでのHOPE計画は「住宅マスタープラン」の「地域の住文化等に関わる住宅供給に係る事項」として分野別計画事項に位置づけられ、地域に根ざした住宅政策を展開することが期待されるようになった[表1]。

一九八五年度までモデル事業として進められてきたHOPE計画は、当初三年間の成果が認められ、一般的な制度として継続されてきた。また、HOPE計画の実施を通して地域高齢者住宅計画や、克雪タウン計画などの地域の実情に合わせた地域テーマ別のさまざまな事業が整備されてきた。

　初期のＨＯＰＥ計画は地域の住宅政策の展開というより、地域特性や地域文化の育成等に視点を当てた啓発活動やイベント、パイロット事業に力点が置かれたもので、地域主体の住宅計画や住宅政策を展開している例はほとんど見られず、依然として地域の住宅政策の主体性がやや置き去りにされていたように見えた。住宅マスタープランは、ＨＯＰＥ計画を契機に地域の主体的住宅政策に展開していく体系を整理し、さらなる展開を志向したものといえるが、ＨＯＰＥ計画の一般化を志向した住宅マスタープランへの移行状況も、結果としては公共住宅事業の際立った地域特性への貢献などの役割を中和し、住宅政策のオーソドックスな枠組みに収れんする傾向が示唆されていた。

表1｜**住宅マスタープランの個別的事項（地域特性に応じた施策）**（1994年）

大都市地域における住宅供給促進
特定優良賃貸住宅等の供給促進
良好な住宅供給促進のための段階的住宅建設
地方定住促進に資する住宅供給
生涯学習のむらの整備に資する住宅供給
地域の住文化等に関わる住宅供給に係る事項
多雪地域に係る住宅供給に係る事項
高齢者等に係る住宅供給に係る事項
住宅の情報化の推進に係る事項

11 地主が安心して土地を貸すことができる定期借地権の登場

地価は戦後一貫して右肩上りで上昇し、都市における住宅取得コストを大幅に引き上げた。所有権分譲価格を下げるために、宅地の狭小化と住宅地の遠隔地化が進行した。しかし都市部での宅地の需要は大きく、社会性・経済性の実態に適応した借地借家法の抜本的な見直しが行われ、一九九二(平成四)年八月に定期借地権が創設された。これにより、貸した土地が必ず戻り、期間満了時の立退料も必要なくなり、地主が安心して土地を貸すことができるようになった。

地主側の定期借地事業のメリットは、土地を手放すことなく、(1)借入不要のリスクの少ない事業、(2)資金調達の実現、(3)地代収入による長期安定経営、(4)相続対策効果などが挙げられる。デメリットには、土地利用が長期にわたり拘束されること、事業リスクが少ない反面、収益面でのリターンも少ない事業であることがある。

住宅購入者側のメリットとしては、土地取得コストが低減された分、住宅取得コストが大幅に下がり、広い敷地面積の土地と、床面積が広い住宅が取得でき、良好な住環境が実現できることが挙げられる。一方、デメリットには、(1)土地を返還しなければならない、(2)土地が値上りしてもその利益を得ることができない、(3)将来の地代改定の心配、(4)中古で売却ができるかなどの心配がある。

バブル崩壊とともに土地神話が崩壊した時期に定期借地権が登場したため、土地の「所有から利用」

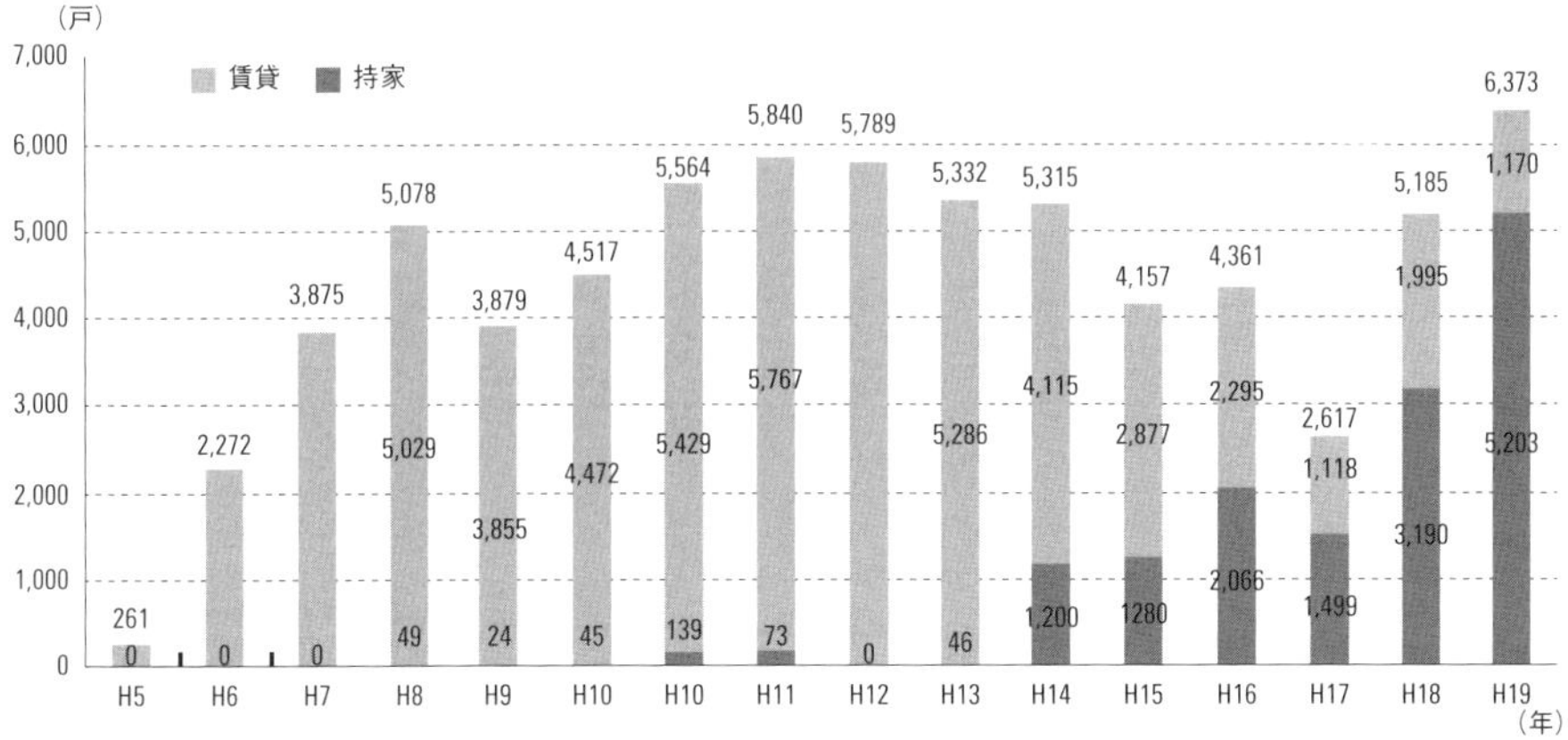

図6｜**定期借地権付住宅の供給実績の推移**(国土交通省ウェブサイトを元に作図。http://tochi.mlit.go.jp/chiiki/lease/doc2-3.html)

という住宅取得の形式は、新しい時代にふさわしい選択肢として迎えられた。その後も地価の下落は継続し、「所有から利用」を実現する定期借地権付住宅の供給は一九九三(平成五)年から始まり、二〇〇八年までの供給戸数は、七万四九二戸となった。内訳は、一戸建住宅が三万五八二六戸で、マンション(分譲および賃貸)が三万四六六六戸である。ただ、爆発的に増えないのは、地主から見た場合、定期借地権住宅のメリットがわかりにくいことが要因のひとつとされている。

そのようななかで、定期借地権、自由設計、コーポラティブを組み合わせた「つくば方式(スケルトン定借)」によるメソードつくば(一九九六年)や、東京都の南青山一丁目団地の建替えにあたり、定期借地権とPFI事業を組み合わせた青山一丁目スクエア(二〇〇七年)が生まれている。

Column

マスターアーキテクト方式、デザインガイドによる住宅地づくり

住宅の量から質への高まり、景観問題の高まりにより、住宅による一体的で総合的な住宅地づくり、まちづくりが進められるようになった。新たな住宅地の開発において、マスターアーキテクトやデザインガイドラインを採用し、住宅地の空間構成や景観をコントロールしていく考えである。変えてはいけない骨格となる空間構成やデザインのルールを決め、変えてもいいところを設計者の工夫に任せて、都市景観ブランドをつくり出している。

マスターアーキテクトは、ネクサスワールド、六甲アイランド、ベルコリーヌ南大沢（一九九一年）、幕張ベイタウン（九五年〜）で採用され、優れた都市景観を生み出した。デザインガイドも、それぞれの住宅地の計画・設計において、土地利用、街路空間、建物の配置、高さ、用途、ファサードデザインなどの空間やデザインの共通した目標像として設定されていた。

ベルコリーヌ南大沢は、内井昭蔵をマスターアーキテクトとして、住宅街区ごとのブロックアーキテクト、景観アーキテクトとの調整によって設計が進められた。デザインは丘陵地という地形を活かして「イタリアの山岳都市」というコンセプトが採られ、デザインルールも、勾配屋根、壁面後退、材料、色彩などが細かに設定されていた。

幕張ベイタウンは、都市ガイドライン、計画デザイン会議による設計方式によって計画が進められた。計画は、住棟の沿道型配置による中庭型集合住宅（街区型集合住宅）形式という空間構成を特徴として、大規模かつ一体的なまちづくりを先進的に行った住宅地となった。一九九一（平成三）年に都市ガイドラインが策定され、壁面構成やスカイライン、ファサードデザインなどに対したルールが細かく記されている。これにより、全体的に調和の取れた街並みが生まれ、多様な建築家の参加によるデザインの工夫もみられる。

都市ガイドラインとともに優れたまちづくりを実現した要因に、独自の設計体制がある。各街区には住棟を単調にさせないよう三者以上の設計者が関わり、それらを街区ごとのブロックアーキテクトの調整により新たな住宅地景観を生み出すものになった。また、主要な街路に面する一階部分には非住居を配置することもルールとされ、コンビニ、銀行、レストランなどが軒を連ね、にぎわいと活気を生み出し、新たな景観づくりのポイントにもなった。

（鈴木雅之）

1995▼2004

5

政策転換期

川崎直宏

時代状況——

バブル崩壊後の低成長のもと、住宅政策の転換と構造改革が始まる

一九九五(平成七)年ごろ以降の住宅政策はバブル経済崩壊後の低成長経済に対応するため大きな転換を余儀なくされた。日銀は公定歩合を下げ続け、一九九五年には〇・五パーセントと過去最低水準となったが、住宅専用金融七社が不良債権を抱えて経営破たんし、その後、金融機関や大手証券会社の破たんなどの金融市場の混乱が続いた。また一九九五年は阪神・淡路大震災や地下鉄サリン事件、二〇〇一年にはアメリカでの同時多発テロなどの災害・事件が続き、社会不安が広がりつつあった。その後、消費税率は五パーセントに引き上げられ(一九九七年)、この時期、失業率は徐々に増加し、二〇〇三年には完全失業率は五パーセントを超えた。

一方、一九九七(平成九)年には介護保険法が成立し、二〇〇〇年から施行され、高齢社会の枠組みを構築しつつあった。二〇〇〇年ごろにはようやくバブル経済と崩壊に翻弄されていた状況を脱し、小泉政権による「小さな政府」をめざした社会や政策の大きな転換の機運が生まれ、住宅政策はドラスティックな転換を進め、市場重視と地方主体性の確立に大きく舵を取ってきた。政策の原則は住宅の市場化、すなわち民間住宅供給などの市場条件を整備しつつ、適正な住宅市場を育成することで、停滞していた政策の転換が急速に進められた。公的主体の役割は、市場において自力では適切な水準の住宅宅地サービスを確保できない者に対するセーフティネットとして位置づけられた。ま

た、これに呼応する住宅政策の主眼はストック重視、地方主体性の確立であった。

こうした動向のなか、現実には公共住宅政策の縮小だけが着実に進み、急速な展開ゆえのさまざまな歪みや課題が現出し、民間住宅事業における市場環境は、依然として制度・ルール・評価・業界などにおいて十分な整備・育成が進まず、一〇〜二〇年後への種々のツケを回すことになる。二〇〇五(平成一七)年九月には、社会資本整備審議会答申「新たな住宅政策に対応した制度的枠組みについて」がまとめられ、今後の住宅政策や公共住宅の新しい枠組みが示された。

また、この時期には地方の行財政基盤を強化し、地方分権化を推進すべく、「平成の大合併」が進められてきたが、住宅政策において地方の主体的な取組みが大きく進展する状況は見られない。継続する安定成長経済のなか、地価の下落が進み、公定歩合や民間住宅ローン金利の低率化が続いた。団塊世代が熟年期に、団塊ジュニア世代が世帯形成期を過ぎつつあり、住宅着工は年間一二〇万戸供給が持続していた時代である。

住宅は都心回帰が始まり、都市と郊外の新たな関係が構築されつつあった。都市内立地の住宅供給が進むとともに分譲マンションの建替えが検討され始め、都市近郊では狭小戸建てや三階建戸建て、低コストの軽量鉄骨造賃貸・プレハブ造賃貸アパートが大量に供給され始めた。地球環境問題への意識も高揚しつつあり、国民の景観や環境、コミュニティの意識も徐々に高まり、住宅地の新たな計画手法や地域マネジメントの芽生えが見え始めた時期でもある。

01 品確法の成立により、市場重視の住宅政策への転換が始まる

一九九五(平成七)年以降の住宅政策は、民間・公共を合わせた住宅市場全体を対象として捉え、市場機能が十分に発揮されることを基本とし、住宅市場が円滑かつ適正に機能するような条件整備が位置づけられ、市場基盤と制度的枠組みの整備・充実や税制の整備が進められた。具体的には住宅の品質確保の促進等に関する法律(一九九九年)、住宅市場整備行動計画(二〇〇一年)を皮切りに、住宅政策はかつての住宅に困窮する者に対する対策を中心に展開した時代から脱し、さまざまに展開する住宅市場を対象とした市場政策へと転換している。

品確法の目的は、住宅の性能に関する表示基準・評価制度を設け、住宅紛争の処理体制を整備し、新築住宅の請負契約・売買契約における瑕疵担保責任について特例を設けることにより、住宅の品質確保の促進・住宅購入者などの利益の保護・住宅紛争の迅速・適正な解決を図ることである。品確法に基づき、住宅性能表示制度が二〇〇〇年度に創設され、消費者による住宅性能の相互比較を可能とするため、住宅の性能表示の共通のルール、客観的な評価を行う評価機関、紛争処理体制が整備された。これらによって、住宅性能の表示が可能となり、住宅市場の適正化を図る役割を果たすことをめざした。

しかし、現実にはこうした市場機能の活用は、法の施行以前から企業競争力を高めるべく自発的に進めてきた大手のハウスメーカーや共同住宅のデベロッパーに馴染みやすく、中小工務店などと適用状

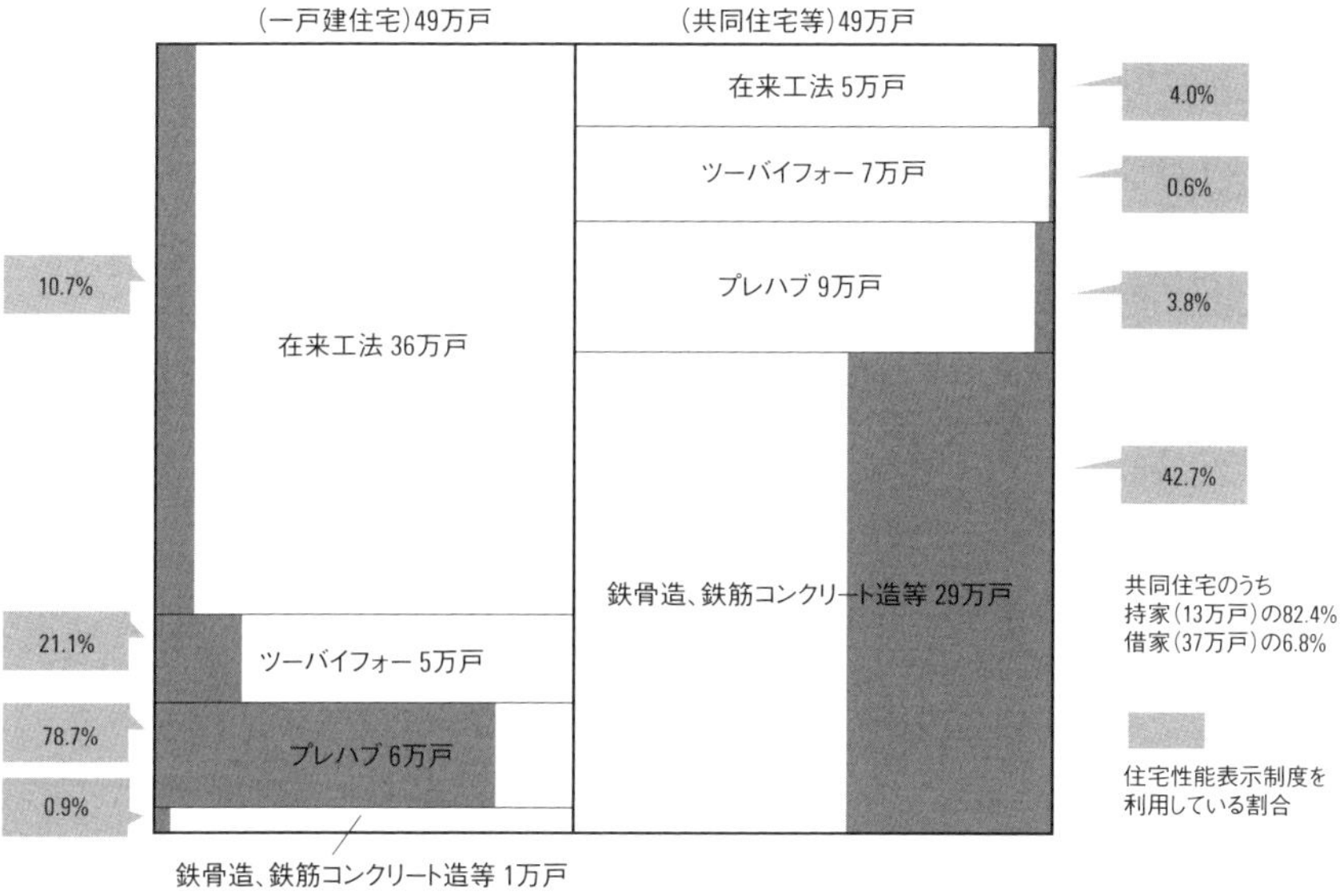

図1｜**住宅性能表示の利用状況**(平成25年度建築着工統計を元に作成。資料:平成25年度建築着工統計より)

況の差が見られる。戸建て木造を中心とする在来木造住宅供給においては、従来の慣習や体制の変換が求められるため、現実には十分に定着していない。このため大手住宅供給と地域の散在的な従来の供給システムとが住宅市場において二極化していくことも危惧されている。地域の住宅産業の近代化が一層課題として浮かび上がることにもなっている。

さらに、性能表示基準等は住生活基本計画での市場における目標設定、長期優良住宅認定基準などの住宅施策、地震保険加入のインセンティブとしての利用など、住宅供給・住宅市場を取りまくさまざまな場面で利用されるようになってきている。

これらの方向転換は住宅政策や住宅市場にとって不可欠であるものの、市場体制や市場評価システムなどにおいて総合的に対応しているとはいえず、その不十分さや政策環境・状況認識のズレがいくらかの誤謬につながっているように見える。とくに、こうした事業の背景となる消費者の価値意識や居住者ニーズとのズレ、事業のバックアップとなる金融・融資における評価、住宅流通における適正情報システムなど環境整備の課題も多い。

今後、さらに具体的な施策・制度を構築していく必要があるが、この方向自体はまだ、模索しつつ精査されていく状況である。

02 公共住宅政策三本柱の崩壊と改革が始まる

市場政策への転換を最も明確に示すのは、公共住宅政策の縮小化であり、公共事業の民間活用や民営化は住宅政策の市場化を顕著に表す改革路線であった。

住宅金融公庫・公営住宅・公団住宅は戦後の公共住宅政策の三本柱として機能してきたが、それぞれの政策目的も時代の経済対策に左右されてきた面もある。オイルショック後は景気浮揚策としてさまざまな面で公共事業投資が進み、このことが一九八〇(昭和五五)年ごろ以降の公共主体の各事業の経営状況の悪化につながっている面がある。一九八〇年ごろは円高不況に対する内需拡大策がとられ、種々の民営化路線と規制緩和が進められていた。英国ではサッチャーによる住宅改革(公営住宅の払下げなど)が進められており、わが国の住宅においても経済対策として民営化の予兆があった。しかし、その後のバブル景気に覆われ、住宅改革は先送りされ、バブル後の一九九〇年代以降に経営的に行き詰った公共事業の民間活用や民営化に向けた政策転換への要請が顕著になっていった。

この時期に創設された都市住宅学会においても「小さな政府」論を基調とする民間活用論、公共投資縮小論と居住権(憲法二五条との関係)、「居住福祉」論を基調とする公共政策必要論が精力的に議論されていたが、それらは徐々に公共住宅縮小論に舵を切っていった。

こうした状況で、小泉政権による「小さな政府」をめざした社会や政策の大きな転換の機運が強くなり、五五年体制からの脱却を背景に、住宅政策は小泉構造改革によるドラスティックな転換を進めることとなった。一九九六(平成八)年には公営住宅法の一部改正が行われた。改正のポイントは従来の一種・二種の種別の廃止による収入基準の切下げや、立地や規模などの応能応益方式による家賃制度の導入、買取り・借上げ方式の公営住宅供給の導入などである。これらは公営住宅の限定施策化と公営住宅における市場原理の導入と解することができる。公団住宅については一九九九年に都市基盤整備公団に改編し、分譲住宅供給からの撤退、二〇〇四年には都市整備公団を廃止し、独立行政法人都市再生機構(UR)へと組織形態を転換した。このことは長年住宅政策の柱であった住宅公団の大都市圏での住宅供給の役割の終焉を意味した。住宅金融公庫についても二〇〇五年に廃止、独立行政法人住宅金融支援機構へ再編するなど、戦後の住宅政策の中核を担ってきた公営・公団・公庫の三本柱の制度改革が進んだ。

こうして、公共住宅事業は徐々に縮小を余儀なくされ、直接供給となる公共住宅はスリム化、重点化されていくこととなる。住宅の新規事業は民間にシフトし、公共住宅は高度成長期に建設されたストックの建替えやリニューアルを中心とする事業に大きく方向を変えることとなる。また、公共住宅の役割はセーフティネットに重点化していく方向が位置づけられた。このこと自体は住宅政策の縮小を意味するのではなく、住宅市場全体を視野に公共政策を考えることでもあるが、その方向は依然進展しないまま公共住宅政策だけが市場の補完に位置づけられつつ、限定化されていく状況が生まれた。

03 公共住宅のストック改修や民活による再生事業が始まる

住宅政策における「市場重視、ストック重視」と都市政策における「都市再構築」が、一九九五(平成七)年以降本格化する。この時期は総体としての住宅余剰状況となり、本格的なストック再生・ストック活用の時代を迎え、各地で団地再生、ニュータウン再生計画を先駆的に取り組みはじめた。

公営住宅ストックについては、従来は古い簡易耐火造の住宅を中心に、より高度利用を図るべく建替え事業を進めてきた。しかし、都市部を中心に多くの中層ストックの老朽化や社会的陳腐化が大きな課題となり、経済状況の停滞のなか、公営住宅では躯体の耐用年数の残余するストックについて建替えに替わるストック再生の手法を模索していた。耐久性の高い躯体を残し、エレベータの設置によるバリアフリーと、老朽・陳腐化の進んだ内装や設備を全面的にリフォームする手法として、東京都では中層片廊下型住棟を中心にスーパーリフォーム事業を制度化し、昭和四〇年代に建設された都営住宅に数多く展開した。国においては、公営住宅ストック総合活用計画の制度が創設され、スーパーリフォームと同様のトータルリモデル事業(二〇〇〇年)を制度化した。これを受け、各自治体で公営住宅ストック総合活用計画が策定され、建替え事業から改修事業にシフトしていくかたちで、大阪府、兵庫県をはじめ多くの自治体でトータルリモデル事業が進められた。福島県、山口県などにおいては、廊下を増設し、エレベータの効率的利用と各住戸へのフラットアクセスを可能とするバリアフリー改修技術が実現した。

この時期、住都公団は昭和三〇年代の団地の建替え事業が本格的展開の時期を迎えており、トータルリモデルに相当するストック活用への取組みは進んでいない。民間市場においても、共同住宅の多くは昭和五〇年以降の建設であり、ストック再生やストック活用はまだ需要としては顕在化していない。

大規模の公共住宅団地の多くは都市郊外の団地として形成されたが、都市構造の変化にともない今後人口の減少や高齢化などさまざまな状況の変化が見込まれる。これらの状況に対応するための既存住宅ストック活用は団地再生・地域再生の文脈のなかの手法として展開され、コミュニティの再編（コミュニティミックス）や事業の効率的・計画的展開を行うことに重大な意味がある。大規模団地は事業ミックスによって団地の種々の課題に切り込んでいくことができ、こうした視点から民間事業者の活用の取組みが進められた。南青山一丁目都営住宅の建替え（二〇〇一年）は、PFI的手法を導入した事例で、都営住宅用地を事業者が複合施設を整備した後、公共施設部分を東京都と港区が買い取るスキームである。その結果、都営住宅の建替えだけにとどまらず、民間収益施設の立地を誘導し、まちのにぎわいを創出することに成功している。これを契機に広島県、大阪府、徳島県などでPFI事業への取組みが始まった。

「ソーシャルミックス」と「ミックストコミュニティ」

ソーシャルミックスは、一九九〇年ごろにフランスやイギリスなどで謳われた居住者階層の混合という都市政策理念であり社会賃貸住宅の適正配置により荒廃地区の改善に取り組んだ。わが国では、東京都大規模団地総合建替事業の基本方針において、新たにミックストコミュニティという理念を掲げた。ソーシャルミックスをふまえつつ、急速な少子高齢化社会に適応するうえでの、周辺地域との持続性とバランスのとれた活力ある公営団地再生の実現をめざしたものである。

04 地方分権が進まず地方住宅行政はますます疲弊

一九九〇年代半ば以降は地方経済の停滞のなか、財政的制約から公共事業は減少傾向に転じた。住宅政策における地域性への種々の展開は、地域文化や地域産材の採用、地域生産体制などの「地域性」配慮の住宅政策領域に特化し、地域経済の引き続く厳しさのなか「地産地消」、「地域循環システム」の確立に一層方向づけられていくこととなった。

この時期の地域の住宅政策の主要な体系を構築していたHOPE計画においても、地域の住宅政策の展開というより、地域特性や地域文化の育成などに視点を置いた啓発活動やイベント、パイロット事業に力点が置かれた。「セーフティネット」などを意識した地域主体の住宅計画や住宅政策を展開している例はほとんど見られない。民間活用や市場分析、これらにもとづく住宅政策の地域主体性が発揮される状況はまだまだ少なく、総じて多くの公共団体は地域主権の面では依然として助走段階といえる。

こうした状況のなか、二〇〇〇(平成一二)年には地方分権一括法が施行され、国と地方の役割分担の明確化、機関委任事務制度の廃止、国の関与のルール化などが図られた。各地方公共団体は自らの判断と責任により、地域の実情に沿った行政を展開していくことが期待され、簡素で効率的な行財政システムを構築し、自らの行財政運営について透明性を高め、公共サービスの質の維持向上に努めるなど、住民との対話のなかで自主的に行政改革に取り組むことが求められた。このため、市町村合併が政府により強力に推進され政令指定都市への移行や、町村の市への移行のための人口要件の緩和など、合併論議が加速されることになった。一九九九年に三二三二であった市町村数が、二〇一三年には一七一九となるなど、市町村合併は相当程度進展したが、地域ごとの進捗状況には差異が見られている。

住宅政策は、一九九〇年半ば以降に急速に公共事業や公共住宅事業の縮小が進み、一方でバブル経済のなか、公共住宅事業の地域性への種々の展開は民営化事業の拡大傾向に飲み込まれていったようにみえる。二〇〇五(平成一七)年には地域主権の確立をめざし、地域住宅特措法が制定された。公営住宅の建設や面的な居住環境整備など地域における住宅政策を、自主性と創意工夫を活かしながら総合的かつ計画的に推進するための支援制度として「地域住宅交付金」制度が創設され、地方公共団体による地域住宅計画にもとづき公的賃貸住宅の整備などに交付金が与えられる仕組みとなった。

しかし、住宅政策や住宅行政の地方分権化が期待ほど進まず、地域主権は徐々に住宅政策の脇に追いやられてきたようにみえる。現実には人口減少地域、限界集落、郊外住宅地問題などに関連して派生する住宅政策の主課題である住宅困窮の新たな側面や、貧困率の上昇に見られる格差拡大、地域ごとのこれらセーフティネット対象の存在など取組み課題も多くなっている。

05 社会住宅をめざした民間賃貸住宅支援制度の光と影

市場政策への転換を見据えた一連の住宅政策の抜本的制度改革は一九九三(平成五)年の中堅所得者向け公共賃貸住宅として推進された特定優良賃貸住宅(特優賃)制度の制定に端を発する。

先鞭を付けたのは東京都の優良民間賃貸住宅で、バブル期に都内の地価や家賃が上昇するなか地上げや相続の困難さが増し、都内での居住の確保が困難な状況になり、地価を家賃に反映させない工夫を持った制度として創設された。優良民間賃貸住宅は都民住宅として中間所得層に優良な住宅を供給し、相続税対策の効果も持つ制度として一定の役割を果たしてきた。特定優良賃貸住宅制度は主旨を同じくし、都市部の住宅供給を持続するべく土地所有者の住宅活用を進めるため、フランス・ドイツの社会住宅制度を手本に中堅所得者向け公共賃貸住宅として制度設計が進められた。

従来の公共住宅は行政や地方住宅供給公社など、公的セクターが供給主体とされており、供給量に限界があった。特優賃制度は都市部の住環境改善のため、賃貸住宅ストックの質的向上を目的にした中堅所得者向けの制度として、民間事業者が土地所有者を探して事業化することが可能になり、供給量が増加した。入居世帯の所得については、国内全世帯の下位二五パーセントより高く、上位五〇パーセント(または八〇パーセント)より低い所得階層とされている。補助としては、入居者に対しては家賃の補助、建設した民間事業者には建設費への補助、建設資金の融資に対する利子補給、住宅金融支援機構の融資限度

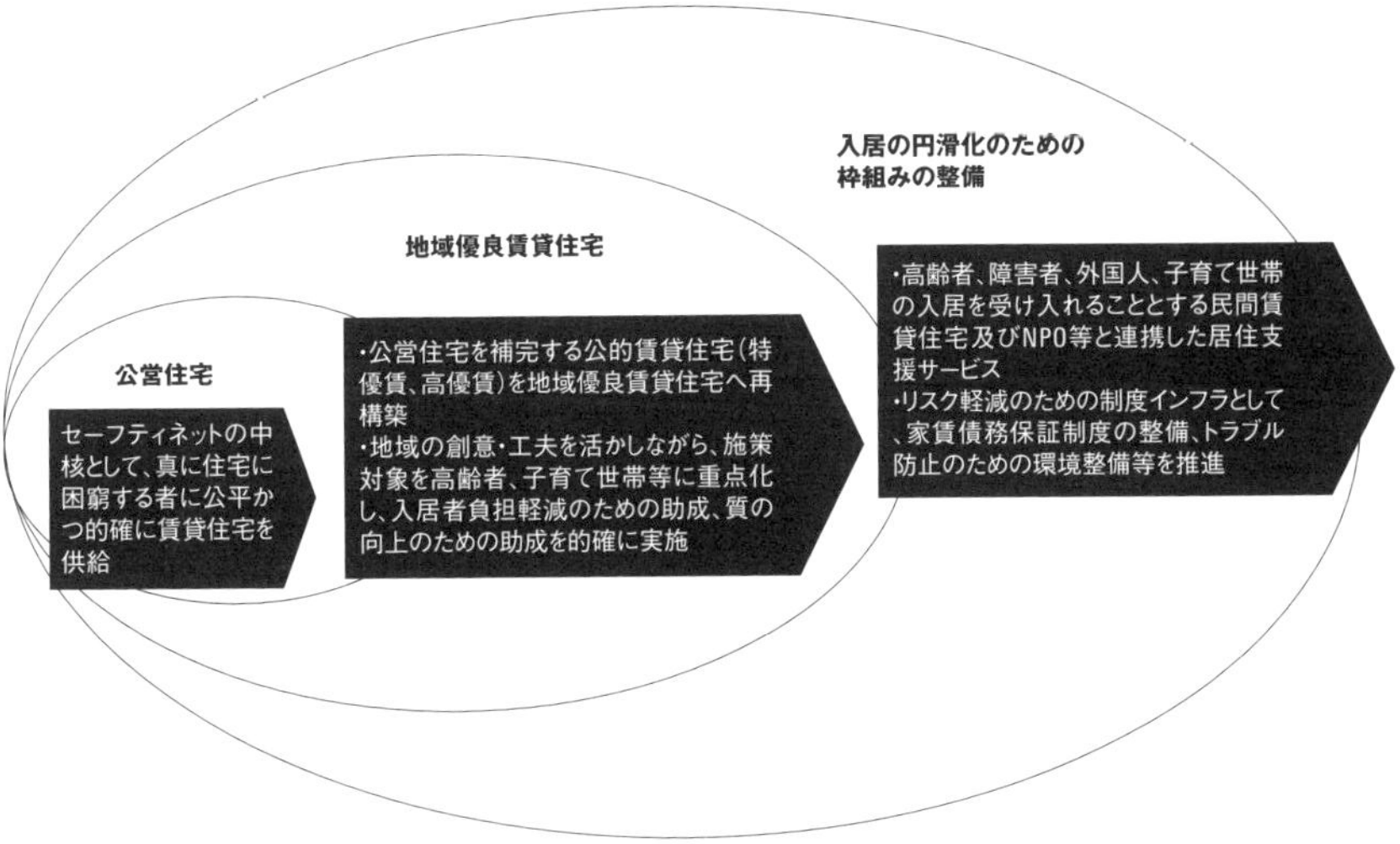
入居の円滑化のための
枠組みの整備
地域優良賃貸住宅
公営住宅
セーフティネットの中核として、真に住宅に困窮する者に公平かつ的確に賃貸住宅を供給
・公営住宅を補完する公的賃貸住宅（特優賃、高優賃）を地域優良賃貸住宅へ再構築
・地域の創意・工夫を活かしながら、施策対象を高齢者、子育て世帯等に重点化し、入居者負担軽減のための助成、質の向上のための助成を的確に実施
・高齢者、障害者、外国人、子育て世帯の入居を受け入れることとする民間賃貸住宅及びNPO等と連携した居住支援サービス
・リスク軽減のための制度インフラとして、家賃債務保証制度の整備、トラブル防止のための環境整備等を推進

図2｜**重層的な住宅セーフティネットのイメージ**（国土交通省ホームページ掲載の図を元に作成）

額の拡大などの制度がある。

しかし、その後、賃貸住宅の市場動向の変化による空き家率の上昇や、家賃補助の低減システムによる特優賃事業経営の悪化などの事情により、制度改正を進めつつ入居資格を緩和するとともに、高齢者向け優良賃貸住宅などを合わせて、地域優良賃貸住宅制度に改編された。

特優賃制度は民間住宅市場を活用した住宅政策として期待された制度で、その後展開する重層的セーフティネットの重要な政策ツールともなっている。しかし、日本の賃貸住宅市場の特異性や未成熟状況のなか、需要と適切に結びつかず、バブル後の住宅市場に大きな影を落とす政策の失敗という結果となった。賃貸住宅政策は戦後からのわが国の住宅政策のなかで最も遅れていた領域でもあり、今までの市場政策の欠如から、その結果としての賃貸住宅市場は地域ごとにさまざまな歪みが生じてきているといえる。

住宅政策には地域のイニシアティブが不可欠であるとすれば、地域ごとの住宅市場認識が重要であり、地域においても住宅やまちづくりの担い手が多種多様に育ち、事業展開することが必要であり、地域行政はその状況把握とこれを育成することが肝要である。民間事業者や業界関連団体などとの理解と協力のうえ、安定した市場環境の整備を進めつつ社会住宅としての中堅所得者向け公共賃貸住宅を再構築することが求められる。

06 都市郊外住宅の新たな展開が始まる

バブル崩壊後の住宅政策の主要な課題は大都市地域を中心とした住宅問題の解決であった。バブル経済による地価高騰の結果、大都市を中心に中堅勤労者世帯の住宅問題は逼迫し、こうした層に対する住宅の供給促進は緊急の課題であった。このため、特優賃制度の外、民間賃貸住宅促進の種々の制度を整備していた。

とくに、一九九一（平成三）年以降には生産緑地法の改正、一部農地の宅地並み課税（市街化区域内農地）が実施されることになり、土地の活用を意図して宅地化農地が賃貸住宅の敷地として大量に供給され、農地を転用して賃貸住宅が建設される場合の金融公庫の融資制度の拡充などが行われた。これにともない、農業協同組合は農住組合制度を活用して都市農地活用を進め、「農と住の調和したまちづくり」を効果的に進めるべく都市郊外における民間賃貸住宅の供給促進を進めてきた。都市の賃貸住宅事業環境が整わないなか、公庫融資制度や農協の種々の支援が進められ、結果として都市郊外農地などにおいて、低コストの軽量鉄骨造・プレハブ造の賃貸住宅が大量に供給された。しかし、地域によってはその後の賃貸住宅市場が供給過剰状況になり、空き家の増加にともなって、こうした賃貸住宅の経営状況が悪化しているものもある。

これら民間賃貸住宅はとくに大都市周辺市・地方都市郊外に多く供給され、低家賃・狭小住宅であるがゆえ、都市内で減少してきた木造賃貸住宅などの低家賃住宅に代わる若年世帯向け住宅として定着しつつあるが、ファミリー用賃貸住宅としての面積水準や遮音などの居住性能の課題が浮き彫りになっている面もある。

大都市部では土地の高度利用を進めるべく、一九八七(昭和六二)年の建築基準法の改正によって木造三階建住宅の供給を可能とした。一九九三年には都市計画法および建築基準法の一部改正が行われ、総合的な土地対策の一環としての都市計画と建築集団規制の見直しとともに、木造三階建て共同住宅などの供給を促進してきた。その後、大都市部近郊では都市型戸建て、ミニ開発の流れから狭小敷地における三階建住宅の開発へと進んでいる。二〇〇三年には住宅金融公庫の融資基準として敷地面積一〇〇平米以上とする基準が緩和され、敷地面積の狭小化が一段と進み、木造三階建住宅の戸建て住宅地が増加した。この傾向はとくに関西地域に多く見られるが、こうしたミニ戸建て開発の持つ住宅市場の意味、地域の経済効果、居住性能への影響、都市環境への影響などの種々の議論を引き起こしてきた。

バブル崩壊後も続く高地価状況のなか、さまざまな居住形態や供給事業を試行・模索しつつ展開してきたが、都市の郊外住宅地は都市としての無計画性と供給の多様性のはざまで従来持っていた郊外住宅地のイメージや風景を一変させていった。

07 アフォーダブルな住宅をめざしたさまざまな住宅供給の仕組みが試行される

バブル経済による地価高騰の結果、住宅事業者はさまざまな供給方式の工夫を試行していった。

市場政策化を志向するなか、首都圏においては年収五倍での住宅取得を目標とし、種々の利子補給、ステップ償還・ゆとり償還の仕組み、定期借地権方式の活用、URを中心にスケルトン分譲住宅、スケルトン賃貸住宅の供給方式、スケルトン定借方式(つくば方式)などが取り組まれ、二〇〇〇(平成一二)年には借地借家法の改正により定期借家制度が整備された。

スケルトン方式の住宅は、スケルトン(構造躯体など)を分譲または賃貸し、インフィル(間仕切りや内装、設備)は購入者が所有する方式の集合住宅で、ライフスタイルやライフサイクルに合わせて多様な使い方ができ、長く使用することをめざした住宅である。事業者が入居者に対して供給するのはスケルトン部分であり、比較的安価で分譲・賃貸できる仕組みでもある。公団などが民間事業者にスケルトン賃貸をして、民間事業者がインフィルをつくって転貸するケース(スケルトン賃貸住宅制度)もある。分譲方式だけではなく、賃貸方式や定期借地権方式を採用することにより、より効率的な活用をすることもできる。

つくば方式は、建設譲渡特約付き借地権とコーポラティブ住宅を組み合わせた実験住宅で、利用権分譲方式で低価格の供給を実現した。建物譲渡特約付き借地権は、建物の所有権が三〇年で、三一年目に地主が建物を買い取って賃貸契約に変わり、その際、入居者の居住継続権は保証される。

定期借家制度は、契約で定めた期間が満了することにより、更新されることなく、賃貸借契約が終了するため、契約期間や収益見通しが明確になり、経済合理性に則した賃貸経営が可能となる。定期借家制度が普及することで、持ち家の賃貸化も含めてファミリー向けなど多様な賃貸物件の供給が促進され、ライフステージやライフスタイルに応じた多様な選択肢が提供されるなどの効果が期待される。従来の借家契約（普通借家契約）では、建物を賃貸すると、貸主は「正当な事由」がなければ解約ができず、家賃改定が柔軟に行いにくい、立退き料などにより収益見通しが立ちにくいなどの不安定な要素があった。その結果、賃貸住宅市場では、耐用年数の短い狭小な賃貸住宅の供給に偏るとともに、空き家などストックの有効利用が阻害されるなどの指摘があった。一定期間だけ借家にする場合に、定期借家は有効で、これを活用すれば、アフォーダブルな賃貸住宅の供給促進の期待とともに居住者間のトラブルを減らして良好な居住環境を維持することが期待される。

しかし、政策の意図した状況ほどこれらの事業は普及していない。これら事業の市場評価が安定しているとはいえず、市場の種々の歪みが阻害要因となっているようである。

08 世界一の長寿国となり、世界で経験のない住宅政策を模索

わが国は一九九五(平成七)年に高齢化率一四・五パーセントとなり高齢社会に突入した。

これまでの住宅政策における高齢者政策は、公共賃貸住宅の特定目的住宅やシルバーハウジング、シニア住宅などの特殊解としての対応に力点が置かれ、住宅と福祉の連携についてもきわめて限定的であった。高齢者・障害者対応は特定対応から始まり、その普及、一般化への流れが世界の潮流である。このことは福祉行政についてもほぼ同様の状況が見られ、この時期はようやく増大する福祉需要に対し在宅福祉化に向けての制度改正が進められている状況にあった。厚生労働省においては一九九四(平成六)年にゴールドプランを策定し、今後の高齢社会に向けての体制づくりが始まった。

皮肉なことに、高齢者向け住宅の供給を一般化への新しいステージに押し上げたのが一九九五年に起こった阪神・淡路大震災であった。震災による被災が集中した木造密集地域には高齢単身世帯などの生活弱者が集積し、復興においては高齢者生活支援をともなう対応が不可欠であった。このため地域の生活支援体制や福祉施設の在宅支援への展開が復興支援のもとで進められていった。

施設福祉から在宅福祉への転換は一九八〇年代後半から徐々に進められていたものの、建築や住宅政策においては、このころを境に高齢者対策の限定的対応から種々の福祉的配慮の一般化が進んでいった。ユニバーサルデザインを基調とした法制度として、各地方公共団体では福祉のまちづくり条例

が制定され、一九九四年に制定されたハートビル法は二〇〇三年には一定要件施設のバリアフリーを義務づけるよう改正された。福祉行政についてはゴールドプランに始まり、二〇〇〇年より介護保険制度の導入など、今後の高齢社会に向けての制度創設が進み、住宅政策においても高齢者住宅政策は最重要課題のひとつとなった。

これらの動向に呼応し、一九九八(平成一〇)年には特定優良賃貸住宅(特優賃)の高齢者版といえる高齢者向け優良賃貸住宅(高優賃)制度が創設され、二〇〇一年には高齢者の居住の安定確保に関する法律が制定された。高優賃・高齢者専用賃貸住宅(高専賃)・高齢者円滑入居賃貸住宅(高円賃)などの事業制度を位置づけるとともに、高優賃をはじめとする高齢者住宅の供給目標を明示して供給促進に取り組んだ。

写真1｜**HAT神戸脇浜コレクティブ住宅**

しかし、急増する福祉需要や介護保険導入にともなう在宅サービスへの転換といった過渡的状況のなか、住宅行政と福祉行政との連携は模索・試行されつつも必ずしも十分普及してきたとはいえず、連携に向けての課題も少なくない。この間に整備された高齢者住宅はモデル性に富むものも多く、終身年金保険と絡めた一時払い家賃システムを持つURボナージュ横浜、震災復興に対応するコレクティブハウジング(兵庫復興コレクティブ住宅など)、地域福祉拠点施設との複合再生団地(熊本県営健軍団地)などその後の高齢者住宅供給のあり方を示唆する多くの試みがなされている。

二〇〇五年には高齢化率が約二〇パーセントとなり、日本は世界一の長寿国となった。

09
京都議定書にもとづく低炭素社会に対応した住宅政策が始まる

二度のオイルショックを経て省エネルギーは重要な課題になっていたが、その後もエネルギーの消費量は増加し続け、地球規模の温暖化が世界的な問題として取り上げられるようになった。一九九七(平成九)年には、京都で開催された気候変動枠組条約締約国会議(地球温暖化防止京都会議、COP3)で、気候変動に関する国際連合枠組条約の京都議定書が採択された。これを契機に、環境問題が住宅政策のテーマのひとつとなり、住宅計画における省エネ、省資源、環境配慮は主要な計画要素になっていった。一九九九年には省エネ法の改正が行われ、次世代省エネ基準として住宅全体の省エネルギーの基準のほか、住宅の省エネ措置に資する多様な手法を評価するとともに、地域の気候条件の特性にきめ細かく配慮したものとなるように基準全体を合理化・詳細化した。また、一九九九年には品確法が制定され、「住宅性能表示基準」において省エネ基準と連動するかたちで「省エネ対策等級」が示された。

これらの制度化と並行して、地球環境問題・省資源・省エネ問題に対応すべく、自然や周辺環境との親和性などのコンセプトを持ついくつかのプロジェクトが「環境共生住宅建設推進事業」のモデル指定を受けて取り組まれた。世田谷区深沢環境共生住宅(一九九七年)に代表されるこれらプロジェクトの初期の取組みは、周辺の環境特性を踏まえた「緑」と「水」と「風」の環境形成計画にもとづき、敷地にビオトープ、菜園などのコモンスペースを配置し、屋上緑化・風力発電などを採用した、過度に設備機械に依存し

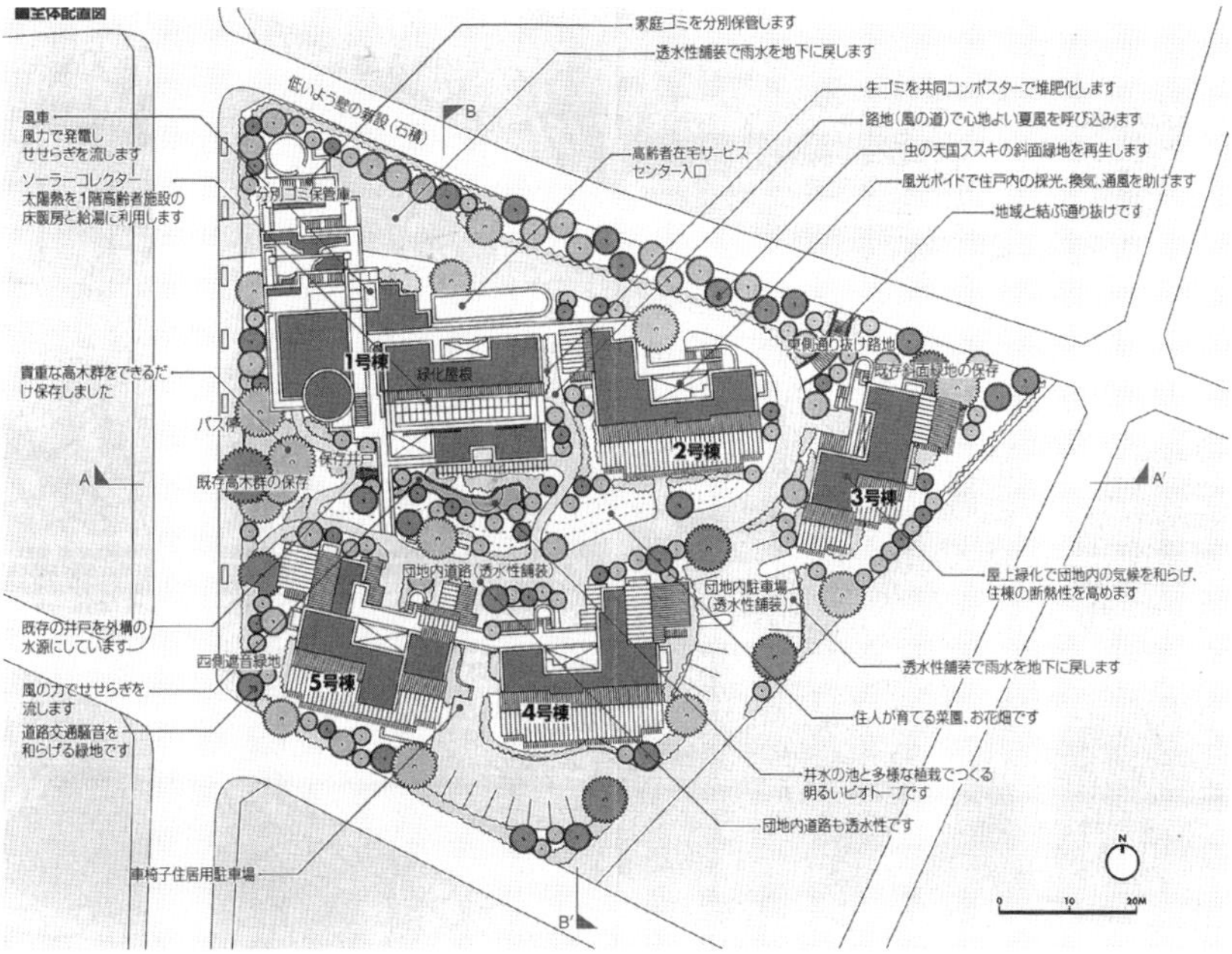

図3｜**世田谷区深沢環境共生住宅**

ない、健康で快適な住宅の計画をめざしたものが多く見られる。いわばパッシブな取組みが主であったといえる。これらの計画は、環境共生住宅のリーディング・プロジェクトとして評価が高く、現在も引き続き検証が行われている。

こうした理念は東京都のエコピア（都営蓮根三丁目アパート、一九九八年）や各地域で展開した環境共生住宅市街地モデル事業（制度は二〇〇八年に終了）に引き継がれ、NEXT21やURのハートアイランド新田などにも引き継がれている。

しかし、その後は省エネ法の改正などにもとづき、基準の普及に力点が置かれ、住宅政策は住宅計画面よりもアクティブな対応、すなわち省エネ設備、外皮性能、エネルギー循環システムなどの産業・技術的対応にシフトしている。太陽熱利用や太陽光発電等の自然エネルギーの活用や、風力の利用などが徐々に進められてきたが、依然大きな潮流にはなっていない。日本が伝統的に備えていた、環境調整技術や建築的工夫・装置的工夫等についても十分には浸透していない。これらは東日本大震災によって再び着目されることになる。

京都議定書は世界各国における種々の議論を経て、二〇〇五年に発効した。

10 住宅の構造安全・耐震化への取組みが始まる

一九九五年に発災した阪神・淡路大震災によって、国民意識が建築構造安全や地域の防火安全に向きはじめた。阪神・淡路大震災においては死者数の大多数が建物の倒壊による死亡とされ、一九八一(昭和五六)年の新耐震基準以前の建築物に被害が集中したとされている。これを契機に一九九五年に「建築物の耐震改修の促進に関する法律」(耐震改修促進法)が制定され、建築物の耐震診断や耐震改修を促進するとともに防災上の危険度の高い密集市街地の整備などが進み始めた。

しかし、震災直後は社会的関心も高かったものの、現実は耐震診断の体制や診断結果の取扱い、耐震改修のコスト、改修後の資産評価などに関する種々の制約も多く、また、国民意識も徐々に風化していった。耐震改修促進法では、耐震診断や耐震改修への努力義務を規定しているとともに認定制度を設け、耐震改修に関する一定の規制緩和や公的融資の優遇などの緩和措置なども規定し、自治体によっては耐震診断や耐震改修に対する支援・補助制度を手厚く整備している。しかし、地域差はあるものの耐震性の向上は総じて際立った進展が見られなかった。

こうした状況で、二〇〇五(平成一七)年に耐震偽装事件が発覚し、大きな社会的事件として取り上げられた。建物の建築確認・検査を実施した行政および民間の指定確認検査機関が構造計算書の偽装を見抜けず、建築基準法に定められた耐震基準を満たさないマンションやホテルなどが建設されていたという事実は、人命や財産に関わるものであることから大きな社会問題となった。

安全で資産価値のある住宅にするためには、建物は「新耐震基準を満たしていること」が重要であることがあらためて再認識された。建築物の耐震性の確保にとどまらず、建築に関わる専門技術者の役割や責任、建築士の職能の問題、建築士の能力・技術力、規制側の技術力、建築士の専門分化体制の問題、建築士の業務報酬のあり方などにわたる幅広い視点や領域の分析作業や検討が行われた（緊急調査委員会報告による）。構造安全や耐震性の向上や確保に向けた種々の取組みが必要とされ、その結果は建築士制度の再構築や、建築確認・検査体制の見直し、施工体制の整備、流通市場の整備と消費者保護などの制度の見直しにつなげられている。

その後、建築士法の改正とともに構造安全確保のシステム、確認・検査システムの再構築や担い手の育成・体制整備などが進められ、新たな設計監理業務基準等が構築されることになる。

これらの見直しの経緯においては、逆説的に、建築基準法などの規定厳格化が一気に進み、建築着工などの停滞を招く状況もみられ、景気浮揚とあわせた社会問題として安全・安心の確保のあり方が一層クローズアップされていく。

11 密集法により木造密集地区の整備に向けた取組みが強化

老朽化した木造住宅が密集し、細街路が多く、オープンスペースが少ない住宅市街地は避難・救助活動の遅れなどによって重大な被害を受ける危険性が高く、早急な整備が課題となっていた。一九九五（平成七）年に発災した阪神・淡路大震災は密集した市街地の建築物の倒壊と火災の延焼による被害が甚大であった。こうした老朽化した木造住宅などを建て替えて、耐震・不燃化を促進し、老朽木造住宅が密集する市街地の整備を強力に進めるため、一九九七年に「密集市街地における防災街区の整備の促進に関する法律」（密集法）を制定した。

密集法は、防災上危険な密集市街地を都市計画において明確に位置づけた（防災再開発促進地区）。これによって延焼防止上危険な建築物の除去・耐火建築物などへの建替えの促進、地区計画制度による建築物と道路との一体的整備の促進、地域住民による市街地整備の取組みを支援する仕組みを構築し、住宅・都市整備公団の住宅・まちづくりノウハウの活用などの措置を講じることが可能となった。しかし、密集市街地の改善はあまり進まず、これを促進するため、二〇〇一（平成一三）年には都市再生本部において都市再生プロジェクトとして決定され、地震時に大きな被害が想定される危険な密集市街地（東京、大阪各約六〇〇〇ヘクタール、全国で約二万五〇〇〇ヘクタール）について、とくに大火の可能性が高い危険な市街地を対象に重点整備し、二〇一一年度までに、最低限の安全性を確保することが目標として掲げられた（最低

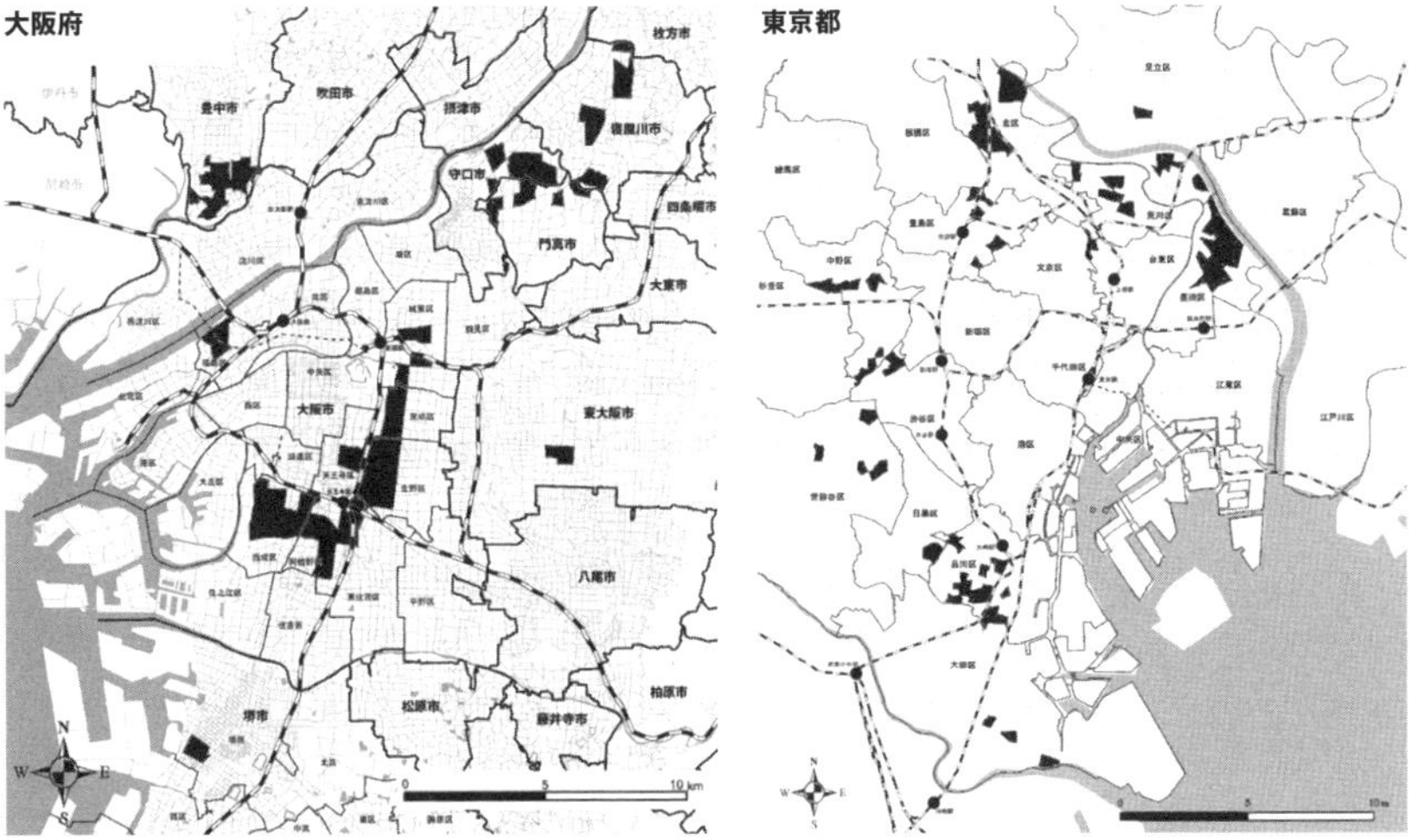

図4｜**重点密集市街地の分布状況**(出典:国土交通省)

限の安全性とは市街地の燃えにくさを表す不燃領域率四〇パーセント以上を確保することをいう)。これを受けて密集法は二〇〇三年に改正され、従来の手法に加えて、都市計画区域としての特定防災街区整備地区、多様な権利変換手法により防災施設建築物・防災公共施設などを整備する防災街区整備事業、防災都市施設の整備のための施行予定者制度などを創設した。二〇〇六年に策定された住生活基本計画においても同様の目標が定められ、住宅・住環境の共通する目標として位置づけられていった。

しかし、二〇〇五(平成一七)年における重点密集市街地の改善率は三〇パーセント程度にとどまり、密集住宅市街地はいまだ広範に残っている。これらは「防災指標」による判断が主で、ソフト面での防災力や、古い住宅のリノベーションなども織り交ぜたまちが持続するための魅力づくりなどの視点が十分ではなかった。開発ポテンシャルが比較的低い地区も多く、「多額の行財政投資をともなう手法」「右肩上がりに期待する民間誘導手法」のいずれもかつての推進力を失っている。「空き地だらけのまち」「低質な住宅の再生産」では、「まちの魅力」が失われ、「人口減少→コミュニティ力の低下→防災性能も低下」と負のスパイラルが生じかねない。

12 分譲マンションの建替え・管理の仕組み・制度を構築

分譲マンションは一九七〇年代から急増し、一九八一(昭和五六)年制定の新耐震基準以前の分譲マンションが約一〇〇万戸ある。これらの分譲マンションは耐震改修とともにさらに古いマンションについては建替えが検討されることも少なくない。この時期、分譲マンションは四〇〇万戸を越え、これらマンションは都市の居住形態として定着し、住宅政策の主要な課題となってきた。分譲マンションの約三割が賃貸化している状況で、古いマンションでは空き家問題を含め管理状況や管理体制に課題を抱えるものも少なくなかった。こうした管理体制が不十分なマンションは共用部における種々の対応が困難で、マンションの持続や改修などにも大きな制約となっていた。

こうした状況を打開すべく、二〇〇〇(平成一二)年にはマンションの管理の適正化の推進に関する法律が制定され、管理の仕組みや体制の整備に資するべく、管理組合によるマンション管理の適正化指針、さらに管理組合の運営や長期修繕計画やその他マンション管理についてそのあり方が定められた。二〇〇二年にはマンションの建替えの円滑化等に関する法律により、マンション建替え組合の設立、権利変換の仕組みなど、建替えを円滑に進めるためのさまざまな手続きや方法が定められた。これにともなって二〇〇二年に区分所有法が改正され、マンションの共用部分の変更手続きや建替え決議要件の明確化が行われた。こうして、徐々に検討されてきた改修や建替え問題にも焦点を当てて、これらを円滑に推進すべく制度創設と事業推進が進められている。

新宿区の諏訪町住宅はマンション建替円滑化法による組合施行マンションの全国第一号で、二〇〇五(平成一七)年に一〇年以上の検討期間を経て、実質的な全員合意による建替えを実現した。還元率は一〇〇パーセントであった。豊中市の旭ヶ丘第二団地は仮移転不要の隣接地を活用するスキームによって還元率六一パーセントで建替え事業を実現した例である。今までのマンション建替えはデベロッパーによる等価交換、自己負担なしなどの条件や合意形成、制度制約、手続きの不確実・不安定さなどによりきわめて限定的であったものの、いくらかの法制度の整備により促進体制は整ってきた。しかし、現実の建替え市場は、需要の停滞状況もあり、依然として高需要、高容積、高敷地条件などの事業性の高い事例に限定的であり、さらなる制度整備と工夫が求められている。

近い将来、分譲マンションの建替えニーズは都市部に限らず都市近郊エリアを含めて大量に発生すると予想され、分譲マンションの建替えや改修など、さらには地域の状況に対応した再生事業を円滑に進めることが、一層大きな社会的課題となっている。

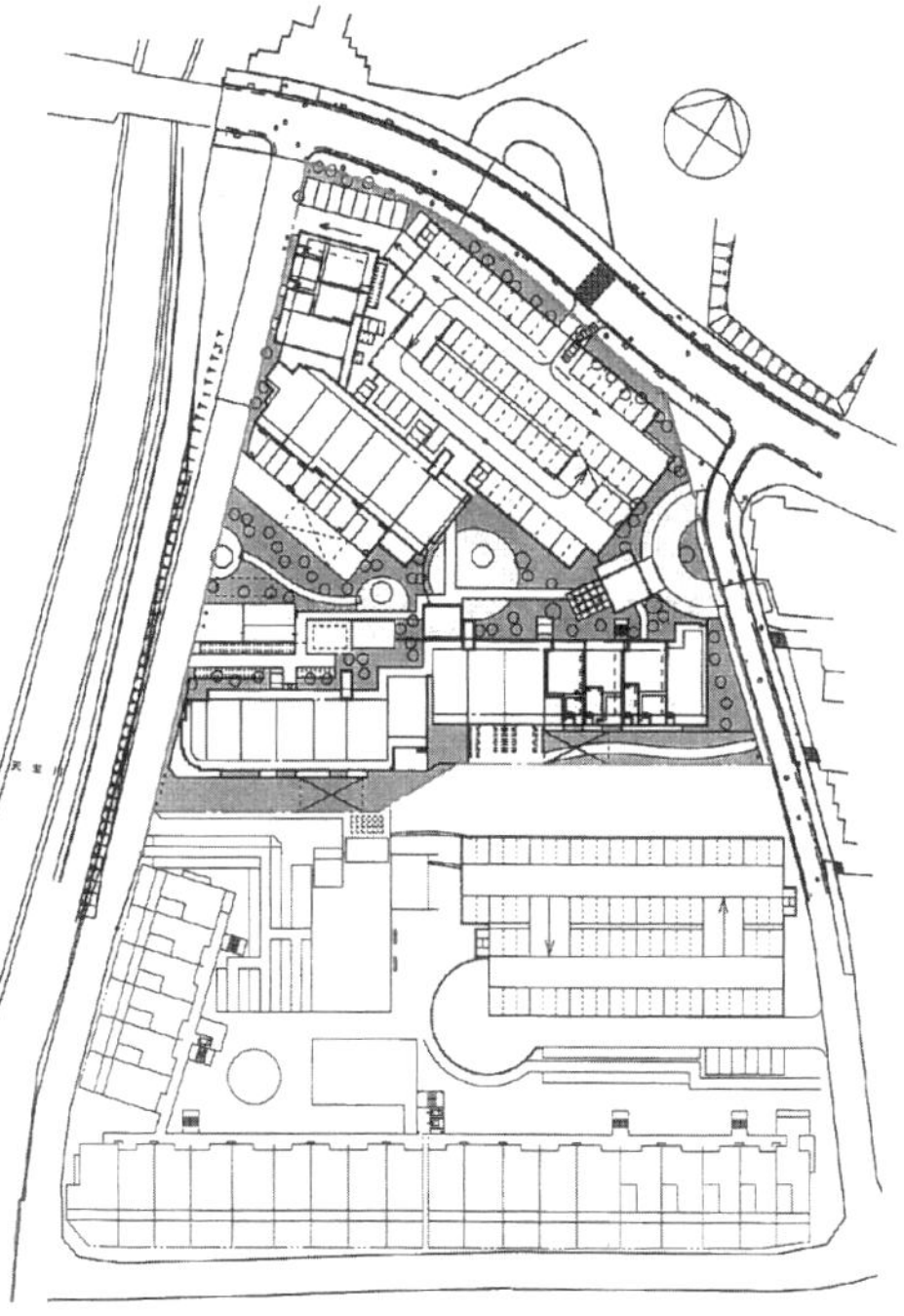

図5｜**旭ヶ丘第二団地の建替え事例**

13 住宅の都心回帰とともに郊外住宅地・団地の再生が始まる

バブル崩壊から一〇年近く経つと、地価下落によって都市部での住宅取得がしやすくなり、居住の都心回帰が進んできた。中央線沿線での年収五倍での住宅取得エリアは、一九九〇(平成二)年の相模湖から二〇〇〇年には八王子にまで都心に接近している。都心部ではこうした状況に対応した都心居住の推進策や狭小高密戸建て(三階建て)の整備も見られ、一方で郊外エリアの高齢化、空き家問題が現れ始めた。

公共住宅団地については一九六〇年代までの都市部に多く建設された団地の建替えが一巡した。一九七〇年代の公共住宅団地は郊外立地の大規模団地が多く、狭小画一住戸の集積状況が一層顕著に現れている。このため、従来の建替え事業や改修によって対応することにも限界があり、福祉施設への転用など地域の再生に貢献する新たな政策的意義をともなった活用が求められるようになった。こうした要請を受け、東京都の大規模団地総合再生事業や国の都市再生プロジェクト、都市再生緊急整備地域の指定などが進められた。その代表的なものとして、明舞団地再生マスタープランや千里ニュータウン再生プランなどが挙げられる。公共住宅団地においてもストック活用のさまざまな手法や他事業主体との連携、他行政施策の導入などを含めて、住宅地・団地の再生を計画的に進めていくことが重要であり、その端緒に就いたところである。

郊外住宅地についても、若年層の流入停滞と高齢化の進展にともなう地域活力の維持や空き家・空き地の発生による犯罪などの不安への対応は大きな課題となってきた。これらを踏まえた住宅地のマネジメントを付加価値とした住宅地開発もみられるようになり、住宅地開発事業者が総合的生活産業として対応していくようシフトし、住宅地開発が戦略的に展開されている例も散見される。その先鞭を付けてきたユーカリが丘、ポラス・越谷ゆいまーるなどの住宅地全体の総合運営・総合マネジメントや景観コントロールを主とした住環境マネジメントが注目され始めた。UR住宅団地についても団地マネジメントの取組みが始まった。

図6　**ユーカリが丘全体図**（提供：山万）

　近年、わが国においては、地域固有の課題に対し、自治会、NPO法人、任意の協議会などにより、必ずしも行政に頼らないかたちで、住民や土地所有者などによる地域の維持・管理（エリアマネジメント）に関するさまざまな取組みが進められつつある。今後、郊外住宅地を含め、さまざまな地域で、居住環境を巡る多様な課題が本格的に発生し、エリアマネジメントという手法は重要な役割を果たしていくものと考えられる。諸課題に適切に対応していくためには、地域の実情に応じ、地方公共団体や地域住民などによる多様な活動や、さまざまな知恵を蓄積し活用していくことが必要であろう。

14 景観紛争などを契機に景観法の成立と美観・景観に配慮したまちづくりが始まる

日本は高度成長期以降、良好な景観や環境を求めるよりも、経済性が優先され、建築基準法や都市計画に違反しないかぎりどのような形態の建築物でも建てることができる状況で、街並みや自然景観との調和、美観・伝統などの地域ごとの特色が失われていった。

景観に関する法制度は、これまでも都市計画法にもとづく美観地区、風致地区および伝統的建造物群保存地区などの地域地区制度や、京都、奈良、鎌倉などを対象とした古都における歴史的風土の保存に関する特別措置法などの個別立法が措置されていたが、「景観」そのものを正面から捉えた総合的な法体系は未整備の状況であった。

二〇〇〇(平成一二)年には「OECD対日都市政策勧告」で次のような指摘がなされている。

日本では土地・建物の所有者の権利が至上のものと見られ、個々の建築とその地域を調和させるような基本デザイン、統一されたガイドラインがない場合が多い。この規制なき開発が、日本の都市の公共領域の貧しさや建物のプアなデザイン、不調和な街並みを生み、結果的に生活の質を損なっている。

こうした状況に一石を投じたのが、一九九四(平成六)年に起こった国立マンション紛争であった。東京都国立市は一九九八年に「都市景観形成条例」を制定し、「都市景観形成重点地区」内の高さ二〇メートル以上の建築物を対象として、形状・色彩などを市と事前協議するよう定めた。一九九九年に、大学通りの一角に高層マンション建設が計画され、住民の間にマンション建設反対運動が起こり、市はマンションを銀杏並木と調和する高さにするよう行政指導を行った。事業者は一四階建の計画に変更し、それ以上の計画変更には応じない姿勢を示し、二〇〇〇年には建築確認を取り、同日中に工事に着手した。住民らは高さ二〇メートルを超える部分は違法であるとして、撤去を求める民事訴訟を起こした(狭義の国立マンション訴訟)。二〇〇二年東京地裁は、以前から地域住民らの努力で景観形成を行っており、「景観利益」が存在するとして、高さ二〇メートル以上の部分の撤去を認めるという判決を出し、画期的な判決とされた。しかし、東京高裁は二〇〇四年、原告個人の利益を侵害したとは言えないとして、請求を認めない判決を出し、二〇〇六年には最高裁判決で確定した。このように、景観行政は基本理念など国民共通の規範がなく、条例を支える法律の根拠がないこと、強制力を持たないことなど、その限界があり、必要な場合に一定の強制力をも行使しうる法制度の創設が求められていた。

こうした状況を踏まえ、国土交通省においては、二〇〇三(平成一五)年に「美しい国づくり政策大綱」を発表し、美しい国づくりに向けて転換することを表明した。二〇〇五年に景観法が施行され、地方自治体が定める景観条例は強制力があり、また協定締結後に区域内の不動産を取得した者も拘束するので、強い効力を持つ。景観法を背景に、景観問題に対して大きな役割を果たすことも可能になったといえる。景観に関する総合的な法律の制定はかねてからの課題であり、この景観法の制定はわが国における景観行政の歴史において、画期的なものであるといえる。

Column

ふたつのセーフティネットとふたつの住宅市場

住宅政策において「セーフティネット」に言及されたのは、住宅宅地審議会の基本問題小委員会が一九九八年に出した「今後の賃貸住宅政策の方向について」に「社会のセーフティネットとして公営住宅等低所得者向けの住宅政策の充実が不可欠」という文言が初出である。*

現在は住宅市場のなかで住宅に困窮する世帯に対し、最低限の居住を確保する行政責務に類する領域と地域ごとの住宅市場の歪みの是正や市場補完とのふたつのセーフティネットがあると解される。前者のセーフティネットは不条理に市場から逸脱する者に対して最低限の居住を保証する役割を持ち、後者は市場の活動を健全かつ活性化するためのセーフティネットで、これにより安心して市場競争に参加でき、市場活動のリスクヘッジ(保険的)の意味合いを持つ。

住宅市場も、性格の異なるふたつの市場が形成されつつある。具体的には一般の市場と異なる層(住宅困窮層)を対象に行政支援を前提としたいわば貧困ビジネスといわれる市場が出現している。これらの状況は、セーフティネット政策の不十分さや住宅部局と福祉部局の隙間を補う、いわば隙間市場、裏市場(ふたつめの市場)の構築ともいえる。これらには不適切な居住の提供や不適切なサービス、事業処理等も見られ、課題も少なくない。市場対応のひとつとして、これらを健全なソーシャルビジネスとして適正に育成し、活用していく時代になっている。

(川崎直宏)

*前田昭彦「住宅セーフティネットはなぜ政策課題となったか」『地方自治研修』41巻6号所収、二〇〇八年六月

2005▼

6 現代

中川智之

6 現代 2005▶

時代状況――

本格的な都市の縮退時代に向けて――政策転換の歪みの是正とストックの再生・再編が本格化

一九七〇（昭和四五）年に都市計画決定し、事業が開始されたわが国最大のニュータウン開発である多摩ニュータウン事業が二〇〇五年に終了したことで、これまで高度成長期を支えてきた郊外の計画住宅地における住宅供給が終焉を迎えた。また、二〇〇六年、住生活基本法が制定され、国民の住生活の安定の確保を目的として「住生活基本計画」の策定が閣議決定されたが、まさにその年、わが国の総人口が減転、本格的な都市の縮退時代に入った。

二〇〇七（平成一九）年のサブプライムローン問題に端を発する金融不況は、リーマン・ブラザーズの破たんへと至り、世界的な金融不況へと発展した。日本への影響も深刻で、二〇〇二年をピークに下降傾向であった完全失業率も二〇〇八年には再び上昇に転じた。

二〇〇五（平成一七）年の構造計算書偽装問題を契機とした建築基準法の厳格運用もあいまって、二〇〇九年の住宅着工は激減し、建設投資の冷え込みが続く。

まさに、低成長時代の到来である。人口減少・少子高齢化の進展など、社会経済情勢の変化にともない、高齢者の介護や見守り・生活支援、省CO_2対策、地域防災への対応、増え続ける空き地や空き家対策など、これまでの時代以上に、輻輳したさまざまな問題が顕在化している。そして、二〇一一年三月一一日に発生した東日本大震災は、こうした事態を加速化させた。

住宅政策の分野においては、高度経済成長期に大量供給されたマンションや郊外住宅団地が更新期を迎え、建替え問題が顕在化している。また、高齢者の増加にともなう住宅のバリアフリー化や在宅介護、介護施設やグループホーム、サービス付き高齢者向け住宅などの質の確保と円滑な住替えが課題となりつつある。さらに、単身高齢者や片親世帯の子育て層、低所得者などの住宅確保要配慮者住宅の確保問題など、さまざまな問題に対応を迫られている。

住宅ストック面で捉えると、住宅の新規供給から既存ストックの活用・長寿命化を重視しながら持続的な再生が求められている。また、住宅などのハードな空間整備のみならず、地域マネジメントなどソフト施策を含め、地域コミュニティを再生し、多様な世帯が安心して暮らせる住生活の総合的な再生が求められる。

このように、住生活面でのさまざまな課題に対して、これまで以上に既存ストックの活用とソフト施策の展開が必要であるが、従来の行政主導による施策展開だけでは限界があり、官民連携、地域住民との協働など、多主体連携による再生が求められる時代に突入したといえる。

01 地価の下落が都心居住を後押し、超高層マンション建設を牽引

バブル経済期、地価の高騰を要因として都心からの人口流出が急激に進み、「都心居住政策」の実施が急務となった。しかし、バブル経済崩壊を契機として地価下落や企業の遊休地の放出、不良債権処理にともなう土地の処分が続き、都心部や芝浦、豊洲といったウォーターフロントで超高層マンションの建設が旺盛となり、都心部の人口が増加に転じた。

第五次首都圏基本計画（一九九九〜二〇一五年）において、東京中心部への一極依存構造から、首都圏の各地域が、拠点的な都市を中心に自立性が高い地域を形成し、相互の機能分担と連携・交流を行う「分散型ネットワーク構造」をめざす一方で、東京中心部では、都心居住など都市空間の再編整備を推進することが位置づけられた。また、一九九七（平成九）年、都心居住施策の一環として、「高層住居誘導地区」が導入された。これは都市における居住機能の適正な配置を図るため、高層住宅の建設を誘導すべき地区を都市計画に位置づけ、容積率制限、斜線制限を緩和、日影規制を適用除外するもので、こうした施策も後押しし、二〇〇三年以降、首都圏・湾岸地域で、総戸数五〇〇戸を超える大規模マンションや三〇階を超える超高層マンションの建設が顕著になっていく。たとえば、港区芝浦の芝浦アイランド地区は、三井製糖跡地における超高層マンションで、東京都と港区が「都心居住政策モデル地区」と位置づけ、高層住居誘導地区の制度を活用して開発された［写真1］。

その後、ターミナル駅などの駅前拠点地区を中心に、超高層マンションの建設エリアは拡大していく。例えば、かつて工業都市であった川崎市内のＪＲ武蔵小杉駅周辺では、タワーマンションの建設が進み、街の様相が激変しつつある［写真2］。

このように、バブル期以降の地価の下落と都心居住政策のもと、超高層マンションが都心居住を牽引しているが、さまざまな課題も浮きぼりになっている。たとえば、小学校などの生活インフラへの影響がある。子育て世帯の急激な増加に対して、既存の小学校のキャパシティを超える事態が発生するなど、行政サービスが需要に追い付けない事態も発生している。また、超高層マンション計画地周辺において、周辺住民との間で日照紛争などのトラブルも発生している。

写真1｜**芝浦アイランドシティ**（東京港区）

写真2｜**武蔵小杉駅周辺の超高層マンション群**（川崎市）

今後も、超高層マンションの建設は続くと思われるが、生活インフラの確保や周辺地域の住環境に配慮した計画づくりが求められる。また、わが国において、超高層マンションが建て替えられた例はないが、今後五〇年、一〇〇年先、超高層マンションの建替えが社会問題化することは必至である。

02 超高齢社会の要請から、高齢者向け住まいの供給が本格化

増加する高齢者の住宅政策の一環として、二〇一一年に「高齢者の居住の安定確保に関する法律」通称「高齢者住まい法」が全面改正された。これまであった「高齢者円滑入居賃貸住宅（高円賃）」「高齢者専用賃貸住宅（高専賃）」「高齢者向け優良賃貸住宅（高優賃）」の概念をなくし、国土交通省と厚生労働省の共管制度となる、「サービス付き高齢者向け住宅」の登録制度がスタートした。サービス付き高齢者向け住宅とは、バリアフリー構造などを備え、介護・医療と連携し、高齢者を支援するサービスを提供する住宅で、現在、全国的に急増傾向にある［図1］。

供給増加の背景には、特別養護老人ホームの整備に対する総量規制があるなか、その受け皿として、サービス付き高齢者向け住宅が施設の代替機能として捉えられている面もある。

国土交通省では、サービス付き高齢者向け住宅の登録制度を設け、登録基準として、住宅の面積や設備・サービス・契約内容について規定し、住宅の水準確保を担保しているが、入居時にかかる費用や月額利用料を抑えるため、小規模な住宅供給が大きなシェアを占める傾向にある。

一方、二〇〇六（平成一八）年、介護保険法が改正され、認

高齢者の住まいと生活サポート両輪によるセーフティネットが必要

応能応益の仕組みへの転換により、公営住宅の第一種・二種が廃止されたが、高齢化にともない単身世帯が増加するなか、とくに、低額所得（年金層や生活保護ボーダー層）の単身高齢者向けの住宅供給がなされていない。

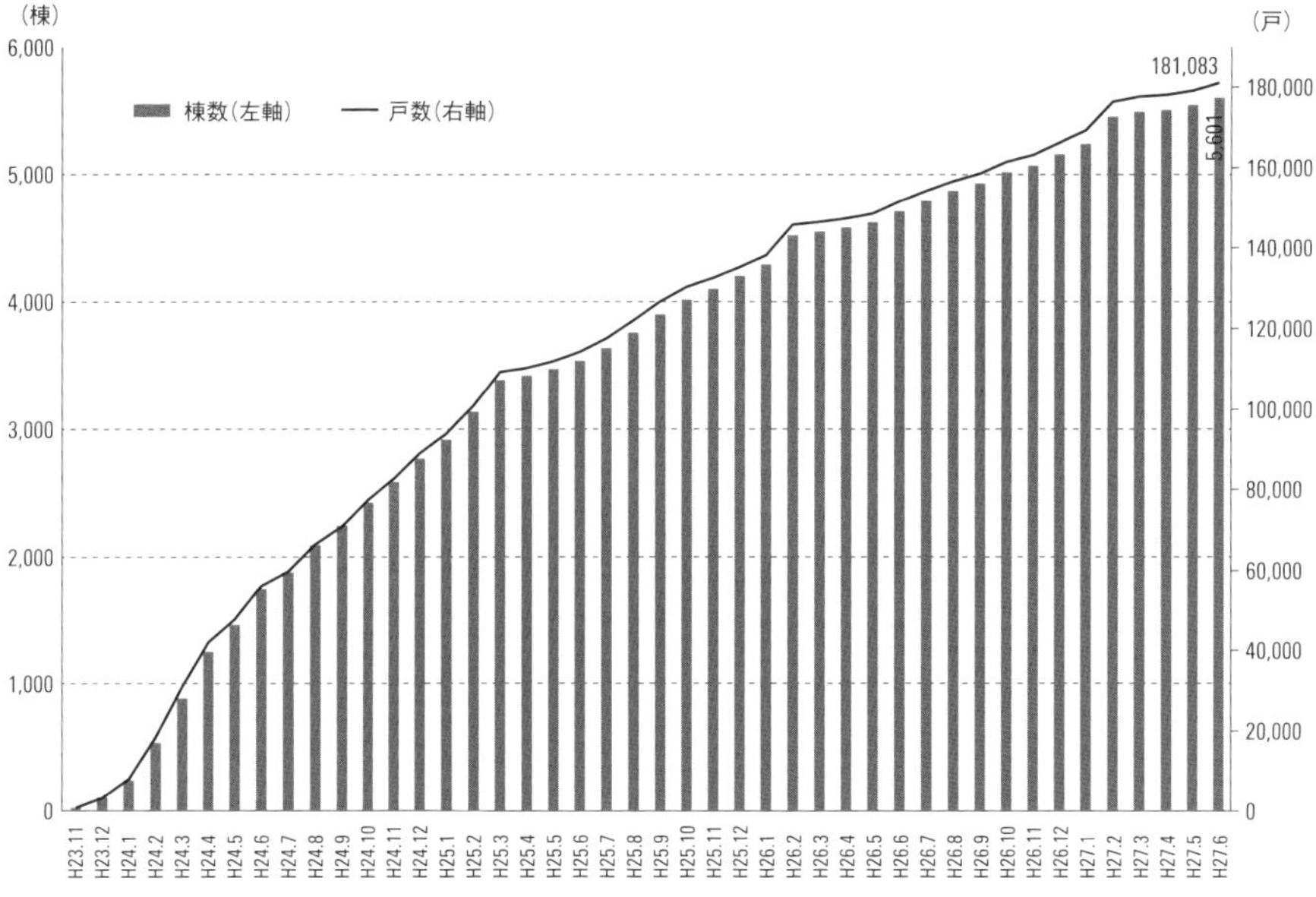

図1｜**サービス付き高齢者向け住宅登録の動向**（2014.12.31 現在、出典：国土交通省ウェブサイト http://www.satsuki-jutaku.jp/doc/system_registration_01.pdf）

知症や高齢者単独世帯などの問題を地域全体で解決する仕組みとして、「地域包括ケア」の制度がスタートした。また、二〇一四年には、「医療・介護総合推進法」が成立し、地域包括ケアシステムが注目を浴びている。地域包括ケアシステムとは、団塊の世代が七五歳以上となる二〇二五年を目途に、重度な要介護状態となっても住み慣れた地域で自分らしい暮らしを人生の最後まで続けることができるように住宅整備だけでなく、住宅の低層階に施設や交流の場を併設し、地域のＮＰＯやボランティア、民政委員などの担い手が、高齢者の見守りや生活支援を実施する仕組み概念である。すでに先行する取組みも散見される［図2］。

今後、さらに高齢者が増加するなか、高齢者向け住宅の需要が高まることが予想される。高齢者向け住宅の質の確保のために、住まいのバリアフリー化や一定の住戸面積・設備の確保などのハード整備とともに、見守りや生活支援などのソフトな施策を組み込んだ高齢者の住生活支援に向けて、さらなる取組みが求められる。

図2｜**地域包括ケアシステムの概念図**（出典：厚生労働省ウェブサイト http://www.mhlw.go.jp/stf/seisakunitsuite/bunya/hukushi_kaigo/kaigo_koureisha/chiiki-houkatsu/）

03 住宅セーフティネットの欠如から、違法貸ルームが横行

都市部を中心に、シェアハウスが若年層に人気を博している。シェアハウスには複数の者がひとつの住宅に共同居住することで家賃が抑えられるメリットがある。シェアハウスが不動産流通上、正式に認知されている段階ではないが、シェアハウス専用の情報サイトを運営する者も登場するなど、独自のマーケットを形成しつつある［図3］。現在は圧倒的に若年層をターゲットとしているシェアハウスであるが、共同居住の発想を活かして、高齢者の見守りとセットにした取組みを試行するなど、高齢者をターゲットとしたシェアハウスも登場しつつある。たとえば、名古屋市では、単身高齢者向けの住宅ストックの不足への対応と高齢者の孤立死の防止の観点から、既存の市営住宅を改修した高齢者の共同居住事業（モデル事業）を展開。世帯向け住戸を単身高齢者向け住戸に転用し、複数者の共同居住型住宅として目的外使用しながら、入居者募集・契約、見守りサービスなどを実施している。また、UR都市機構の多摩平団地では、団地型シェアハウス（りえんと多摩平）を展開。民間事業者が、URの既存住棟を改修し、既存住宅を三室一ユニットとして多世代交流型住戸を供給、管理・運営も行い、幅広い層から人気だ。

一方、生活保護世帯やそのボーダー層をターゲットとした貧困ビジネスのひとつとして、違法貸ルームも増えている。共同住宅や倉庫・事務所などの空き室を採光の取れない劣悪・狭小な部屋に分割し、低所得者向けの住まいとして提供するビジネスが横行している。これに対して、国土交通省は、違法貸

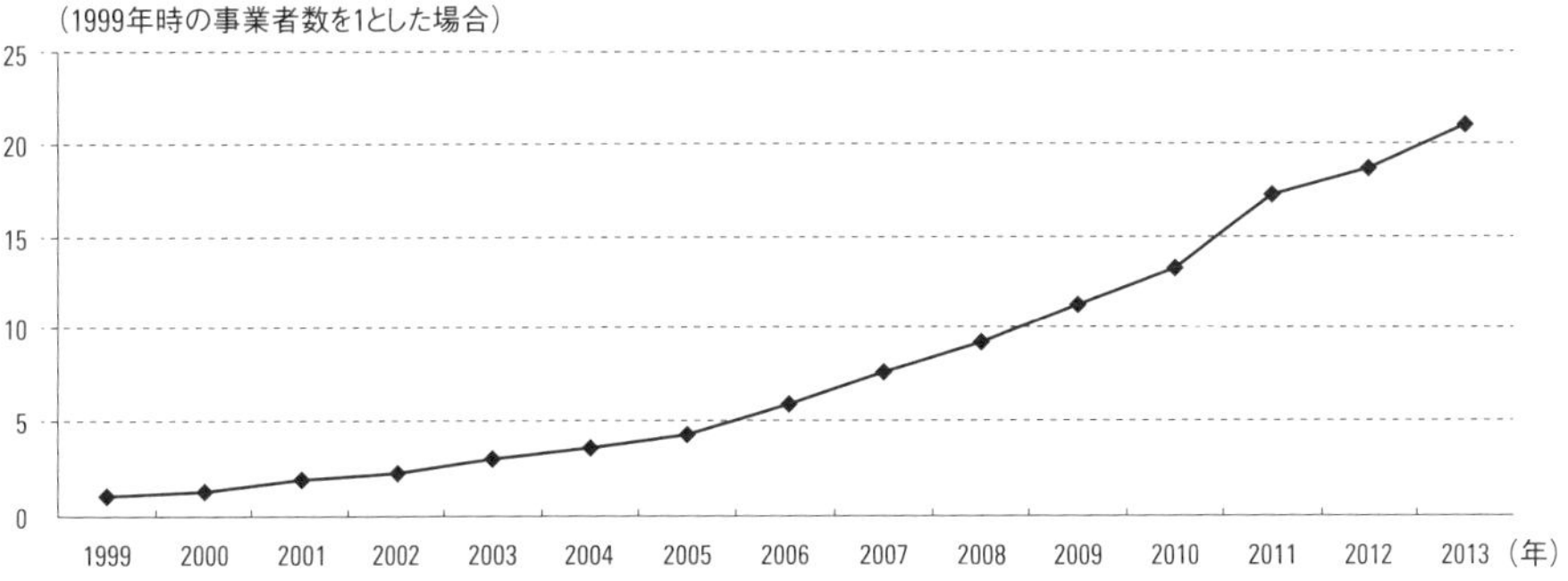

図3｜**おもなシェアハウス事業者数の推移**（出典:シェアハウス市場調査2013年度版 http://www.jgho.org/wp-content/uploads/2014/02/20140131_SH_Reserch.pdf）

ルームに対する是正指針を発表し、立入り検査や是正指導など、その対応策を講じている。こうしたビジネスが横行する背景には、低所得者の住宅確保の困難さが窺える。生活保護に対する住宅給付扶助額は、たとえば、平成二三年度の基準によれば、東京都内の一級地では、単身でひと月あたり五万三七〇〇円で、生活保護世帯とそれに該当しない世帯では、格段に支援内容が異なる。公営住宅は創設当時、一種・二種と区別され、二種が福祉住宅としての役割を担ってきたが、その後、応能応益制度への転換とともに種別が廃止され、福祉住宅としての役割が弱まった。

首都圏において、公営住宅は待機者が多く需要の高さを物語っているが、増加する住宅確保要配慮者にセーフティネット住宅の供給が行き届いていないことが、こうした貧困ビジネスの横行につながっているといえる。

04 全国的な空き家問題を背景に、対策が始動

全国的に人口減少が進むなか、空き地・空き家問題が深刻化している。とくに、空き家化することによって、防犯や防災面で課題となるとともに、空き家が広がることによって地域コミュニティの衰退の危機にさらされている地域もある。

空き家化は、とくに地方都市において深刻であるが、なにも地方都市に限った問題ではない。首都圏や都市部においても、立地条件の悪い徒歩圏外の地域や接道条件が悪く建替え更新が難しい場所で、空き家が更新されずに放置されている。たとえば、都市部に残る密集市街地（木密地域）においては、建築基準法上の道路に接していない未接道宅地を中心に建物が更新されず、それが燃え草となるため地域の災害危険性を高めている。

こうした状況に対し、二〇一四年四月現在、三五五の自治体で空き家対策条例を制定し、朽廃著しい空き家の除却対策にあたっているが、私権制限につながるため限界もある。空き家が放置されている要因のひとつとして、固定資産税の特例が挙げられる。住宅やアパートなどの敷地として利用されている住宅用地については固定資産税が軽減されているからだ（たとえば、二〇〇平米以下の小規模住宅の場合、固定資産税が六分の一に減免される）。朽廃著しくても、空き家を除却してしまうと固定資産税の特例対象から外れるため、除却しない（できない）ケースもある。

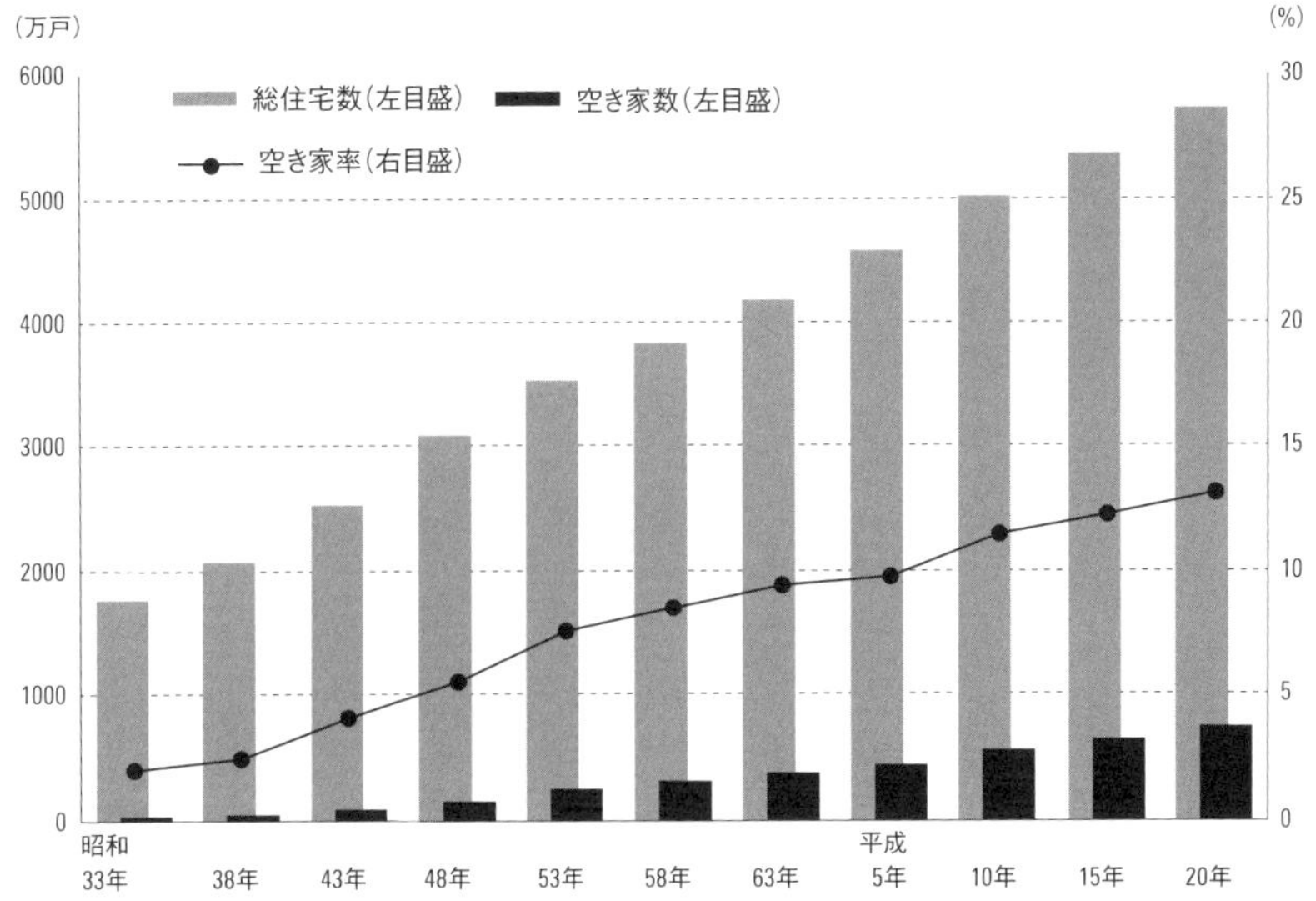

図5 | **空き家数・空き家率の推移**（出典：総務省住宅・土地統計調査）

こうしたなか、二〇一四年に「空家等対策の推進に関する特別措置法」が成立した。この法律のねらいのひとつは、法律上問題のある空き家を「特定空家等」と定義し、市町村が空き家への立入調査や指導、勧告、命令、行政代執行などが行えるようにしたことである。また、もうひとつのねらいは、活用できる空き家の有効活用を促進するためのデータベースの整備である。さらにこの法律と連動するかたちで、固定資産税の軽減措置も見直され、各市町村が問題のある空き家と認定した場合、その土地は軽減措置の対象から外されることとなった。

こうした国の対策検討とあわせて、民間でも、既存住宅ストックのリノベーションをビジネスモデルとして展開する動きが顕われている。複数の民間企業がコンバージョン・リノベーション事業に乗り出すほか、NPOなどの団体でも既存ストックを活用したさまざまなビジネスの取組みが始まっている。

今後の空き家対策としては、朽廃著しい空き家の解消と空き家を地域資源と捉えて積極的に活用し、地域活性化を促進する両輪での展開が期待される。

05

大量ストックが更新期を迎えるなか、ストック長寿命化が本格化

高度経済成長期に大量供給された住宅ストックが更新期を迎え、その更新が課題となっている。こうしたなかで、超長期住宅を想定した住宅ストックの長寿命化が本格化する。具体的には、二〇〇八年に成立した「長期優良住宅の普及の促進に関する法律」にもとづき、住宅の長寿命化に向けた取組みが展開される。スケルトンとインフィル部分の分離や躯体の高強度化、免震技術の開発などの建設段階におけるハード技術だけでなく、維持管理段階における施策や流通促進など幅広い施策が講じられている。

この取組みと呼応するかたちで、公営住宅の長寿命化計画の策定、人口動向を見据えた適切な住宅ストックの管理が重要施策となる。首都圏ではまだまだ需要の高い公営住宅であるが、地方都市において、とくに人口減少が進む地域では、耐用年数を経過した老朽な住宅ストックが分散立地し、空き室も多い状態で放置されているところもある。自治体の行政管理コストの縮減の観点から、当面はストック改修を実施しながら、中期的にはストックの集約・再編を図っていこうとする自治体も出現し始めている。

公的主体が都市部や郊外地域に供給した住宅団地も更新期を迎えるなか、全部を建て替えるのではなく、改修によるストック再生も視野に入れた取組みも起きている。たとえばＵＲ都市機構では、建替え事業、ストック改善事業から維持保全に至る総合的なストック活用計画に取り組む。ルネッサンス計

写真3｜URルネッサンス計画ひばりが丘団地

画として、向ヶ丘団地、多摩平団地、ひばりが丘団地などをモデル団地に、住棟単位の改修による再生の実験的な取組みが試行されている。さらに武庫川団地などで団地マネージャー制度を導入し、団地の総合的なマネジメントも行っている。

一方、都市内には、新耐震基準以前に建設されたマンションも多数立地し、現行の耐震基準を満たさないおそれがあるものの、耐震診断を行っていないマンションも多い。とくに東京都区部には、一九六三（昭和三八）年の容積地区制が導入された当時のマンションが多く残っているが、一九七〇年の新都市計画法の施行にともない、用途地域がダウンゾーニングされたため、容積既存不適格や余剰容積のないマンションが多く、事業性の観点から建替えが困難なマンションも多い。

そこで二〇一三年には耐震改修促進法が改正され、耐震診断の義務化や耐震改修助成強化など、耐震化の促進に向けた本格的な取り組みが始まっているが、既存ストックの活用にあたっては、耐震診断・改修によるストックの品質確保と、中古住宅流通の促進によるストックの適切な供給・管理が今後の時代の鍵を握るといえるだろう。

06 法制化されるも、マンション建替えの合意形成は難航

都市部への人口集中の受け皿として、都市部から郊外地域にかけて分譲住宅団地が供給された。複数の住棟で構成される住宅団地をつくり、多数の居住者が管理組合の構成員として区分所有している。高度経済成長期に建設された住宅団地は、築年数が経過し、建替え更新期を迎えているが、立地条件から事業性は低く、概して建替えの合意形成は難航する。エレベータが設置されていない中層階段室型の住棟形式が一般的で、耐震上課題のある住棟もあるが、上下階の居住者の意向の違いや持出しに対する不公平性、改修費用の全額管理組合負担などの理由から、建替えを選択する管理組合も多い。

これまでに建て替えられた住宅団地は、還元率の高い都市部周辺のマンションが主であるが、近年、郊外地域でも建替えが実現した団地がある。たとえば、多摩ニュータウンの諏訪二丁目団地(一九七一年、六四〇戸)は、首都圏最大規模の建替事業で、二〇一三年に一二四九戸の団地として建て替えられた。建替えの検討開始から二五年かけ、社会経済状況の変化に翻弄されながら建替えに漕ぎ着けた例である。また、町田市の山崎団地は、自主建替えによって建て替えられたが、徒歩圏外の立地で保留床の確保が困難なため、団地の一部を戸建住宅地として処分した。この団地については十分な積立金がストックされていたこと、また、都市計画道路に隣接していたため、都市計画道路整備による用地補償費が建替事業費に充当できたことなどの要因も重なって建替えが実現した。このように、現在、建替えが実現してい

る郊外住宅団地はまだまだ特殊解で一般解にはなりえていない。

一方、東日本大震災では、多くのマンションが重大な被害を受けたが、全部が滅失に至っていないケースもある。こうした場合、災害時の特別な措置は設けられず、区分所有建物の取壊しや敷地売却に際して全員同意を得ることが困難なため、多くのマンションで被害回復への対処に苦慮した。そこで二〇一四年に改正された「マンションの建替えの円滑化等に関する法律」では、耐震性不足の認定を受けたマンションについて、区分所有者などの五分の四以上の賛成で、マンションおよびその敷地の売却を行う旨を決議できることとされるなど、単棟型のマンションをおもな対象として、建替えの円滑化に向けた制度的対応がなされた。

今後、郊外住宅団地の更新が本格化するなか、とくに大規模な住宅団地においては、居住者の意向が多様であり、居住者の意向に沿った多様な居住を選択できる再生手法の導入が求められる。

写真4｜建替え後の諏訪二丁目団地

07

地方都市の消滅懸念から、都市の集約化が叫ばれるが……

地方都市の中心市街地の空洞化が深刻になるなか、二〇〇六年、中心市街地活性化法(中活法)および都市計画法・建築基準法が改正され、一万平米を超える大規模集客施設が立地制限された。

これと連動するかたちで、コンパクトシティ論が活発化する。コンパクトシティとは、都市の郊外化やスプロール化を抑制し、市街地のスケールを小さくし歩いて暮らせる範囲を生活圏と捉えたまちづくりで、現在、札幌、稚内、青森、仙台、富山、豊橋、神戸、北九州などの各市がコンパクトシティを都市計画マスタープランなどの政策に位置づけ、市街地の集約化に向けた施策を展開している。住宅政策の分野でも、複数の自治体で、まちなか居住の推進を掲げている。たとえば金沢市では、「まちなか」区域の定住人口増加をねらって、市内外からまちなか区域への住替え者などを対象に、新築・購入費などの借入金の一部を助成したり、まちなか区域内での共同住宅建設に補助するなど多彩な支援策を講じている。

このように、地方都市を中心にコンパクトシティやまちなか居住の推進が展開されるが、都市の集約化は、なにも地方都市に限った問題ではない。首都圏の大都市においても、まだら過疎化の進行を抑止することが政策課題となっている。大都市における都市の集約化は、地方都市と異なり、駅を中心としたエリアへの市街地の集約化のみならず、生活圏単位のコンパクト化の視点から、高度成長期に郊外に拡大した郊外地域を、公共交通でネットワークする形で郊外の住宅団地に集約化していくなど、集約化の考え方・方法も多様である。

このように、全国的に都市の集約化が政策課題になるなか、都市の集約化を加速させるかのように、国土交通省は二〇一四年、都市再生特別措置法にもとづく「立地適正化計画」を発表する。立地適正化計画とは、市町村が作成する都市計画マスタープランの高度化版という位置づけであるが、コンパクトシティの推進に向け、都市機能や居住を誘導するゾーンを具体的に位置づけることで、各種交付金や税制優遇をひもづけながら、その実践を図ろうというものであり、今後の動向が注目される。

これまで、都市のコンパクト化は、おもに都市経営コストの縮減の観点から論じられてきた感があるが、今後はそれぞれの地域特性を踏まえながら、居住者の持続的な生活環境の確保と生活圏のコンパクト化の両輪で、その方向性を見極める必要があるといえる。

08 自治体のマンパワー・財政力不足を背景に、公主導から官民連携へ

自治体の財政やマンパワーの課題から官民連携の動きが顕著である。地方公共団体が所有する土地・建物の効率的な利用と不要な資産売却の要請から、PFI方式などにより、公有財産の再編が行われている。たとえば南青山一丁目団地建替えプロジェクトでは、都営住宅の建替えを機に、多様な都市機能を整備した。都営住宅の用地を選定事業者が定期借地権契約で借り受け、高度利用するとともに、選定事業者は都営住宅、図書館などを整備し、都および区に床を譲渡しながら残りの床で賃貸住宅や商業施設などを運営している。

また地方都市でも、PFI方式で公営住宅の建替えを実施している。おもに起債の平準化の観点から、買取り割賦支払いによるBTO(Build Transfer Operate)方式を採用する自治体が多い。たとえば秋田市の比内町団地の建替えでは、PFI方式でまちなかに分散立地する小規模団地を、まとまった敷地規模を有する比内町団地に集約し、建て替えた。その際、比内町団地の建替えと小規模団地の除却・跡地活用を一体の事業として展開し、跡地活用による事業収益を建替え事業に還元する仕組みをとっている。

また二〇〇七(平成一九)年、住宅セーフティネット法が制定され、公営住宅を補完する公的賃貸住宅(特定優良賃貸住宅、高齢者向け優良賃貸住宅)が地域優良賃貸住宅に再編成された。地域優良賃貸住宅とは、民間の土地所有者などにより供給される良質な賃貸住宅に対して、整備などに要する費用の助成や家賃の減

額助成を行う制度で、公営住宅の整備以外の分野でも民間活用の動きが起こっている。

さらに、建設後の維持管理段階においても官民連携が模索されている。建設後の公営住宅の修繕など、維持管理にかかる職員コストが大きな負担となっており、指定管理者制度を活用し、民間にアウトソーシングする動きもある。ただ、費用対効果を勘案すると、少なくとも一〇〇〇戸単位の一括管理が必要であるが、単独市町村ではそれだけの公営住宅ストックを管理していない自治体も多く、現実的には民間への管理委託が困難な状況にある。そのため、市域を超えて圏域単位で民間委託する必要もあるが、現実的には市域を超えた連携までには至っていない。

今後、自治体の財政・マンパワーが厳しさを増すなか、官民連携の必要性はさらに増していくだろう。そのため、計画段階から維持管理段階まで、それぞれの段階において、自治体の置かれた状況や市町の特性を活かした合理的な連携のあり方が求められる。

写真5｜**南青山都営住宅建替えプロジェクト**（パークアクシス青山一丁目タワー）

09 東日本大震災が、地方都市の住宅政策の先鞭を付ける

二〇一一年三月一一日に発生した東日本大震災により、岩手県、宮城県、福島県の三県は広域的な被害を受けた。また福島第一原発の事故により、計画停電をはじめとして首都圏内も大きな影響・被害を受けた。震災から四年が経過し、復興が進むなか、日常生活が取り戻されつつあるものの、原発被災地域においては今も広域的な避難を余儀なくされている。

現在、住宅の復興の分野では、自立再建が困難な世帯に対して災害公営住宅の整備が進められつつあるが、自治体職員のマンパワーや経験不足を補完するかたちで、官民連携の動きが加速している。

震災後の応急仮設住宅の建設にあたっては、一時期に大量の仮設住宅の供給の必要性からプレハブ建築協会が中心となり住宅供給したが、福島県においては、プレハブ建築協会の仮設住宅供給を補完するかたちで、地場の工務店による木造仮設住宅も供給された。木造仮設住宅の供給が可能になった理由としては、震災前の平常時から工務店間の連絡協議会が機能していたからであり、平常時からの工務店間の連携の重要性が見直されている。

次に、災害公営住宅の整備段階で官民連携が本格化する。被災自治体のなかには、公共事業や公営住宅を建設した経験がない職員も多い。また、震災で職員の多くを喪失してしまっているところも多く、マンパワーが圧倒的に不足するなか、官民連携の手法が求められた。たとえば民間企業やUR都市機構

写真6｜**地域型復興住宅のイメージ**

写真7｜**岩手県大槌町災害公営住宅**（大ケロ）

などによる買取方式、ゼネコンなどによるCM方式*によって整備されている。

被災地域は漁村や田園集落で、災害公営住宅入居希望者の多くが木造住宅を希望した。こうした木造住宅ニーズを背景に、地場の工務店などが連携した「地域型復興住宅」の取組みも展開されている[写真6]。

一方、災害公営住宅の入居希望者は、圧倒的に単身高齢者や夫婦のみの高齢者世帯が多く、住宅の整備とあわせて、高齢者の見守りや交流・生活支援が求められ、住宅の整備とあわせて、地域交流の場の確保や住民同士の交流の仕組みづくりなど、ソフト面での施策を含め、さまざまな取組みが検討されている[写真7]。

現在、自力再建困難者の住まい確保のため、大量の災害公営住宅が計画整備されているが、将来、人口減少していくなか大量の空き家が生じる可能性も否めない。整備された大量のストックをどのように管理していくかが課題であり、既存ストックに与えるインパクトを含め、ストック管理のあり方を考えていく必要がある。

*――CM方式とは「建設生産・管理システム」のひとつで、発注者の補助者・代行者であるCMR（コンストラクション・マネージャー）が、技術的な中立性を保ちつつ、発注者の側に立って、設計の検討や工事発注方式の検討、工程管理、コスト管理などの各種マネジメント業務を行うもの。

10 地球温暖化への対応から環境・エネルギーマネジメントが本格化

一九九七（平成九）年の京都議定書の締結以降、建築・住宅分野においても、省エネルギーの要請は高まっている。二〇〇一年には産官学共同プロジェクトとして、「CASBEE」（建築環境総合性能評価システム）が導入された。CASBEEとは、建築物のライフサイクルや建築物の環境品質と建築物の環境負荷の両側面の視点から建築物の環境性能を評価し、格付けする手法で、現在、多くの自治体で導入されている。

また、一九七九年に施行された「エネルギーの使用の合理化に関する法律」通称、省エネ法が、二〇〇八年改正され、増加傾向にある業務、家庭部門の省CO_2の排出削減を進めるため、命令措置や省エネ措置の届出などの義務づけがなされた。さらに二〇一二年、「都市の低炭素化の促進に関する法律」通称「エコまち法」が施行された。低炭素化のための措置が講じられた建築物の新築などにおいて、低炭素建築物新築等計画を作成と、所管行政庁の認定を通じて、税制の優遇や容積率の緩和などのインセンティブも付与されることになった。

このような国の施策導入を背景に、省CO_2対策の一環として、建築・住宅分野においても、ソーラーパネルの設置や建物の断熱性の向上などが徐々に進んでいる。環境性能の側面で見ると、機械・設備を利用して積極的に太陽光を採り入れるアクティブソーラー技術に加え、機械力を使わず、蓄熱材や断熱

写真8｜Fujisawaサスティナブル・スマートタウン　パナソニックの工場跡地開発。ハード・ソフトの多様な省CO_2技術や電力融通を図り、日常時だけでなく災害時にも自立した生活が可能な住宅団地として計画されている

材を効果的に用いることで、受動的に太陽エネルギーを利用するパッシブソーラー技術も重視されている。また近年、HEMS、BEMSといったエネルギー監視システムによる電力使用量を可視化し、制御するシステムも登場するなど、環境性能面での技術革新は目覚ましく、また幅広い。

まちづくりの分野では、舛添要一東京都知事が、二〇二〇年の東京オリンピック・パラリンピックに向けて、「東京を世界一のエネルギー先進都市にする」と宣言するなど、増加傾向にあるエネルギーの使用量を低減しながら、太陽光やバイオマスなど再生可能エネルギーの導入量を増やしていくとしている。

一方、東日本大震災以降、環境性能の配慮だけでなく、エネルギーマネジメントの必要性もまた重視されつつある。福島原発事故による計画停電の経験や、売電自由化の動きとも呼応して、災害時のエネルギーマネジメントが重要視されるようになったのである。

このように、建物単体の省エネから地区レベルの省エネ・創エネまで、環境・エネルギー面での課題は多様で住宅政策分野との関係が非常に強く、これからの取組みが期待される。

11 郊外住宅地の縮退懸念が、地域住民主体のマネジメントを後押し

近年、「エリアマネジメント」がまちづくりのキーワードとして注目されている。住民や事業主、地権者などによる自主的な取組みを総称する概念であり、たとえば住宅地では、建築協定などを活用した良好な街並み景観の形成・維持や、住宅団地の広場や集会所などを活用したコミュニティづくりが挙げられる。

「エリアマネジメント」に関わる直接的な政策はないが、国土交通省でも「エリアマネジメント推進マニュアル」を作成公表するなど、住民や地権者主体のマネジメントを推奨している。

住宅政策の分野においては、とくに郊外住宅地のマネジメントが注目される。郊外の計画住宅地は、築年数が経過し、建物が老朽化、設備が陳腐化するとともに居住者の高齢化が進んでいる。建物は更新期を迎え、多くの住宅団地で改修や建替えなどの検討が進められているが、全体的に高齢者が多いため、戸建て住宅団地、集合住宅団地を問わず、住宅団地の活力が低下しつつある。地元行政は、建替えや改修などに向けた助成制度を設けたり、アドバイザー派遣、改修・建替えに関わる法的対応などは行うものの、住宅団地のコミュニティ形成を行うことはできない。専ら団地住民に課せられた課題であるが、居住者の高齢化とともに、自治会などの活力も低下し、入居当時は活況だったお祭りなどのイベントもままならず、活動の停滞は加速化する。

こうした課題に対して、地域住民やＮＰＯ団体などが自らの団地や地域の活性化に向けて取り組む地域もある。たとえば相模鉄道沿線の緑園都市エリアでは、自治会とは別に「緑園都市コミュニティ協会」を発足した。アメリカのホームオーナーズアソシエーションの仕組みを参考に、住環境と景観維持・環境・防犯・緑化推進などにより住宅地の資産価値の向上や地域に貢献することを目的として、さまざまな取組みを展開している。

マネジメントの主体としては、開発事業者が主体となって組織化するケースや、自治会活動など地元住民が主体となって展開するケースなど、活動展開の経緯は異なるものの、住宅地の各地で居住者がコミュニティ再生の重要性を自らの問題として認識し、さまざまな活動が展開されている。持続的な地域マネジメントとして新たな展開の兆しが見え始めてはいるが、共通する課題として、主体となるリーダーの高齢化と後継者不足があり、若年層の自治会、コミュニティ活動への積極的な参加が鍵になるといえる。

写真9｜**緑園都市**（四季の径）

写真10｜**緑園都市の住宅地**

芝浦アイランドシティ

Ⅱ

人口減少時代の住宅政策

日本の住宅政策

山口幹幸

住宅政策の根底にある重要な視点

住宅は一般の財やサービスとは異なり、多面的な性質を有している。住まいとしての安全性や快適性、個人のライフスタイルやライフステージに応じた規模、機能、品質を必要とし、たとえ民間により供給されるものでも自己使用を目的とするかぎり重要な生活必要財である。賃貸・所有の別はともかく経済価値をもつ不動産として市場においては取り引きされるが、取得需要者の多くは一生をかけてこれを手にし、共稼ぎ世帯収入の半分程度を家賃に費やすほど高価な耐久消費財でもある。住宅に困窮する低所得者には国が生活保障として準備すべき特質があるが、一般世帯ではいかに低廉な価格で良質な住宅を取得できるかが暮らしの豊かさに直結する問題となる。

住宅は共同利用されたり住宅の集合が街の一部を構成することにより、社会的サービスをともなうなど、社会との関わりのなかで存在する点で「公共性」を有するものでもある。家政学研究者の吉野正治は、住宅を「公益性」「共同利用性」「公共財性」「社会性」という要素に分け公共性論によって住宅政策を強める新しい視角を構築すべきとしている。

しかし、住宅はその建設投資規模や経済波及効果が大きく経済を左右するほどの影響力をもち、景気が低迷すれば国を挙げて新規建設を促し、わが国の経済成長を支えてきている側面もある。今日、こうした住宅供給が過剰ストックなどの新たな外部不経済要因を生み、生活者の実態や住環境の改善にかならずしも結びついていない現実もある。国力の低下や財政支出の増大を招きかねない人口減少社会という時代の転換点にあって、いかに公共性と住生活の豊かさを確保するかが住宅政策に問われているのではないだろうか。

住宅における公共の関与

——公共性の重視

住宅供給はわが国経済の源泉となる重要な要素ではあるが、企業の競争原理にすべて委ねれば人々の暮らしが豊かになるという性質のものではないし、真の公共性も得られない。かといって、公共性を論じるだけでは民間のイニシアティブなどを奪ってしまう。このため公共性を重んじ、市場経済の利点を生かせる政策が必要となる。そこに公共が直接関わる公共住宅政策と民間市場を目標方向に導く民間市場政策がある。

わが国の住宅事情は、戦後の住宅難から脱し、時代の変遷とともに質の改善が図られてきた。そして身の回りには物があふれ、豊かさも実感できるようになった。いまや、国民のニーズは暮らしに直結した経済や雇用、社会保障に重心が移り、これに流されるように住宅政策の行方も見えなくなっている。果たして日本の住宅は貧しいものでなくなり、国民も現状に満足しているのか。

先進国で広がる「貧富の格差」を分析したトマ・ピケティの『21世紀の資本』の分厚い学術書が異例の世界的ベストセラーとなって注目された。一方、住生活の足元ではひとり暮らし高齢者の孤独死、老老介護、閉じこもりなどは、さほど目新しい話題でなくなるほど一般化している。これらも住宅の貧困と無関係ではないだろう。

日本社会の貧困問題について、経済学の立場から宇沢弘文は「一つの国ないし特定の地域に住むすべての人々が、豊かな経済生活を営み、すぐれた文化を展開し、人間的に魅力ある社会を持続的、安定的に維持することを可能にするような社会的装置を意味し、社会的共通資本が充実してこそ人間的で豊かな人生を送ることができる」とし、「社会的共通資本」を提唱する。住宅もひとつの社会的共通資本に違いないが、わが国ではすべての人が満足できるほど成熟していない。住宅の公共性意識が日本社会や国民に未だ希薄であり住宅政策もこれを反映していないからではないか。人口減少・少子高齢社会は住宅問題を浮き彫りにする一方さらに複雑化させている。公共性を重視した住宅政策の必要性が日々高まっているといえよう。

――これからの公共住宅政策の方向性

住宅を社会的共通資本として充実することは住宅の公共性を高めることにほかならない。

住宅は人々の重要な生活基盤であり、公共住宅はその目的に応じ、底辺で支える使命を負っている。住宅を自力で確保できない低所得層など法定の要配慮者に低廉な家賃で入居できる住宅を供給するほか、一般勤労世帯など中堅所得層に適切な賃料等で入居可能な住宅供給を広義のセーフティネットとして備えることが本来望ましい姿である。

かつて、前者は公営住宅、後者は公社・公団住宅・公庫がこの役割を担ってきた。しかし、市場政策が重視される今日、公営では応能応益制度、公団・公社では市場家賃制度が導入され、いずれも新規建設の中止や団地の統廃合が進められており、ストック活用の名のもとに計画修繕や耐震改修、建替事業が主力となっている。公営はセーフティネットの中核というもののわずかな空き家に新規入居者を公募するだけの存在となり、一般世帯向け住宅は、公社・公団から民間住宅市場に委ねられている。もはや、かつて四本柱とされた公共住宅供給主体の大義は失われている。主体の位置づけや役割、事業内容、組織、住宅課題が大きく変化しているのである。公営が要配慮者に十分対応できていない現状や独法化され見え難くなっている公団・公社、公庫の存在を改善しなければならない。これら組織の枠組みを超えて広い見地から大胆な政策転換が求められる。これには、硬直化した公共住宅を柔軟に運用すること、例えば、公営住宅の入居資格者に住宅を直接供給する方式から、他の公共住宅や民間住宅の借上げ、属人的な金銭給付の方法に変えるのもひとつの考えである。公営を含め、公共住宅に特別な色がなくなれば公社・公団、民間住宅を含め入居に際して相互乗入が可能となる。若年層や多様な施設の入居により団地が活性化し周辺地域とも自然に融合する。円滑に進まない親子世帯の近居・隣居の可能性も高まるほか、生活保護による福祉政策との境界を埋め、増減する生活保護世帯や要配慮者に弾力的に対処しやすくもなろう。

一方、いずれの公共住宅も長期居住者が多く、一様に高齢化が進んでおり、活力が低下している。団地再生では、居住空間の密度や年齢構成などに配慮し、周辺に開かれた人間性豊かな地域環境を形成する視点が重要となっている。建替えにより建物が一様に高層化しているが、人口減少社会のもと、土地需給緩和から高層化を進める必然性に乏しく、高層化が高齢者の孤立化を助長する点も懸念される。高層化が見直された過去の経験をふまえ、低層住宅などを織り込んだ深みのある再生計画が望まれる。

さらに、自然災害が多発する今日では公共住宅が災害時における被災者のセーフティネットとしても役立つ必要がある。仮設住宅や復興住宅が適切な計画のもとに迅速に整備が行える組織的対応は喫緊の課題である。地球環境の異変による自然災害の多発に備え、復興住宅などについては研究調査を積んだ過去の住宅営団のような専門組織を公的供給主体の再編のなかで考慮すべきであろう。

――これからの民間市場政策の方向性

わが国の住宅供給はそのほとんどを民間に依存しており、民間市場をいかに活性化できるかが住宅政策の行方を決める。政策目標に沿った行動がとれるよう、行政には環境整備が必要となる。しかし現実には、新たな政策の意図を欠き、単に経済浮揚策の具として用いられることが多い。また、多様な住宅課題が山積するなかで、詐欺や偽装など市場取引の安全性を脅かす事態も生じている。このような背景のもとで民間の力を住宅政策の求める方向に生かし、誘導することが求められる。これには市場が健全に機能し、最終消費者の個人が損害を被ることなく適切にサービスなどが届けられること、消費者が良質なサービスなどを自ら判断し、選択できる市場環境の整備が必要となる。一方、一般勤労者が給与所得で無理なく取得できる住宅の実現や災害危険性の高い木造密集地域の抜本的な整備など未だ解消されない住宅政策の課題もある。今日では既存住宅ストックの改善や建替えに軸足をおいた政策展開も求められる。持ち家・分譲・賃貸を問わず空き家が増大し、人口減少のなかでの従来の新築依存体質は状況をさらに悪化させる。さらには高齢者の安心居住や地球環境等の問題も住宅供給に併せて対処していかねばならない。これらに、民間事業者のインセンティブを高め、過去の住宅政策の経験等を生かした実効性ある施策を実施していくことが求められている。

住宅政策の新たな展開に向けて

人口減少や少子高齢化社会、産業経済のグローバル化の影響は、さまざまな分野で政策転換を余儀なくされている。住宅では、戦後の大量の住宅供給という単純・明快な課題からさまざまな要因が輻輳化したものに変化し、物的要素だけでなく地域や医療・福祉など住生活での人と人との関わりという観点からの対応が欠かせないものになっている。一方で厳しい行財政を背景に公共住宅政策主流から民間市場政策にシフトする時代への流れは必然ともいえる。こうしたなかでは、住宅問題を狭い領域で解決するのではなく他の政策と連携を深めることが重要となる。歴史を振り返れば、用地取得難や地価高騰、公害など住宅関連のさまざまな問題が生じ、その都度、他の施策を絡めて解決してきた。だが、後追い的、場当たり的な対応であった点も否めない。今後は過去の経験に学び、これを生かした賢い対応が求められる。それは長期的な視野から、単に施策連携というレベルではなく、国土・雇用・所得政策など住宅を支える基本政策を束ねた包括的政策によって戦略的に対応することである。ソフト面からは行政と民間の単純な問題解決の構図ではなく、さまざまな地域で活躍し、公的支援の担い手となっているＮＰＯなどを政策実現の貴重な人的資源と捉え、協働を基本とする新しい推進方策を描くことも重要となろう。

最後に、これら住宅政策を体系的かつ強力に進めるには戦後の住宅不足の時代に見られる世論の後押しが欠かせない。住宅課題の危機意識を世論に訴え、国民とともに公共の確固たる政策実現の意思が必要ではないだろうか。

人口増減から見た住宅需給見通し

川崎直宏

人口増減と住宅政策との関係

日本人の人口は二〇一〇年の一億二八〇〇万人をピークに減少基調に転換してきた。こうした人口減少を現実のものとして実感するなか、人口減少にともなう「空き家問題」や「地域の消滅」などの刺激的な議論が起こり、住宅政策においても住宅需要やまち・地域の主要な課題・政策として取り上げるようになってきた。しかし、そもそも人口の増減が住宅政策にどのような影響を与えてきたのか。人口の増減は単純に住宅政策に関係性をもつものではなく、その構造を丁寧に読み解く必要がありそうである。

住宅需要における人口総数・世帯数の減少の影響は大きな社会問題となるが、人口増減は出生数と死亡数の相殺数で表され、そのそれぞれの状況の分析が重要である。出生数は一九八〇年ごろは徐々に減少しているものの、死亡数を上回り、人口増加が継続していた。しかし、一九八〇年以降は死亡数が加速度的に増加し、二〇〇五年には死亡数が出生数を上回り、現在の人口減少の主たる要因は死亡数の増加であるといえる。しかし、出生数の増加と、死亡数の増加の社会的背景や住宅事情における意味が異なることに留意すべきである。また、住宅需要や住宅政策との関連については人口よりも世帯数の増減で関連づけられることが妥当で、人口と同様に世帯数の増減は新規形成・再形成世帯数と消滅世帯数の相殺数で示される。このため、世帯の形成時期を見通しつつ住宅需要を読み解くことが重要である。とくに、新規形成・再形成世帯数と消滅世帯数の相殺数は住宅着工数に直接関係するとは単純に言えず、形成世帯や消滅世帯の状況や立地等について丁寧に分析していく必要がある。

一方、日本の人口構造にはいくらかの特徴がある。戦後の人口急増期を経て、ふたつの大きなベビーブームがあり、これらの世代がわが国の経済成長のメカニズムの大きな鍵であった。同様にふたつのベビーブーム世代(団塊世代と団塊ジュニア世代)は住宅需要にも大きな影響を与え、その前後の世代にも大きな影響を与え続けてきた。どの時代においても人口の多い世代である団塊世代と団塊ジュニア世代の動向が住宅需要や住宅ニーズを形成し、これが住宅事情と住宅政策の方向を左右してきたといえる。こうした団塊世代と団塊ジュニア世代の住宅需要を時代ごとの社会経済状況と重ねて読み解くことによって、住宅事情や住宅政策の必然的展開を見ることができる。その視点は一定の将来への見通しをわれわれに与えてくれよう。

人口動向を視点に読む住宅事情、住宅政策の変遷

合計特殊出生率の状況

日本の人口は戦後一貫して増加し続け、年間の出生数は、第一次ベビーブーム期には約二七〇万人、第二次ベビーブーム期には約二〇〇万人であったが、それ以降、毎年減少し続けた。一九八四(昭和五九)年には一五〇万人を割り込み、その後も緩やかな減少傾向となっている。二〇一四年の出生数は一〇〇万人となり、過去最低水準となった。同年の死亡数は一二六万人で人口の自然減が継続している。合計特殊出生率は第一次ベビーブーム期には四・三を超えていたが、一九五〇年以降急激に低下した。その後、第二次ベビーブーム期を含め、ほぼ二・一台で推移していたが、一九七五年に二・〇を下回り、低下傾向となり、二〇〇五年には過去最低である一・二六まで落ち込んだ。二〇一四年には合計特殊出生率はやや回復し、一・四三となっているが、合計特殊出生率が人口置換水準である二・〇七に回復することは難しく、長期にわた

る人口減少は確実な見通しとなっている。

——団塊世代と高度経済成長期の正の住宅需要

こうした人口の増加動向を世帯形成期に置き換えつつ丁寧に読んでいくと、まず戦後の経済復興とあいまった人口急増期には住宅需要の拡大が進み、新築住宅着工が増加し続け、団塊世代が住宅取得時期に至る一九七二、七三年ごろには新築住宅着工数が一八〇万戸を超えることとなった。この時期までの住宅需要は高度経済成長のなか、第二次産業を中心とした大都市への産業集約と大都市圏への人口集中が進み、新たに形成された中堅ファミリー向けの住宅を主として大都市周辺住宅地での拡大が進み、これらが大都市圏の構造をかたちづくる郊外ベッドタウンとして形成されてきた。経済成長と産業構造の変化にともなった団塊世代の大都市への集中に対応する大量の住宅需要(前年比がプラスとなる正の需要)とこれに対応する大量住宅供給を支援する住宅政策の展開の帰結であった。

——団塊ジュニア世代と一九九〇年代の住宅バブル

しかし、一九七〇年代後半以降は新築住宅着工数は減少している。オイルショック等による経済成長の停滞の影響もあるが、団塊世代の住宅取得が落ち着いてきた時期(対前年比がマイナスとなる負の需要)に入ったと見ることが妥当であろう。この時期には住宅政策は「量から質へ」の転換が謳われ、長大重厚産業からの転換や高層高密住宅や大規模団地への反動等も見られ、一九八〇年代中ごろまで住宅着工もやや停滞している。一九九〇(平成二)年ごろはバブル景気に踊らされ、住宅市場も活況を呈したが、一九九二年ごろを境に景気後退期に入り、いわゆるバブルの崩壊を迎えた。しかし、住宅需要は一九九〇年代半ばには住宅バブルの時期に入っている。この時期は団塊ジュニア世代が新規世帯形成期で住宅取得時期でもあり、団塊世代にとっても熟年期を迎え、持家の取得時期となるものも多い。こうした需要状況を反映して新築着工数の安定的状況が続いた。

──団塊第三世代の平準化

二〇〇〇（平成一二）年ごろ以降は団塊ジュニア世代の住宅取得後の負の需要の時代に入る。この時期以降は住宅着工は年間一二〇万戸前後で持続している。団塊ジュニア世代の特徴は、次世代のベビーブーム時代をつくらなかったことにある。社会経済状況の厳しさのなか、晩婚化などの影響もあり、出生人口は平準化されて横ばい状況となっている。このため、その後の正の需要は見られず、住宅需要の停滞状況が継続している。現在は団塊世代の高齢化が始まり、自立高齢期の居住とその後の要支援期の住まいのあり方が問われる状況となっている。

今後の人口・世帯推計から見た住宅事情・住宅政策の課題

──形成世帯の住宅需要の持続と消滅世帯の空き家化

人口は二〇一〇年以降減少するが、住宅需要に関係する世帯数は二〇一九年をピークに減少すると推計されている。将来推計人口（中位推計）では、わが国の総人口は、二〇一〇年の一億二八〇六万人から長期の人口減少過程に入り、二〇三〇年の一億一六六二万人を経て、二〇六〇年には八六七四万人になることが見込まれている。

しかし世帯数で見れば、依然増加が継続し、その後も住宅需要となる新規形成世帯の出生人口が二〇〇〇年ごろまでは団塊ジュニアの子世代として大きく減少しないこと、世帯の減少は消滅世帯の増加が主要因となることから、二〇二五年ごろまでは新築住宅着工も大きく減少することは考えにくい。とくに、新規形成・再形成世帯は都市部の需要の高いエリアに発生し、消滅世帯は地方や郊外の需要の低いエリアに発生する。それぞれの住宅事情への影響が異なり、エリアや居住条件のミスマッチが解消しない状況のなかでは、新築着工戸数は世帯総数の増減より、形成世帯数の増減が大きく影響し、消滅世帯数は空き家戸数の発生に大きく影響することになる。結果として、住宅需要と空き家発生との地域的・需要的ミスマッチの度合いは大きく、都市部では新規住宅需要が継続し、地方・郊外部で空き家の増加が続く。このため、数のうえでも空き家の活用が住宅需要を受け止めることは難しい。二五歳人口の推移から一〇年後を推計すると二五歳人口は約九割に減少する程度で、ここ数年の住宅着工の状況を九〇〜一〇〇万戸とすれば、今後も八〇〜九〇万戸の住宅着工が見込めそうである。

一方で消滅世帯の増加から空き家はさらに増加することになろう。しかし空き家問題は住宅問題を超えて、社会構造・産業構造・国土や都市構造を含めた抜本的な政策対応が必要となり、ドラスティックな居住地の再編をベースに展開されることが必要となる。こうした状況を前向きに受け入れた政策展開が肝要で、空き家が三〜四割となる住宅市場状況は空間的に豊かな居住空間として認識することが必要であり、居住の質を高めるための活用政策を構築することも重要である。

——団塊世代、団塊ジュニア世代の居住状況

今後、多くの団塊世代は要介護期を迎える。こうした高齢者がメジャーな存在となる社会は、居住空間は住まいの器でなく住むための空間サービスとして捉えることが重要で、居住の支援、介護、医療などに関わる種々の居住サービスとの連携が不可欠となる。一方、団塊ジュニアは晩婚が多く、子育てと介護を同時に抱えるため、雇用と子育て、介護の同時に対応できる地域ネットワーク居住が重要である。これらの居住要請は今後の住宅や住宅地に求める機能や性能を大きく転換していくことになろう。具体的には、職・住・学・医などの各種サービスが大都市圏の広域ネットワークで構成する社会から、小地域でのローカルネットワークによって構成する社会に転換していくことが重要で、住宅地もこれらを前提としたさまざまな政策的支援が望まれる。

人口構成の変化から見た都市・居住地構造

川崎直宏

人口構成・年齢構成と住宅政策との関係

人口動向のもうひとつの大きな要素が人口構成や年齢構成の状況である。人口の年齢構成は時代の社会状況とも大きく関連し、産業構造やこれにともなう就業構造の変容とも関連するが、時代ごとの都市構造・住宅地の立地やまちの構成、居住のあり方に大きく影響を与える。

医学研究者の長谷川敏彦によると、マクロに見ればわが国の人口構成は、一九世紀以降二〇世紀半ばすぎまで五〇歳未満の人口が八〇パーセントを超えていた安定時代から、二一世紀半ばには五〇歳以上の人口が五〇パーセントを超えて安定する時代へと移行するとしている。二〇世紀半ばごろまでの社会は養育と就業による家族や社会に責任を負う五〇歳未満の人口を主とする社会で、第一の居場所(家庭)と第二の居場所(職場や学校)が重視された時代である。これに対し、二一世紀半ば以降の社会は家族や社会の義務や責任から解き放たれた五〇歳以上人口が過半を占め、個人の自己実現と自由を謳歌し、長い退潮期をケアサイクルでつないでいく社会で、第一、第二の居場所とは異なる第三の居場所(自己実現の場)が重要となる時代であろう。現在はその移行期にあたり、未来に向けて徐々に社会システムや都市・町の構造・住まいを再構築していく時代ともいえる。

このような視点で、もう少し詳細に人口構成の影響を歴史的に読み解くと、時期によっての人口の年齢構成や地域ごとの年齢構成、また家族構成が住宅政策やまちづくりに大きな影響を与えていることがわかる。とくに、高度成長期の人口構成である生産年齢人口が七割を超す状況と生産年齢人口が四割、高齢者人口が四割となる社会構造の違いと住宅政策の変容はきわめて重要である。

人口構成を視点に読む住宅事情、住宅政策の変遷

——生産年齢人口が七割の時代

日本の人口の年齢構成を見ると戦後一貫して年少人口比率が減少し、高齢人口比率が増加しているが、これにともなう生産年齢人口比率に大きな意味を持つ。生産年齢人口は戦後徐々に上昇し、一九六五(昭和四〇)年ごろから七〇パーセント近くで安定していた時期が続くが、一九九五年を境に徐々に減少している。

戦後から生産年齢人口が増加し続けた約二〇年間は経済成長期前期にあたり、合計特殊出生率も高く、都市も地方も多人数世帯が多かった。このことがその後の大都市圏への生産労働人口の供給につながっている。こうした人口の急増時期を経て、一九六五年ごろには生産年齢人口が約七割となる社会となった。大都市圏に集中した生産年齢人口は新たな都市家族(核家族)を構成し、雇用とねぐらの確保が主たる要請となっていた。このことが都市部での都市構造・住宅地構成に大きく影響し、郊外住宅地やNT開発都市の人口増加の原動力となり、これに応える都市政策、住宅政策が展開された。

世帯の核家族化が進展したこともあり、一九六〇年代後半には合計特殊出生率はほぼ二・一台で推移し、一九七五(昭和五〇)年に二・〇を下回り低下傾向となり、年少人口は大きく減少している。一方、老年人口比率は徐々に増加し、高齢化社会への取組みの兆しが見え始めている。しかし、生産年齢人口は年少人口の減少と老年人口の増加とが相殺されて、しばらくは約七割の水準を維持し、生産年齢人口比率が低下し始めるのは一九九五年以降である。この時期は高度成長後期から低成長期、バブル期と経済・社会状況が大きく揺れ動いた時期でもあり、種々の住宅政策の模索が行われている。しかし、その基調は依然生産年齢人口が約七割である社会構造のなか、雇用とねぐらを確保すること

を主眼としていたように見える。こうした核家族を前提とする住宅地や地域コミュニティの豊かさがひとつの政策目標であった。

この間、日本の産業構造は第二次産業の伸び以上に、第三次産業が飛躍的に拡充し、社会構造を変えていくことになる。第三次産業は一般に製造業のような大量生産が困難で、集約的雇用の状況を変えていく方向性を持ち、従来の雇用とねぐらの関係やこれにともなう住宅地のあり方や住まいのあり方に変化を及ぼすことになる。郊外住宅地やニュータウンの計画に多用途複合の方向付けが取り入れられている。一方、地方では人口停滞・減少が並行し、人口移動や人口構造の偏在から地方の疲弊が始まり、住宅政策の新たな課題が浮かび上がってきた。地域の活性化や地域性の配慮が住宅政策の主要課題になってきた時期である。

――生産年齢人口の減少と居住ニーズ

しかし、一九九五(平成七)年ごろを境に状況は大きく変容している。一九九五年以降、生産年齢人口は減少に転じ、高年齢人口の急激な上昇にともない、ねぐらとして形成されてきた郊外住宅地やニュータウンにおいては種々の問題が顕在化し始めた。家族構成においても従来の普通世帯の減少と単身・夫婦世帯の増加状況にともない、住宅政策の再編が求められる状況になっている。地方では先行して高齢社会の諸問題への対応が求められてきた。しかし、時代の社会風潮は政策の市場化であり、地域主体への転換である。多くの複雑かつ難しい課題にその方向転換が不十分のまま対応が迫られて、都市や住宅・まちづくりの政策自体に十分な対応の方向を示すことができないまま、もがいているように見える。住宅政策もまちづくり政策も将来の非生産年齢人口が主となる第三の居場所を構築するドラスティックな考え方の再編を求めているかもしれない。

今後の人口・構成などから見た住宅事情・住宅政策の課題

――住宅は地域密着産業へ

今後の人口構成に確実なのは、生産年齢人口のさらなる減少と高齢人口の増加である。高齢世帯が四割、生産年齢人口が五割になる社会は従来の産業構造とは大きく異なると想定すべきであろう。

すでに過半を占める第三次産業においても、資本や知識の集約型産業から居住地で生産と消費が同時・同場で行われる経済活動が重要であり、「規模の経済性」からローカルな「密度の経済性」に転換すべきであろう。とくに、住宅関連産業は地域密着産業として住宅供給、住宅管理・持続を担う同時性、同場性のビジネス需要が増大するであろう。

——高齢期の居住の場、地域ケアシステム

都市部では単身居住世帯の比率が一層増加し、家族への責任から解き放たれるものの、別の絆を求めて、新しい居住像が模索されていく。都市部においても人口減少が始まり、単身高齢の集積が起こり、限界団地が急増するなど急激な高齢化とともに地域に根ざした都市型住宅地への再生が必要となる。ここでは個人の自己実現を視野に家庭や仕事の場とは異なるくつろぎと多様な交流を展開できる第三の居場所を求め、かつ人生の退潮期を心豊かにすごしていくケアシステムの保有が重要な要素である。依然、ファミリーの多く居住する都市・郊外では高齢期への対応とともに、女性の雇用と生活・子育てを支える居住とサービスの仕組みも重要である。

地方では高齢消滅世帯が多く発生し、空き家の増加が始まる。一部には消滅都市の発生も見られよう。いずれにしろ高齢者の集積する地域では住宅地は原則地域ケアを主として、共助・互助体制の構築が求められている

このような人口減少により空き家が三～四割となる住宅市場状況は空間的に豊かな居住空間として認識する必要がある。都市も地方も今後は非生産人口比率が高くなる社会であり、居住の場が種々のビジネスや個人の活動の場でもある。地域ごとのローカルビジネスやケアサイクルを実現するソーシャルビジネス、コミュニティビジネスの展開や第三の居場所の創出など、地域に存する空きストックの有効活用等によって、居住から福祉・医療にまたがる総合的対応が不可欠でその支援に向けた政策体系が求められる。

高齢者の住宅・福祉政策

受け皿としての住宅確保から福祉と連携した高齢者の暮らしの支援へ

中川智之

内閣府資料によれば、わが国は二〇六五年に二・五人に一人が六五歳以上、四人に一人が七五歳以上の超高齢社会に突入する。今後、さらに高齢者の住宅政策が課題になるが、とりわけ、身寄りのない単身高齢者の見守りや生活支援と安心して居住できる住まいの確保が焦眉の政策課題となる。公営住宅やサービス付き高齢者向け住宅などさまざまな政策が講じられているものの、急増する高齢者に必ずしも十分な対応は図られていない。住まいの確保でいえば、貧困ビジネスが横行するなど、とくに、自立した生活が送れない低所得・低資産の高齢者への対応が十分でない。また暮らしの面では、

地域から孤立する高齢者の暮らしのサポートとして、地域における見守り・生活支援など福祉施策と一体となった住宅施策が大きな課題となっている。こうした課題認識を踏まえ、ここでは、戦後の高齢者に向けた住宅政策を概括し、現在顕在化しつつある課題を踏まえ、今後将来に向けた高齢者の住宅政策の見通しを考える。

戦後の高齢者の住宅政策の系譜
――福祉住宅として公営住宅が誕生

戦後の住宅不足は四二〇万戸に上り、国庫補助庶民住宅の建設が行われたが、勤労者の住宅難は深刻化することが見込まれたため、戦後まもなく、公営住宅法が制定された。当時、建設省住宅局で起草された公営住宅法案とは別に、厚生住宅草案が

起草されたが、建設・厚生両省の協議調整のもと、参議院での修正を経て公営住宅法が成立した。厚生住宅法案が生活保護法の基準を上回るボーダー層に対象が絞られていたのに対して公営住宅法案は、広範囲な低額所得者を対象とした。当時、公営住宅の区分は第一種と第二種に分けられ、第二種は、低額所得者向けに住宅の規模を二六〜四〇平米程度に抑え低家賃となるよう設計された。

その後、国民所得倍増計画が発表された翌年（一九六三年）、老人福祉法が制定され、養護老人ホーム、特別養護老人ホームなどが設けられた。

厚労省・建設省の共管事業としてシルバーハウジングプロジェクトが登場

一九八七（昭和六二）年に旧厚生省と旧建設省の共同プロジェクトとして、公営住宅に高齢者の安否確認や緊急時対応のサービスを行うＬＳＡ（ライフサポートアドバイザー）を配置したシルバーハウジングプロジェクトが始まる。同じ年、東京都でもシルバーピア事業を開始する。段差解消、手すり取付け、緊急通報装置の設置などの高齢者仕様の住宅、居住高齢者の安否確認、緊急対応などを行う「ワーデン」が良き隣人として居住、高齢者在宅サービスセンターが併設された。その数年後には、シニア住宅供給促進事業が始まる。これは、ＵＲ都市機構（旧住宅公団）や地方住宅供給公社の建設する高齢者向け賃貸住宅の建設補助制度で、終身年金保険に加入することにより生涯にわたって家賃の支払いが保証されるシステムが採用された。

応能応益家賃方式への転換

しかし、その後、公営住宅の家賃が応能応益家賃制度に移行する。適正で公平な家賃負担を図るため、従来の「法定限度額家賃方式」は「応能応益家賃方式」に変更され、これにより、公営住宅の持つ福祉住宅としての性格は弱まることになった。

高齢者居住法の制定とサービス付き高齢者向け住宅への統合再編

二〇〇〇（平成一二）年に介護保険が導入された。この目的として、施設介護から在宅介護へサービス提供の場の転換があり、施設整備が抑制された。

そのため、施設介護を希望しながらも入居できない待機者が大量発生(全国で三八万人)し、グループホームや有料老人ホームなど民間施設で介護サービスを利用する者が急増した。その翌年、高齢者居住法が制定され、高齢者の入居を拒まない住宅として高齢者円滑入居賃貸住宅(高円賃)が、また、良好な居住環境を備えた高齢者向け優良賃貸住宅(高優賃)が位置づけられた。その後も高齢者専用賃貸住宅(高専賃)や、借家人の死亡時に終了する借家契約として終身建物賃貸借制度、住宅のバリアフリー化に対する支援措置も用意された。この時代は、まだ国土交通省、厚生労働省がそれぞれ独自で法制化、制度化を進め両省の連携はほとんど見られなかった。

一方、二〇〇四(平成一六)年には、ゴールドプラン21が策定され、翌年、介護保険改革が実施される。介護保険法の制定により、地域支援事業や地域密着型サービスの創設、地域包括ケア体制の拡充などが位置づけられた。こうした介護保険改革の背景には、施設入居の困難性が窺える。二〇〇四年時点で、介護給付額は対二〇〇〇年比で、居宅サービス給付二・三倍であるのに対し、グループホームは一四倍となった。介護保険導入後、「施設」に入居できず、しかし住み慣れた「自宅」で居住することも困難な高齢者に、どのように「住まい」を確保しケアを提供するかが課題となる。

民主党政権が発足した二〇〇九年、高齢者居住法が改正され、在宅介護が行われる場として住宅の整備が進められるとともに、高齢者向け住宅や特別養護老人ホームなどの入所施設を総合的かつ一体的に捉え高齢者の「住まい」を確保していくこととされた。この改正で、国土交通省と厚生労働省の共管で「高齢者居住安定確計画」を策定する枠組みができた。各都道府県は、それぞれの区域内における、高齢者に対する賃貸住宅や老人ホームの供給目標と目標達成のための事項を定めることができるとされた。計画的な住宅や施設供給にはきわめて重要だが、実態としては介護保険給付の増大抑制に影響された趨勢的な対応に終始した。介護保険給付の増大抑制のため、特別養護老人ホームの施設整備が抑えられるなか、グループホームや有料老人ホームが急増したが、介護費用低減のため、保険者である市町村がグループホームの増設を抑制したことで、それに代わって高齢者向け賃貸住宅の供給が進んだ。しかし、設備やサービス面で問題のある住宅供給も見られた。そのため、高円賃の登録基準の導入や家賃債務保証の対象月数拡大など、入居者保護の観点から高齢者向け賃貸住宅の規制が強化されることになる。

さらに、東日本大震災が起こった二〇一一年には、高齢者居住法が全面改定された。医療・介護・住宅が連携し、安心できる住まいの供給を促進するため、有料老人ホーム、高齢者専用賃貸住宅について、入居者保護と供給促進の観点から、両者一元的なルールのもとで厚生労働省・国土交通省共管の制度として再構築し、新たに「サービス付き高齢者向け住宅制度」が創設された。高円賃・高専賃・高優賃を廃止して「サービス付き高齢者向け住宅」に一本化し、都道府県・政令市・中核市の長に登録する制度である。二〇一四年には、介護保険法が改正され、「医療介護確保総合確保法」が制定された。地域包括ケアシステムの構築と費用負担の公平化が目的とされているが、その背景には、膨大に膨らむ高齢者の福祉需要に福祉資源では対応が困難となった状況があり、「住まい」を取り込んだ地域福祉の枠組みが提示された。今後もこうした動きが顕在化していく予兆が窺える。

以上、戦後の高齢者に関わる住宅政策の流れを概括したが、一九九〇年代までの高齢者向け住宅は、低所得者向けに重点が置かれ、公共賃貸住宅に対して建設費や家賃の補助が行われた。

介護保険導入後は、施設入居も自宅居住も困難な高齢者に、どのように「住まい」を整備しケアを提供するかが課題になる。そして近年は、違法貸ルームや悪徳貧困ビジネスに代表されるように、低額所得高齢者の居住・生活に対するニーズと住宅供給・サービス提供がミスマッチし、それが社会的問題に波及する現状もある。このように、時代とともに高齢者の住まいや暮らしに対するニーズも大きく変化し深刻化が増しているといえる。

今後求められる高齢者の住宅政策とは

これまで見たように、当面は高齢者の住宅政策が課題となることはいうまでもないが、高齢者の住まいの確保だけでは課題は解決しない。福祉施策と住宅施策の一体化、福祉の社会化・地域化に向けたダイナミックな施策転換が求められる。

現在、増加傾向にあるサービス付き高齢者向け住宅は、家賃面に加え、提供されるサービスが事業者により異なるといった課題もあり、アフォーダブルな住まいの確保と福祉サポートの両輪展開が求められる。「福祉サポートの面では、地域で孤立する高齢者の見守りや生活支援など介護保険によらないインフォーマルなサポートを含め、「高齢者の暮らし」を考えていく必要がある。また、年金層などの高齢者に対してもアフォーダブルな住まいの提供は求められる。高齢者の多くは持家層であるが、介護度が重度化すると、介護の人的対応・体制や、住宅のバリアフリーなどの物理的環境からの問題が起こる。居宅から施設への住替えを余儀なくされる場合が少なくない。サービス付き高齢者向け住宅や有料老人ホーム等の整備促進が急がれるが、地価の高い都市部においては、需給年金でサービスの質が確保された住宅や施設への入居は厳しい。そのため、福祉・住宅の連携だけでなく、都市問題と捉え、例えば、公有地の無償貸付けや低廉な地代での定期借地権方式による貸付けなど、幅広い事業運営支援策を講じることも必要である。さらに、住宅の新規供給だけではコスト面で限界があることから、地域の既存ストック活用も視野に入れたい。老朽化し、安全上問題のある空き家は、建築基準法や消防法に適合するため改修コストが大幅にかかるものもあり、すべてのストックを対象にできるものではないが、地域の不動産会社などと連携することも可能だろう。地域の住情報を一元管理し、地域内の空き家情報をウォッチしながら、それらをうまく活用して高齢者の住まいとして活用するとともに、NPO団体や社会福祉協議会といった地域ごとの福祉の担い手とタッグを組み、高齢者の見守り・生活支援を行う。このような仕組みの構築と地域運営を通じて、地域の互助・共助による「地域包括ケア」の実現をめざしていくことが重要であると考えられる。

セーフティネットと公共住宅政策

川崎直宏

住宅政策の基本的視座としてのセーフティネット

日本の住宅政策は憲法第二五条の「すべての国民は健康で文化的な最低限の生活を営む権利を有す」ことに依拠して語られる。こうした視座にもとづく戦後の住宅政策の基本課題は住宅不足の解消であり、これが合意された目標として機能してきた。住宅政策は階層別住宅対策の体系を基本に金融公庫による持家融資、公営・公団・公社による賃貸住宅供給などの公共住宅供給を主とした基本的枠組みを維持していた。とくに公営住宅は当初は住宅難にあった国民一般向けの「国民住宅」として意図されていたが、いく度かの改正を経て、救貧対策としての性格を強め、セーフティネット、すなわち低額所得層を主とする住宅困窮対策として位置づけを強めてきた。住宅数が世帯数を上回って居住水準の向上が政策課題になった後、適正な水準の住宅が不足しているという考え方のもと、その枠組みを持続し、セーフティネット対策と公共住宅政策が一体的に取り組まれてきた。

公共住宅の役割は時代ごとの課題状況により大きく変遷しており、こうした流れを見据えつつ、公共住宅を中心とした住宅政策の果たした役割を検証することも重要である。とくに、この間、公共住宅政策は、居住のあり方や居住の質を先導し、良くも悪くも居住状況や住宅状況を構築する原点ともいえる。公共住宅のさまざまな遺産とともに、種々の負の遺産への対応や時代に合った役割を展望し、あらためて政策展開の駒として公共住宅をどう位置づけるかが課題である。

近年は公共住宅供給が縮小し、住宅政策も市場の活用やストック政策にシフトしている。このため、セーフティネットが救貧政策を重点として語られる時代から、市場の健全化を支えるセーフティネットへ展開し、従来の政策の枠組みの転換が不可欠となっている。こうした状況に対応すべく公共住宅だけでなく、市場を活用した公共政策（民間市場政策）が重要となっており、総合的セーフティネット対応が求められている。その方向を見通すためには、公共住宅政策の歴史的視点から現在の新たな居住貧困等の諸相を読み解くことも重要であろう。

セーフティネットと公共住宅政策の変遷

——救貧対策としての公共住宅供給

日本の現在に至る住宅政策の基調は、戦後の大量に発生した住宅不足への対応理念のよるところが大きい。戦災復興から始まった住宅政策は、公営住宅をはじめとする公共住宅供給と公庫融資による持家促進策が中心的役割を担ってきた。国土が焼土と化し、壊滅的な状態のなかでは民間の市場供給に依存できる状態はなく、公共住宅の直接供給にその役割が与えられていた。すなわち、日本の住宅政策は欧米に見られる居住福祉の視点より住宅の建設促進を主眼として企図され、公共住宅はその先導的供給事業として展開し、欧州に見られるような社会保障政策の一環として社会住宅等の展開を進めてきた状況とは大きく異なっていた。

一九七〇年代以降は成長経済状況に入り、民営借家の家賃が高く、適正な家賃負担で最低居水準（広さ）を確保できない経済的住宅困窮世帯が多く、これが公営住宅の主たる需要層となっていた。さらに、大都市部に大量に流入してきた若年世帯の賃貸住宅需要への対応が求められた。公共住宅整備は住宅供給であったが、これらを通して住宅計画の住宅不足、質向上をめざした救貧対策としての住宅供給であったが、これらを通して住宅計画論を展開し、先導的な公共団地計画、居住水準論も展開した。住宅の計画技術、構法技術、工業化、部品産業に至る種々の開発や発展等、一九八〇（昭和五五）年ごろまでの住宅に関する各技術は公共住宅によって先導され、公共住宅供給にともなって展開されている。

大都市部では住宅に困窮する世帯や大量に流入してきた若年世帯の賃貸住宅需要の増大に対し、大量の公共住宅供給が進められてきた。だが、公共賃貸供給でカバーできない需要は、公営住宅並み家賃の木賃住宅、長屋等の低水準低家賃住宅が住宅困窮層の受け皿として機能し、こうした設備共用の民間賃貸住宅で賄われていたのが実情である。しかし、その後の賃貸住宅の家賃状況を見ると、公営住宅並みの家賃の民間賃貸住宅は激減している。直近のデータでみると公営住宅並みの家賃の民間賃貸住宅はその半数(かつては四倍以上)に満たない。このことは大都市部の住宅困窮世帯の現代的な居住状況の悲惨さを想起させる。

公共住宅政策の縮小化と市場重視の住宅政策

その後、公共住宅は唯一の政策の駒として時代の要請に応じて地域性・地域デザインの付与、地域産業活性化等の諸問題に切り込んでいくが、住宅政策の実践的ツールである公共住宅に法の主旨とはかけ離れた過重の役割を与えて多面的な展開を助長した。この間、民間住宅事業は徐々に技術力を蓄積し、大都市部の地価高騰などを背景に事業の拡充を進めてきた。このことは公共事業体の厳しい財政事情を背景に、公共投資の適正化や育ってきた民間事業者の民業圧迫などといった一部の批判を招くこととなり、公共住宅不要論にまで発展した。とくに、住宅政策が近年にみられるような市場の活用や市場の誘導などの市場政策へとシフトするなかで、公共住宅が多面的に展開することに対し、本来の役割と照らした場合の公共住宅事業の節度ある執行が求められるようになった。

近年の公共住宅事業を取り巻く環境は市場重視の住宅政策への転換のなかで大きく変容しているが、公共住宅が市場に与える影響は小さくない。日本では社会状況は人口減少時代に入り、少子高齢化時代となり、住宅市場もストック型市場にシフトしつつある今、こうしたセーフティネットを含む公共住宅の新たな役割を模索している状況である。

今後のセーフティネット政策と公共住宅政策の方向
――セーフティネットと公共住宅の新たな関係
……重層的セーフティネット

住宅セーフティネットについては、二〇〇六（平成一八）年の住生活基本計画において住宅政策の目標のひとつとして掲げられ、公共住宅に加え、公的支援住宅を含めて重層的対応を構築するよう示された。二〇〇七年には「セーフティネット法」が制定され、これによってその対象についても低額所得者、被災者、高齢者、障害者、子どもを育成する家庭、その他住宅の確保にとくに配慮を要する者とし、これらに対する基本方針の策定などの施策の基本となる事項等を定めた。

従来、ともすれば市場のセーフティネットの役割は公共住宅が担い、逆に公共住宅はセーフティネットの役割のみに限定して捉える考え方が一般的で、公共事業の縮小の流れのなか、その傾向がさらに強くなり、公共住宅事業の位置づけが重点化とともに硬直的になりつつある。セーフティネットは公共住宅だけでなく民間事業やＮＰＯなどのさまざまな者が協同して担うといった市場全体の総合的な捉え方のなかで対応し、公共事業はセーフティネット対応だけでなくさまざまな事業を可能にすることによって社会的弱者などの過度の集積を解消することが可能となる。

住宅セーフティネットを構築するためには、対象となる住宅困窮の状況に応じた支援システムを検討することが不可欠である。対象となる住宅困窮は真に困窮する者への対応（狭義）と市場における対応困難状況となる住宅困窮（広義）への支援とに大別される。狭義のセーフティネットは、直接供給を担う公営住宅等によって限定的に経済支援と居住空間を一体的に支援することとなり、膨大に存する既存ストックの活用を含めて公営住宅を活かした生活保護行政と公営住宅事業の連携が効率的合理的取組みといえる。広義のセーフティネットは、市場機能の活用を原則とし、アフォーダビリティ（適正家賃）と入居制限や入居拒否のない住宅供給（フェアハウジング）方策が主となるが、これらの状況は市場プレーヤーの取組み姿勢にも関連する。成熟した市場は健全な市場環境とプレーヤーの一定のモラル、社会貢献に対する評価によって形成され、「新しい公共」としての賃貸住宅市場への役割が期待される。

――新たな住宅困窮状況と公共の役割

昨今の住宅セーフティネットの課題は住宅困窮の要因が単なる経済困窮に留まらない輻輳する要因が大きく関わっていることへの対応である。急激な高齢化、単身化、貧困化に向けた対策が必要で、生活保護、厚生福祉、雇用政策と連動したセーフティネット政策や、格差拡大による住宅不公平の拡大および貧困ビジネスの増加に対する政策が求められる。すなわち、今後の住宅困窮を解消するセーフティネット政策は、福祉・生活保護・雇用・消費者保護・業界保護などさまざまな行政政策と連携しつつ対応していくことが不可欠であろう。

また、二〇一一年に発災した東日本大震災での住宅復興は、この一〇数年の市場重視の理念のもとに公共の活動も当初から抑制された。現実の復興住宅市場は需要の飽和から供給不全、資材の高騰、労務費の上昇を生み、地域ごとの資材調達不全、職人不足など地域の生産・流通体制の不十分さが露呈した。また活動の担い手の不十分さやリーダーシップの不足によって市場活動が十分に機能していない状況も見られた。こうした状況に対応するためには非常時における市場活動のあり方と公共主体の役割についてあらためて検討することも重要であろう。

公共住宅は政策的にはセーフティネットの役割に一層シフトすることになる。しかし、災害時の緊急対応や高齢者居住を念頭に置いた改善や、高齢者居住施設やサービス拠点等への転用も含めた強力かつドラスティックな政策的改変が求められ、こうした取組みこそ、今後求められる公共政策の総合的セーフティネット対策といえる。

民間市場政策について

山口幹幸

住宅問題を市場に委ねることの限界

近年の住宅供給は持ち家・賃貸とも民間によるところが大きく企業の投資動向に左右される。民間を対象とする新たな住宅政策は、市場でどう受け止められ個々の企業活動に結びつくかが重要であり、企業側の論理に立った理解が不可欠となる。裏返せば、企業に働きかける行政にはその動機付けとなる環境整備が必要となる。一般に、事業着手への企業の意思決定は、事業の実現性や継続性、収益性を注視するため、その見通しが確実かどうか、想定される危険リスクを回避できるかが重要となる。つまり、住宅政策の実現性はこれにどう対応できるかという点にあるといえよう。

先行き不透明な経済状況のもとでは投資意欲は低くならざるをえない。バブル崩壊後のデフレ社会で住宅政策に新たな方向が見出せなかったとの批判もある。たとえ企業環境が逆風でも、新たな政策からビジネスモデルが生まれ、課題解消と経済の活性化を両立することが可能かもしれないし、求められもしよう。行政にはこうした事業化に導く有効な手立てをいかに用意し、市場に働きかけられるかが鍵となる。

一方、市場での取引の安全性に留意することも大切である。悪徳業者による詐欺、偽装、施工不良、不適正使用、脱法行為などにより利用者が損害を被るからである。品確法の「不透明な市場の見える化」は個人の利益保護や紛争予防、消費者の選択を可能にするものといえ、市場を活性化させるひとつの動きであり、市場との連携には両面の対応が求められる。

住宅政策の展開と民間市場の誘導

過去の民間市場政策の類型

これまでの住宅市場政策は誘導方法に着目すると大まかには三つに分類できる。

ひとつめは、分譲マンションのように、国の法制度をきっかけに市場形成を誘導する例である。マンション法（区分所有法）は区分所有された住宅が個人資産であることを明確化し、公庫の個人融資、銀行等の信用補完が整備され一気に普及拡大した。公共がきっかけをつくって民間にさまざまなインセンティブを与え、市場誘導を行うという典型的な方法である。都心居住政策や高齢者向け住宅供給、耐震化への取組み、都民住宅（特優賃による民間賃貸住宅）供給など、住宅政策の大半はこれに類似している。

ふたつめは、高度成長期の住宅の量産化のように、公的主体の技術開発が先導し、民間との共同作業を経て市場を形成した例である。公共主体がPC工法の工業化技術を生み、住宅部品の開発や工期短縮等により大量建設を可能にした。プレハブ業界と連携したSPH、NPSの開発により公的住宅等に普及させた。また、国が民間の開発意欲を刺激し建設技術の基礎研究や構法開発を進め実現した超高層住宅、環境性能評価システムのCASBEEも類似したものである。

三つめは、国や地方公共団体が規制を強化することで民間市場をコントロールする例である。地域開発や空き家問題を法令・条例・要綱によりまちづくり等を規制する。住宅のもつ社会性を鑑み、良好な地域環境の創出や過大な行政負担の回避から一定のルールを定め市場を適正な方向へと導く。ワンルームマンションや景観条例なども同じ類型にあたる。

過去の市場政策の成否

同じ類型でも、政策により市場形成の成否や熟度はそれぞれ異なる。政策効果が十分認められた事例、市場形成に至らず失敗したもの、あるいは熟度が足らず不完全燃焼に終わったものもあろう。政策のありようを考えるには、政策を個別に検証しなければならず、過去を振り返り吟味することで新たな課題に対し、これを経験則として生かすことができる。その際、先述の実現性・収益性・継続性が備っていたか、将来的需要やリスク回避手段の有無が重要となる。

ひとつめの類型、たとえば分譲マンションは、国の持ち家促進を背景に個人が公庫や銀行からの融資で自ら資金手当てを行うなど、住宅供給事業者は貸し倒れリスクを負わない仕組みである。また、都心居住政策による臨海部等の超高層マンション供給は、高度土地利用と超高層化の実現、ウォーターフロント開発を軸とし、人気が高く売れ残りリスクの少ない商品となった。高齢者向け住宅、建物の耐震化、バブル期の都民住宅はそれぞれに有効需要はあるが、事業リスクが払拭されていない。高齢者向け住宅では見守りなどのサービス付きとはいえ緊急時のリスクをともなうし、関連福祉施設を有する事業者の優位性も否めない。耐震化は耐震診断を行っても改修までにはなかなか至らず、マンションの場合には管理問題や区分所有者の意思決定の困難性から事業初動期のリスクもある。都民住宅は事業者のリスクが少ないものの長期の家賃補助をともなう仕組みから行政の後年度負担が過大となり、破たんに追い込まれている。

ふたつめの類型では、官民連携の技術開発は当初から需要層や想定リスクを織り込んで開発されるため、成果がそのまま市場形成につながりやすい。近年はしばしばモデル事業や社会実験などが行われるが、中途で消滅し、実用化に至り社会に普及する事例も少ない。三つめの類型は、法令等で市場を政策目的の方向に強制的に誘導するものであり、市場はこれを取り込んで機能せざるをえない。しかし、空き家や景観を例にとれば、規制を梃にして空き家の活用・リノベーション、景観形成による商品の差別化を図り新たな市場形成へと発展的につなぐこともできるが、現状では官民連携による施策は不十分な状況といえよう。

――過去の市場政策の特質

また、時々の住宅課題と政策を照らし合わせるといくつかの特徴も見られる。

まず、直面する課題に過去の経験が活かされず、時代を隔て同じ過ちが繰り返されている。郊外団地の建設やバブル期の臨海開発での住宅関連施設の未整備問題は酷似した事例である。

ふたつめは、いつになっても解決しない政策課題もある。手ごろな価格のアフォーダブル住宅の実現や木造密集地域整備。低廉化の取組みはNEXT21・SI住宅・長期優良住宅と引き継がれるが実績に乏しい。木密整備は目先を変えるだけで立地性を活かすまちづくりの糸口が見出せない。

三つめは、いずれも社会問題化してから政策が打ち出されていること。木密地域整備、マンション等の建物の耐震化や建替え問題、高齢者対応は阪神・淡路大震災や耐震偽装問題から、また、環境・エネルギーマネジメントは東日本大震災を通じて得られた教訓である。

四つめは、法的整備の遅れから地方公共団体が緊急避難的に要綱・条例化に至るケースが増えていることである。開発要綱、景観条例や空き家条例が全国的な広がりをみせた。条例は多くの労力と時間などを要するほか、根拠法がなければ十分な対応ができない。

五つめに、政策の遅れが歪んだ市場を形成している事態も見逃せない。シェアハウスは住まい方のひとつではあるが高家賃が原因であることも多い。狭い部屋に多人数同居となればワンルーム問題以上に周辺への悪影響も考えられる。生活苦の高齢者などを対象とする貧困ビジネスの横行は政策の不備から生じており、立入指導でなく根本的な問題にメスを入れなければならない。

これからの住宅課題と市場政策の方向

これからの住宅政策は過去の成功・失敗体験を活かし、政策課題に的確に対処していかねばばならない。未解決の政策課題に対しては新たな発想での対応も必要となる。真に生活の豊かさを実現するには、住宅費が家計に過度の負担にならないことで、給与所得で無理なく取得できるマンションなどが普及することにある。また、木密地域の整備では防災に偏った施策ではなく、都市の土地利用という視点から、民間の創意を組み入れた大胆な発想転換が望まれる。

今後一層の展開が期待される政策のひとつは、既存住宅ストックの活用である。住宅数はすでに供給過多となり、ストックの改善や建替えに軸足を移す必要がある。しかし、分譲マンションでは老朽ストックが増大する一方、建替えが円滑に進まないことや空き家の発生などから管理面の問題も懸念される。中古住宅を住まい方に応じ、改造するリノベーションも価格などから取得需要が少なく、事業の伸び悩みも見られる。新築と同様に高地価が住宅価格形成に大きく影響している。これらの原因は大都市での住宅政策に有効な土地政策を絡めた方策が欠如していることにある。

もうひとつは、高齢者の安心居住、住環境の地域管理、地球環境や省エネルギーなどである。これら住環境に関わるテーマは単独でなく住宅供給と一体的に対処すべき課題であり、モデルによる検討を経て住宅供給の方向性を示し、総合的な政策として市場に働きかけることである。

政策実現を市場に期待するには先述の事業リスクを回避する工夫が必要となる。例えば、マンション建替えなどは管理適正化や意思決定の合理化、空き家活用など、公益という点に踏み込んだ法令整備が重要となる。また、成熟社会や厳しい行財政のもとでは補助金などアメを与える方策から事業者に公共性を促す等、むしろ要求水準のハードルを上げ、規制強化する方が望ましい。

こうして過去の住宅政策を振り返ると概して戦略性が欠如していたといえよう。政策は体系的な諸策であり、将来を見通した長期的、総合的視点に立った方策をもたねばならない。

将来問題としての都心居住

鈴木雅之

都心居住に課題はないか

バブル経済以降の都心回帰から二〇二〇年オリンピック開催を控え、臨海エリアの超高層マンション、都心マンションの建設ラッシュが止まらない。高度経済成長期にそうであったように地方から、そしてスプロールした郊外からも人を集め、都心が膨張している。そこに、社会全般で考えるべき課題がある。人口減少が、日本を滅ぼすかもしれないということで、国の政策は地方創生に舵が切られた。人口減少は、なにも地方だけの問題ではない。東京都の合計特殊出生率は一・一五と日本のなかで最も低い。つまり、東京では、子どもは増えてこない。ただ、地方や郊外からの人口流入を受け入れているだけなのである。空き家も増えている。新築をつくればつくるほど、空き家をつくっているということにもなっている。

これらの、現象は将来に大きな課題を引き起こす可能性を秘めている。住宅供給を都市全体で俯瞰して制御するシステムがないために、臨海部だけでなく、既成市街地、住宅地まで超高層マンションの林立は野放し状態である。

これまでも、都市の成長を市場に任せ、容積緩和等の施策で後押しをしてきた政策は、どれだけ将来を予測してきただろうか。数十年後にみる超高層マンションの色あせた風景は、超高層居住そのものの多様な課題をはるかに超えている。これだけ増え続けている超高層マンションは将来、負の遺産にならないだろうか。

ここでは、都心居住を志向する住宅政策を概括するとともに、今後に向けた見通しを考えたい。

都心居住を推し進めた住宅政策の変遷

まず、都市部への人口集中による都心居住について見ていきたい。戦後復興期の一〇年間は、住宅金融公庫の設立、公営住宅法の制定が進み、不燃化、土地の有効活用、建築費の低減、住宅・設備の近代化を実現するため、政府主導で慢性的な住宅不足のための集合住宅の建設が進められた。

昭和三〇年代になると高度経済成長期に入り、地方都心部への人口集中も活発になる。この時期、都心部では市街地住宅の展開や、住宅の高層化が進められた。日本住宅公団は中堅所得層を対象として、RC造の集合住宅の日本への定着を進めていく。一九五〇年代後半から、都心近傍において、牟礼、荻窪、阿佐ヶ谷、ひばりヶ丘、赤羽台などの団地建設が続けられた。

民間主体による集合住宅の供給は、マンションブームを幾度となくつくりあげ、都心において一般大衆に手の届くところに集合住宅を提供してきた。現在、東京都の全住宅に占める集合住宅率は七〇パーセントにも上る。住宅・土地統計調査（平成二五年度）によると、日本の集合住宅率は全国で四二・二パーセント、二位以下では神奈川県五六・一パーセント、沖縄県五五・九パーセント、大阪府五五・二パーセントであるので、東京都の割合がいかに高いかが分かる。

分譲マンションの供給は、区分所有法の制定によって法的な裏付けが明確化され、住宅ローンを利用した購入が可能になったことから始まる。この時期は東京オリンピックの景気浮揚もあり、都心部の高級マンションが主であった。マンション価格が年収の約一〇倍近くだったにもかかわらずよく売れ、第一次マンションブームを形成していった。分譲マンションが一般サラリーマン階層の手にも届いて大衆化していくのは、第二次マンションブームからとなる。

一九六〇年代後半になっても住宅不足は解消されておらず、その目標は「一世帯一住宅」に置かれた。地価の高騰により、戸建て住宅の取得が困難となったが、住宅ローンの普及、民間分譲会社の市場拡大もあり、人々をマンション購入へと駆り立てた。

第三次マンションブームのころからは、ようやく都市部の住宅ストックが世帯数を超え、「量から質へ」と目標が転換され、分譲マンションは都市居住の典型像となっていく。都心部だけでは、人口の流入を受けきれず、立地は地価の安い郊外に移り、都心部の人口が減少し、郊外部の人口が増加するドーナツ化現象という問題を引き起こした。バブル期に入ると都心の地価・住宅価格の上昇もあり、人々は郊外へと流れていったが、バブルが崩壊すると、都心部の住宅所得もしやすくなり、都心回帰が進んでいった。

一九八〇年代ごろからは、超高層マンションという新しい都心居住のスタイルが生まれる。超高層マンションは、バブル期以降現在まで増加を続け、東京都だけでも現在五〇〇棟を超えるといわれている。都心部では、臨海部の工場地帯において、工場の閉鎖や集約化、商業立地の郊外化により大規模な遊休地が生まれ、超高層マンションや大規模マンションへの転換が進んだ。これらの都市再開発事業を進めるうえでは、上昇を続ける土地価格の克服、共同事業化、土地の高度利用、住宅と施設の複合化が課題となり、超高層化や大規模化により地価負担力の向上を図った結果である。

民間も、公団も、公社も超高層マンションを供給し、都心部だけでなく周辺市街地でも超高層マンションが林立していくようになる。そして、高層住居誘導地区の導入、都市再生特別法の施行により、規制緩和、容積率の緩和などが合わせて超高層マンションの建設に拍車をかける。超高層階の暮らしは、これまで経験したことのないもので、さまざまな生活上の課題が警鐘されているにもかかわらず、広く受け入れられている。

都心部への人口集中、超高層マンションという都心居住のスタイルは世界的に見ても際立つ状況にある。先進国でも、アメリカやイギリスでは大都市の人口が減少し、地方の人口が増加している。都心部への人口の一極集中は日本の人口減少のひとつの要因となっており、また都市の唯一の成長モデルではないにもかかわらず、対策は後手に回っている。

将来問題として都心居住を考える

人口減少と都心への一極集中を是正するため、地方創生に関わる「まち・ひと・しごと創生本部」は国の総合戦略として、「現在、年間四七万人の地方から東京圏への転入者を年間六万人減少させ、年間三七万人の東京圏から地方への転出者を年間四万人増加させる」とした。この目標は、東京圏は何もせず、地方から人を東京に出すな、東京から地方へ人をひっぱれ、と地方任せにしているのと同じである。そうではなく東京圏は、国の人口目標に対応して、住宅供給の総量規制をかけ、人口流入を抑えるべきではないだろうか。

前述したように、東京における出生率は他県に比べて極端に低い。人口減少を食い止めるという視点からはこれ以上、東京に住宅を増やさないほうがよい。これらの社会的要因や開発周辺地域のインフラ整備負担増、維持管理費用の増大というマイナス要因も含めて住宅供給の総量規制が必要となるだろう。当然ながら、都心で子どもを産み、育てるという希望を叶えるための制度、社会環境、住環境の整備を急ぐ必要があることはいうまでもない。

超高層マンションの将来も心配である。多くの人々が高層居住と都心居住を好む傾向があり、都市部に続々と建設される超高層住宅は、将来に予想される経済的負担、社会的負担、空き家の増加などが十分に見通されていない。

超高層住宅は超高層建築の建設技術の発展によって実現されたが、将来に予想される外装、設備インフラおよび躯体の更新に関して、維持管理と補修の技術は、必ずしも開発が終わっているわけではない。さらに大規模サービス機能・施設の維持管理コストの負担力がいつまで続くかも未知数である。また、超高層建築という建築形式は、建築の構造技術の発展や、高層居住への慣れなど、建設のための必要条件は整ってきたかもしれないが、社会コストの面だけでなく、都市の地域社会を継承維持できるかどうかは、必ずしも明らかでない。

また、住戸数が千戸を超えて大規模化し、海外の投資家による投資目的での購入が増えることなどによって管理上の問題や、合意形成上の問題が起こりつつある。これらは、超高層マンションの将来問題であり、十分に研究を行い、予防的な政策がとられることが早急に必要である。

人口の一極集中とその受け皿としての都心居住は、それ以外の地域と比べての魅力、利便性などによって支持されているように思われる。勤め先と自宅がともに都心にある職住近接というライフスタイルを多くの人々に提供させている。世帯像や家族像も多様化して、それらの多様性を寛容に受け入れる素地も都心にはある。

だが、熱を帯びている反面、そのマイナスの影響、将来の問題が見えにくくなっているようにも思える。首都圏における住宅の総量規制は、経済団体や民間セクターには受け入れがたいように思える施策ではあるが、いつかはやってくる人口減、世帯減を前提にするならば、需要を先食いして未来の仕事をなくしてしまうよりはよいだろう。国民が将来にわたって安定的に暮らしていくためには、サステイナブルな都市経営が必要で、そのための予防的で、総合的な住宅政策が重要になる。

郊外居住の再生

鈴木雅之

郊外居住はサステイナブルな居住形式だったか

これまでの住宅政策や住宅計画のなかでは、都心と郊外は、別個に考えられてきており、むしろ、都心居住を進める政策、郊外居住を進める政策が、それぞれ綱引きしながら展開してきたといってよいだろう。両者の補完性の関係や対立の関係をトータルに考えられずにである。

最も顕著なのは、高度経済成長期の郊外スプロールに現れる。それぞれの政策が機能せずに、市場に任せきりに進められてきたことで、このような問題が生じているとはいえないだろうか。

現在、都心には超高層マンションが林立している。郊外は空き家が増え続けている。このふたつの現象は循環している。郊外居住の魅力が薄れ、都心の超高層マンションを求め、さらに郊外の空き家が増え、魅力がなくなるという負のスパイラルである。

海外での住宅地の再生や開発で用いられる「サステイナブル」という理念には「開発が後世につけをまわさないこと」という思いがあるが、それに当てはめてみると、戦後、急激に形成されたベッドタウンとしての郊外はそれとは対極にあり、緑の豊富さをのぞけば、サステイナビリティはほぼゼロといっていい。

郊外は、将来ビジョンを描けずに、このまま放置されるとどうなってしまうのか。

ここでは、郊外居住を志向する住宅政策を概括するとともに、将来に向けた見通しを考えたい。

郊外居住と住宅政策の変遷

二〇世紀初頭、イギリスの田園都市思想の影響を受け、小林一三、渋沢栄一、五島慶太らの民間の鉄道会社による沿線開発があった。そこには、自然環境が優れた郊外に持ち家で健康な生活を送りながら、豊かなライフスタイルが提案されていた。

戦後および高度経済成長期に都心部への人口集中を受け入れるようになると、郊外開発にも変化が生じていく。都市部の地価高騰が始まり、また都心部だけでは住宅開発の適地が減少したため、地価が比較的安い郊外へ開発地を求めていった。そこで、ニュータウン開発が相次いで進められていく。ただ、日本のニュータウン開発はイギリスのそれをモデルにしたが、イギリスでの職住が近接した自立的なものではなく、ベッドタウンとして開発されてきてしまった経緯がある。

そのようななか、日本住宅公団、東京都、東京都住宅供給公社、区、市が団地、郊外ニュータウンの開発によって団地を大量に供給し、それからユーザーに受け入れられていくようになる。団地の建設は、団地計画手法の開発、高層高密住棟の開発、住宅部品の大量発注、建設生産の工業化によって集合住宅の設備の近代化、コストダウン、大量供給が可能になり、集合住宅の住まいを庶民にも手の届くようにした。ニュータウン開発では、賃貸・分譲両方の団地供給が二〇〇六（平成一八）年まで繰り広げられた。

分譲マンションが一般サラリーマン階層の手にも届いて大衆化していく第二次マンションブーム、第三次マンションブームのころから、土地の高度利用、大規模化され、地価負担力を向上させることにより分譲価格を抑えるようになる。東京だけでは人口の流入を受けきれず、立地は地価の安い郊外に移り、首都圏では、神奈川、千葉、埼玉に住宅の立地が一斉に広がっていく。そこでは、計画的なインフラ整備がなされず、宅地化が虫食い状に進む、無秩序な計画が郊外を飲み込む、いわゆるスプロール現象を生み出していく。

第三次マンションブームのころからは、戦後生まれのベビーブーマー（いわゆる団塊の世代）が世帯形成を図る時期と重なり、市場ターゲットとしてそのボリュームゾーンを目がけて、デベロッパーも大衆化路線を打ち出していった。マンションでは、住戸規模をサラリーマン階層に手の届くように小型化したファミリーマンションとなった。間取りは、五〇～六〇平米程度まで小型化された住戸に、核家族が暮らすための部屋を小さくして部屋数を増やし、間口を狭くする典型パターンが生まれた。

バブル期に入ると、都心の地価が上昇し、住宅の分譲価格は年収の八～九倍にも跳ね上がった。人々は住宅を求め、郊外へと流出していく。郊外のさらに外側の「遠郊外」という言葉も生まれるほど、通期距離の限界は延長されていった。そこでは、郊外の良さを生かすコンセプトが欠落しがちで、展開されるべき郊外で豊かに暮らすというライフスタイルが見えにくくなっている。

さらに、郊外においては問題が山積みである。開発されてから三〇～五〇年を経過し、団地の建替えやエレベータの増築など大がかりな改修の事例も増えてきている。ただ、建替えの円滑化に向けた制度的対策がなされたが、単棟型マンションが主対象であり、団地の建替えにおいては、合意形成に限界が依然残されている。

また、人口減少や住民の高齢化にともない、空き家の増加、商店街の衰退などさまざまな課題が噴出してきており、ライフスタイルや生活者ニーズの変化もあって、住宅政策だけでコントロールできないことが多い。

近年、郊外化やスプロール化を抑制し、地域を集約していくコンパクトシティの議論が始まり、都市計画マスタープランや、街なか居住の推進といった住宅政策に位置づけられ、展開される例も見られるが、郊外そのものをどうしていくかという大枠の方向性が見えてこない。

一方で、郊外住宅地の課題を自身に課せられた課題と捉え、住民組織やNPOなどによる郊外地再生や活性化の取組みや、地域住民主体によるエリアマネジメントの取組みが見られるようになってきている。

郊外居住の再生とセカンドステージのまちづくり

住宅政策の目標は、高齢化する現居住者が安心・

安全に住むことができ、同時に新しい居住者を地域に呼び込むような魅力ある郊外の再生を実行することにある。郊外住宅地の再生の場合、ベッドタウンとして開発されてきた郊外の更新ではなく、創造的で自主的なな「まち」をめざすべきである。

それはエリアで郊外住宅地を捉えることから始まる。日々の生活の快適性や利便性という視点からみると、郊外の住宅地の課題はその住宅地内だけのものではなくなる。ハードに焦点を当てれば、住宅地のなかでの制度的・技術的な対応で完結することも可能だろうが、住民の生活は自らの住宅地内で完結するものではないし、むしろ周辺地域一帯のエリアに広がっているものである。エリアのなかで、高齢になっても歩いて暮らせるような施設配置、住替えができる仕組み、住宅地としての価値を高めることを考える必要がある。たとえば、ユーカリが丘(千葉県佐倉市)は、エリアのなかで居住する世代を分散化する供給方式、住替えの仕組み、交通システムなど、長期的でサステイナブルな街づくりを考えた参考になる事例である。

団地やニュータウンの再生も大きな課題である。郊外の団地は、バブル期には余剰床を分譲する等価交換型の建替え計画が持ち上がるも、バブルが終焉を迎え、頓挫していくものが少なくなかった。団地の建替えや大規模リノベーションのための制度的・技術的な対応方策は整備されつつあり、全国的に見ると、建替え、増改築などの実例もみられるようになってきた。ところが、都心部のマンション建設ラッシュや都心回帰の影響によって、郊外の団地がおかれる事情はますます悪化し、従来の団地全体を一斉に建て替えるような再生は困難な状況となっている。

そうなると、部分建替えやリノベーションなどの別の道を探ることになるが、いずれにしてもハードを中心とした団地再生では、長時間を要するか、再生自体が困難な状況にある。老朽化が進むにつれ、放っておくと団地が見捨てられることにつながりかねないといえる。今後、建替えやリノベーションが選択されない団地では、団地全体で粛々と計画修繕が進められながら、住戸内では所有者が自身の責任でリフォームや補修を行い、住み続けることになる。しかし、それさえも困難な人たちのための支援が必要である。

現在、築後三〇年以上を経過した住宅には空き家が増え始めている。住宅は「個」が単位で、住宅地全体の責任とは関係がないものだったが、空き家の増加によって、個の問題が住宅地全体の問題に転化されるようになってきた。空き家は管理上の障害になるだけでなく、住宅地の活性の低下をもたらすことにもなっている。

二〇一五年に「空家等対策の推進に関する特別措置法」が施行され、問題のある空き家「特定空家」に対しての対策がとられるようになったが、あくまで対処療法的である。空き家単独で考えていただけでは空き家問題を解決することは難しい。空き家率を、今後〇年で〇%にする、といった数値目標を立て、総合的、包括的な郊外の空き家流通の仕組みを組み立て、郊外居住を再定義した政策が求められる。多様な分野を連携させて、エリアの魅力、地域ブランドを高めることはもとより、都心居住とは異なる環境のなかで、居住支援が整えられるような空き家活用である。

郊外居住のさまざまな課題と未来に向けた取組みは相互に関連しあっている。それらを支える政策は、住宅政策だけでは解決できず、都市、福祉、経済、教育など多くの政策との連携と包括性が必要になる。

5

環境・エネルギー、防災への対応

地球環境・エネルギーと住宅政策

楠亀典之

暮らし方に直結する地球環境問題

住宅・建築物のエネルギー消費量は全エネルギー消費量の三分の一を占め、産業部門や運輸部門の消費量が減少傾向にあるなか、ライフスタイルの変化や使用機器の増加により、住宅部門のエネルギー消費量はここ二〇年で約二割増加している。地球環境やエネルギー問題は、国内のみならず世界共通の課題であり、住宅の省エネも強く求められている。

地球環境問題というと漠然としたものとなるが、気候変動によるゲリラ雷雨や大雨は、河川氾濫や斜面地崩壊の発生可能性を数倍に高め、温暖化による海面水位の上昇は浸水リスクの高いゼロメートル地帯の面積を増加させる。仮に海面水位が六〇センチ上昇すると、四〇〇万人が居住する三大湾（東京湾・伊勢湾・大阪湾）のゼロメートル地帯は、面積・人口ともに五割増加することも予測されている。これらは一例だが、気候変動にともなう災害リスクは全国どこであろうとも非常に高くなり、われわれの生活に直結する安全が多方面から脅かされかねない。

一方、地球環境問題は人の暮らし方や経済活動に起因しており、住宅や暮らし方は地域の環境に適応していくものである。このため、この問題を考えることは今後、われわれがどのような暮らし方や住宅を求めるのかが問われている。

個別課題対応から総合的な課題対応への変遷

地球環境やエネルギーの対象は幅広いが、これまでの取り組みの概流は次のようになる。

一九五〇年代から一九六〇年代にかけて、都市化や工業化にともなう公害が社会問題として顕在化し、一九六〇年後半以降は、環境汚染や自然破壊のほか振動や悪臭など、さまざまな対策法が制定された。このなかで、一九六七(昭和四二)年に制定された公害対策基本法では、公害の個別発生的な規制から総合的な対策に切り替わり、環境面からはじめて土地利用規制などが行われるようになった。

一九七〇年代は、エネルギー資源が石炭から石油へと転換し、大量生産・大量消費・大量廃棄時代の始まりとなる。この時代、一九七三年と七九年に二度の石油危機に見舞われたため、七九年には住宅政策に大きく関わりをもつようになる「エネルギー使用の合理化に関する法律」(以下、省エネ法)が制定された。ただ、当時の省エネ法は、エコ思考の視点はなく、限られたエネルギーを効率的に活用するためのものであり、以後、策定された省エネ基準もエネルギー使用量の抑制に視点が置かれている。

一九八〇年代から九〇年代以降は省エネに加え、地球環境問題の時代に入る。日本が省エネ法を策定したころ、国外に目を移すと世界的な温暖化、生物多様性、持続的な開発など、地球規模で対応すべき課題が指摘され始めた。一九九二(平成四)年にリオデジャネイロで開催された地球サミットで、これらの課題が本格的に議論され、これ以降、各国の政策も地球とどう向き合うかが求められるようになっている。

現在、福島原発事故によりエネルギーの自立化やマネジメントが重視され、地球環境問題とエネルギー問題に対応する取り組みが広がりを見せている。

これらのなかで、住宅政策と密接に連携してきたものとしては省エネ法が挙げられる。省エネ法では、すべての住宅は省エネ基準を満たすことが努力義務と定められ、二〇〇六(平成一八)年以降は一定規模以上の住宅について省エネ基準適合の届出が義務化され、段階的に対象建築物を拡大させている。しかし、地球温暖化による世界規模の異常気象が深刻さを極めているなか、目標削減量は一向に実現せず、二〇一四年に「新たなエネルギー基本計画」のなかで新築住宅の適合義務化が閣議決定された。適合義務化は二〇二〇年からとなるが、すべての新築住宅が対象となるため、緩く規制・誘導していた段階から、飛躍的に住宅の省エネ化は推進するとともに、関連する生産システムや住宅産業のあり方を大きく変えるきっかけとなる。しかし、欧米や韓国では、すでにより高いレベルの省エネ基準への適合義務化を実施しており、日本は環境先進国に仲間入りしたにすぎない。省エネ以外の幅広い地球環境問題への取組みでは、九〇年代以降、公的セクターが中心となって建設した環境共生住宅がある。環境共生住宅は、省エネはもちろんのこと、省資源や健康性、地域の生態系やコミュニティなど、幅広い要素が考慮された計画となっており、現在でも高い評価が得られている。しかし、モデル的な取組みが多く、また、先に示した省エネ対策の本格化に影を潜め、普及レベルには至っていない。現在、公的セクターだけでなく、民間事業者でも、環境を幅広く捉え計画する取組みは増えつつあり、今後の展開が期待されている。

──今後求められる視点と方向性（多様性・ストック対応・他分野連携）

省エネ法以降、日本の住宅における省エネ性能や技術などは格段に向上しつつあるが、日本の気候風土やニーズに合った住宅のあり方に関する議論は今後の課題となっている。

現在普及している省エネ住宅は、高性能設備機器、太陽光パネル、高断熱が基本となる三点セットと、エネルギーの消費実態を見える化し、居住者の省エネ行動を促すＨＥＭＳ（Home Energy Management System）の組み合わせが大半である。普及する背景には、省エネ基準の評価指標が設備性能と断熱性能の数値のみで簡易に計算できるプログラムが公開されていることも大きい。これらの住宅は、暮らし方を変えずとも、さらには、より大量のエネルギーを使用する暮らし方となっても、住宅性能の高度化によりエネルギー使用量が抑制されるという点では効果が高い。スマートハウスと呼ばれる所以である。

一方、同じ省エネでも、最先端の設備機器やＩＴ制御による省エネ化や快適性とは別の流れもある。太陽の熱や自然の風を採り入れるなど、設備機器に極力頼らず自然エネルギーを用いて快適性と省エネ性を確保するパッシブ住宅の方向性である。日本でも九〇年代以降、環境共生住宅などではこれらの方向性が示されてきたが、評価指標が確立または認知されていないため、有効性は理解されつつも、住宅施策として積極的な取組みはなされていないのが現状である。また、京町家などに代表される伝統的住環境技術を活用した建築的工夫や暮らし方も、建築学会や有識者などから評価されているものの、客観的データによる評価分析が蓄積されていない。

ひとつめの課題としては、これら多様性のある省エネ技術や工夫をいかに普及させるかである。たとえば、消費エネルギー一〇〇〇の家庭が設備機器と断熱性能により九〇〇抑制したものと、消費エネルギー二〇〇の家庭が住宅性能により二〇〇抑制したものとで、エネルギー使用量の合計は同じ一〇〇であっても、エネルギー資源使用量に相違があり、住宅と暮らし方はまったく異なる。

社会資本整備審議会「今後の住宅・建築物の省エネルギー対策のあり方について(第一次答申)」(二〇一五年一月)においても、「安全に係る規制とは異なり、建物間での連携した取り組み等により街区全体として省エネルギー化が達成されれば、個々の建物において一律の対応を求める必要は必ずしもない」と省エネの特質が指摘されているところである。住宅政策においても一律の基準で住宅性能を規定するのではなく、多様な暮らし方が享受できる住宅づくりを追求すべきであろう。このためにも、パッシブ技術など柔軟な指標の確立や周知、暮らし方とエネルギー使用量の実態分析が不可欠である。

次に、多様化の視点だけでなく、膨大な既存住宅の省エネをいかに進めるかということも大きな問題だ。日本の住宅ストックは約六〇〇〇万戸あり、年間一〇〇万戸に満たない新築住宅で対応するだけでは限界がある。既存ストックの省エネ化技術開発は途についたところであり、コスト低減や工務店の育成、検査機関の体制整備など共通した実務的課題への対応も急がれる。

山積する課題を一朝一夕で解決することは難し

い。しかし、地道ながらも地域固有の住宅や暮らし方、住宅産業の実態を把握したうえで、住生活基本計画などのなかで政策的な方向性を明確に打ち出し、地域に応じた体制強化や技術支援にあわせ、環境教育や国民運動によるソフト施策の展開を通して民間市場を拡大・誘導していくことは、重要な取組みのひとつとなるだろう。

最後に、少子高齢化時代においては、子育てしやすい環境整備や医療・介護費の削減は重要課題である。これに住宅政策としてはどう対応するか。省エネ住宅の普及推進はひとつの解となる。まず、子育てしやすい環境整備に対しては、生活費の三〜五パーセント程度（総務省「家計調査」）を占める電気・ガスの費用を軽減させる効果がある。仮に、発電する電力量が消費電力量より多いゼロ・エネルギー住宅が普及すれば、月三〇万円の生活費がある世帯では、一万五千円程度を子育て費用に振り分けることも可能となる。また、高断熱化された住宅では、高齢者の血圧上昇が抑えられることから、家庭内事故の減少や、健康寿命への効果が見られ、医療・介護費の削減が期待される。省エネ住宅の供給を推進することは、地球環境問題に対応した住宅政策としてだけでなく、日本の少子高齢化時代にも適合したものとなる。

このためにも、住宅や暮らしを取り巻く福祉や医療、生活支援など、幅広い分野との連携を通した一体的な取り組みが、今後より一層必要とされている。

5

環境・エネルギー、防災への対応

防災まちづくりと住宅政策

中川智之

住宅施策を含めた総合的な防災まちづくりへ

二〇一三年、東京でのオリンピックの開催が決定され、東京の下町に残る木造密集市街地があらためてクローズアップされている。海外でも、「モクミツ」という名称で話題になっているときく。既成市街地における防災といえば、二〇世紀の負の遺産と揶揄された木造密集市街地がその代表であるが、これまでさまざまな政策が投じられたものの、この数十年、飛躍的な改善には至っていない。また、防災といえば、なにも木造密集市街地だけに限った問題ではない。全国的に、地震・津波災害対策は課題であるし、原発事故まで含めると非常に幅広いテーマである。しかし、これまでの対応を見る限り、災害対策と住宅政策は直接結びつかない別個のものとして考えられてきたことは否めない。こうした問題意識のもと、本稿では、過去の災害の経験を踏まえながら、ハード面での災害対応だけでなく時間軸を考慮したソフト施策や人的対応、地域の持つ固有の資源、増加する高齢者への対応や地域コミュニティの再生など、災害に向き合う住宅政策のあり方について考えたい。

戦後の災害対策の系譜
――伊勢湾台風が戦後の災害対策のきっかけ

一九五九(昭和三四)年九月に発生し、五〇〇〇人を超える死者・行方不明者を出した伊勢湾台風が、戦後の災害対策のきっかけとなったといわれている。この台風被害を受け、一九六一(昭和三六)年に災害対策基本法が制定され、本格的な戦後の防災体制づくりが始まる。とりわけ大都市圏の人口増加により、都市における防災性の向上は必須の課題であった。関東大震災と戦災による被害を経験した首都圏、とくに東京では、災害基本法にもとづき東京都防災会議が設置され、地域防災計画(震災編)がはじめて策定された。その後、わが国では中央防災会議(一九七五年)において、「当面の防災対策の推進について」が決定され、人口や産業が集中する都市圏の既成市街地で、大地震発生時に著しい被害を発生するおそれのある地域について、防災施設の整備事業や市街地再開発を進める指針が示される。ちょうど同年、東京都では、「地震に関する地域危険度測定調査報告書」が策定され、現在実施されている地域危険度のベースがつくられた。

巨大地震の予知を想定した対策へ

また、東海大地震の発生懸念から、大規模地震対策特別措置法(一九七八年)が制定され、巨大地震の予知を想定した対策が整備された。これにより、巨大地震の事前予知と防災体制を結びつけて災害対策を講じることが位置づけられた。一方、東京都では、一九八〇(昭和五五)年に「防災生活圏構想」が提言され、小中学校区程度の規模で防災生活圏を設定し、防災分野でのコミュニティ形成を育てることの重要性が示された。その後、木造賃貸住宅地区総合整備事業や住環境整備モデル事業をはじめ、東京下町を中心に広がる木造住宅密集地域(以下、密集市街地と呼称)の改善事業を展開していく。

阪神・淡路大震災を契機として密集法が制定

一九九五(平成七)年に発生した阪神・淡路大震災は、明石海峡を震源地として、死者約六四〇〇人に及ぶ都市型の大災害となった。そして、二年後の一九九七年、密集市街地における防災街区の整備促進に関する法律が制定された。その後、二〇〇三年には、都市再生プロジェクトの第三次決定を受け、全国約八〇〇〇ヘクタールを「地震時等において大規模な火災の可能性があり重点的に改善すべき密集市街地(重点密集市街地)」として公表し、二〇一一年度までに最低限の安全性を確保することが目標とされた。

また、二〇一三年には、密集市街地の改善を促進するため、これまで燃えにくさの指標として定めていた「不燃領域率」に加え、災害時の地区内居住者の人命確保の観点から逃げやすさの指標として「地区内閉塞度」が新たに指標化された。

こうした国の動きと呼応するかたちで、東京都においては一九九六年に防災都市づくり推進計画を改定し、重点整備地域として約二四〇〇ヘクタール、一一地区を指定し、街路事業などの基盤整備事業と建物の共同化および沿道の不燃化を進める修復型事業などを重点化し、実施することとした。

──東日本大震災を契機として被害想定の見直しへ

さらに、二〇一一年に発生した東日本大震災を契機として、首都直下地震における被害想定が見直された。二〇一二年には首都直下地震など四パターンの地震で起きる新たな被害想定を公表。二〇〇六年の想定では東京湾岸部を震源とする首都直下地震で最大震度は六強だったが、最大震度七の地域が新たに加わり、最大震度六の地域も拡大、死者数は約六四〇〇人から約九七〇〇人に増加した。首都直下地震の切迫性や東日本大震災での被害を踏まえ、東京の最大の弱点である密集市街地の改善を一段と加速させるため、「木密地域不燃化一〇年プロジェクト」を展開。東京オリンピックが開催される二〇二〇年度までに市街地の不燃化促進と延焼遮断帯の整備を重点的に進めるとされている。

──インフラの復旧・復興と住宅政策との乖離

二〇一一年六月の「復興構想会議──復興への提言」では「減災という考え方」が明示された。「『減災』とは自然災害に対し、被害を完全に封じるのではなく、その最小化を主眼とすること。そのため、ハード対策、ソフト対策を重層的に組合わせることが求められる」とされている。この考え方にもとづけば、復興に向けては必然的に防災対策だけでなく避難計画や地域コミュニティを醸成するまちづくりや住宅・住宅地計画の復興計画への依存が大きくなる。しかし、現実はインフラ被害の激甚さからインフラを中心とする復興計画が優先され、復興まちづくりや住宅復興との十分な連携が図れず、住民意向とかけ離れた長大な防潮堤の整備や、大造成型の防災集団移転促進事業、土地区画整理事業が実施されたことも否めない。

住民の災害に対する意識変化の兆し

これまで、国や東京都を中心として災害対応の取組みを見てきたが、市民や民間企業の取組みはどうであろうか。ひとつには、市民の自主防災意識の高まりがある。全国的に、平常時から防災に対する事前対策意識が高まっている。現在、震災の事前対策として地域住民が主体となって逃げ地図を作成するなど平常時から震災の事前対策に取り組んでいる地域も多い。

また、東日本大震災では、大量の応急仮設住宅の整備が求められ、その多くがプレハブの仮設住宅で賄われたが、福島県内では、プレハブ仮設住宅だけでは供給が間に合わず、地元工務店による木造仮設住宅も大量に供給された。木造仮設住宅の供給が可能になった理由としては、震災前の平常時から工務店間の連絡協議会が機能していたことがあり、平常時からの事前対策の重要性が再認識されている。

一方、震災を契機に、リスクマネジメントの視点がクローズアップされている。住宅分野では、太陽光発電などによるエネルギーの自立化や非常用のコージェネレーションシステムが注目されるなど、災害時のエネルギーの自立化は、産業業界だけでなく、一般市民レベルでも浸透しつつある。

以上のとおり、わが国における戦後の災害対策の流れを概括したが、過去の災害の経験を踏まえ、さまざまな施策が講じられてきたものの、これまでの政策を総括すると、災害が起こった後の後手に回った災害対策、多様な政策を講じるも改善効果が見えない、縦割りで場当たり的、体系的な施策の欠如などが反省点として挙げられるのではないだろうか。一方、社会状況や時代状況の変化もあり、災害対応の考え方も公主導のハード整備事業から、官民連携によるハードとソフトの連携による対応に変化しつつあるといえる。

今後求められる防災まちづくりと住宅政策

東日本大震災の経験を踏まえ、すでに新たな取組みの兆しがあるが、今後求められる防災まちづくりやそれに関係する住宅政策として次の観点が重要であると考えられる。

ひとつは、長期・体系的な政策展開と喫緊の課題への機動的な対応の両輪展開の必要性である。面的に広がる災害危険地域を一律網羅的に改善することは時間もかかり、改善効果も低い。重点箇所に的を絞った重点施策の投入、事業と規制誘導の両輪展開、住民への啓発による防災意識の強化など戦略性を持った施策展開が求められる。

また、住民・事業者などの危機意識を高め、行政と市民・事業者との協働による災害の事前対策など、平常時からの事前準備を講じておくことが求められる。とくに減災・リスクマネジメントの視点を持つことは重要で、災害対策をひとつの方法だけに限定するのではなく、複数の手法を講じることで災害対策する必要がある。たとえば、福島第一原発事故後の計画停電においては、オール電化住宅の弱点を露呈した。ひとつのセグメントだけに頼るのではなく複合的な対策を講じることやリスクゼロからリスク軽減への意識の変化も重要である。一〇〇パーセントのリスク回避は不可能であり、身の丈に合った防災の観点から対策を講じる必要がある。

一方、地域には、高齢世帯や単身高齢者も多く、ハードな災害対策だけでなく、地域のコミュニティ再生や地域のバリューアップの視点で災害を考えることも求められる。さらに、住宅市街地の持つ住環境や街並みと防災の両立の視点も重要である。たとえば、墨田区京島など、東京の下町には今なお、密集市街地が残されているが、ヒューマンスケールで居心地の良い下町風情を醸し出している。歴史的に培われてきた住環境を残しつつ防災性能を向上させる、一見矛盾する対応をいかに両立させるか、ドラスティックな面的整備による改変だけでなく、今ある住環境をベースにした修復型の対策も重要ではないだろうか。

これからの暮らしと住まい

井関和朗

住宅計画の視点

これから迎える人口減少社会を豊かなものにするために、住宅政策は今後どのような方向へと軸足を置けばいいのであろうか。住宅計画の原点は家族の小規模化や分散化などに応じた家族像と家庭生活のあり方を描き、その反映としての空間のあり方を示すことである。またこれによって住宅の質の向上と生活の豊かさが獲得されていくものであろう。昭和の高度経済成長の時代、産業構造の変化にともなって大きく変わった日本の家族像は、その後の産業構造や就労形態、個人の価値観の転換によってさらなる変様を遂げつつある。共働きを標準とした現代の夫婦像や、若年世代の晩婚化、未婚率の増加は、少子化という社会現象を生み出している。そうしたなかで新たな集合の形態や、分散化する家族をつなげる住まいの計画論が求められている。

課題解決にあたっては従来の住まいの範疇に囚われ、住戸内に課題を限定することなく、暮らしの一部、生活空間のひとつとして住まいを捉えての解決の提案が必要とされる。また、ＳＯＨＯ型住宅やアトリエ住宅、複数個所での居住などの各種の複合的な居住も今後の新たな都市型住宅として注目したい。

住宅政策と都市政策が別々に語られることによる弊害もいわれて久しい。住宅計画は、空間的にも住戸内から共用部を経て公的領域、都市空間へと連続する問題意識が必要とされる。また各種施設やソフト対策も住宅政策に必要不可欠といえ、生活支援の仕組みなど社会サービスや施設計画を含む大きな枠のなかで、居住の質を高める住まいの課題を捉える必要がある。まちづくりについても住宅計画と連携した計画が求められ、ハードとソフト、住宅と都市、複数の政策が相互に関連しながら立案され、目標とする豊かな暮らしが実現されることをめざしたい。

住まいをめぐる環境の変化、団塊、団塊ジュニア世代と戦後の住宅

——団塊の世代と戦後の住宅

これまで見てきたように住まいをめぐる戦後以降の変化を振り返ると、団塊（一九四七～四九年生まれ）と呼ばれる世代の動向が大きく都市政策や住宅政策、住宅計画に影響してきたことがわかる。この世代は年間二六〇万人を超す出生数があり、多くは青年期に都市部に移り、単身での寮暮らしやアパート暮らしをし、世帯形成、団地暮らしなどからやがて一戸建住宅の取得をめざしていった。その流れは「住宅すごろく」と名づけられ、当時の住まいのステップアップモデルと捉えられていた。都市部では圧倒的な人口の流入に対応した都市開発や住宅建設、生活基盤整備、教育・福祉等の生活面に至るまで、多くの制度や政策が実施されていった。また、戦後の新たな価値観を身につけたこの世代はニューファミリーといわれる新しい家族像を描きながら、量の充足から質へと移行する住ニーズをつくり出し、住まいの多様化の動きをけん引する。

しかし、バブルの時代に入り、このステップアップモデルは崩れる。不動産価格は大きく値上がりし、住宅地はさらに遠隔地化するなか、団塊世代はひたすら忙しく仕事をするが、その後経済は停滞し、「失われた二〇年」へと社会は入っていく。団塊の世代は社会の中軸を担うものの社会の高齢化は徐々に進行し、まちづくりや住まいづくりにおいても高齢化対応が必須のテーマとなった。

——団塊ジュニア世代の登場と新たな課題

一方、一九七〇年代になり、次のボリュームゾーンの世代が誕生する。第二次ベビーブーム世代や団塊ジュニア世代と呼ばれるこの世代は、数的に

は団塊の世代ほどではないが年間一六〇万人から二〇〇万人の出生数を有し、シンプルで素材感を重視したデザインや環境、情報、エネルギーといったテーマを住宅に求めると同時に、家族の分散化や少子化といった新たな課題を社会に提示する。

団塊ジュニア世代（ここでは広義に一九七〇年代生まれを指す）は、高度経済成長のなかで生まれ、バブルのなかで成長するが、就職などで社会に登場する一九九〇年代にはすでにバブルの崩壊が起きていた。就職は氷河期といわれ、会社では親世代である「団塊」がすでに多数席を占め、若い人の派遣労働などが増えてきた時代でもあった。その後も経済の回復は進まず、団塊ジュニア世代は「失われた二〇年」のなかで社会生活を余儀なくされた世代であった。この時期、少子化対策も課題になり、子育て支援の基本的方向として「エンゼルプラン」（一九九五年）や具体的実施計画として「新エンゼルプラン」（一九九九年）などの政策も打ち出され始めたが、バブル崩壊後の低成長経済のなか、住宅計画論は経済要因に押しやられ、団塊ジュニア世代の家族像やライフスタイルを明示できず、従来の計画論を脱皮するエネルギッシュな展開は見られなかった。社会環境、経済状況に加え、多様化するライフスタイル、ワークスタイル、生活価値観の変化の影響もあり、結果として団塊ジュニア世代の晩婚化、未婚化が顕著になるボリュームゾーンとしての次の世代を形成しないまま、社会は当分少子化と人口減少が続くとされている。

この人口減少時代の社会に、どのような住宅政策が必要なのであろうか。成熟社会のもと、既存の住宅や施設のストックを有効に活用する必要があるが、いまある計画的住宅地をみると、施設面においても多くの課題が目につく。近隣住区の中心であった小学校は閉校となり、街の構造があいまいとなりつつある。また商業街の店舗の多くはシャッターが下り、現在必要とされる施設やサービスを導入する有効な解が見出せていない。今ある資産を有効にマネジメントし、暮らしを支えるハードとソフトの新たな政策提案が望まれている。

成熟社会に向けての「住宅計画」

すでに述べたように、団塊の世代は二〇世紀の住宅計画に大きな影響を及ぼしたが、今後は団塊ジュニア世代に注目して二一世紀の住宅政策に求められる流れをうらなう必要がある。家族の形態も、昭和の核家族モデルから大きく変化し、団塊ジュニア世代では単身化、小世帯化、共働きの一般化が進行しつつある。人口減少社会をより豊かなものにするために、住宅計画はどのような住まい像を描き出せるのであろうか。団塊ジュニアの生活を想定しつつ、人・場所・時の三つの視点を定め、「人の視点・家族」「場所の視点・街づくりと住まいづくりの連携」「時の視点・子育て」から、まずは当面直面する課題についての可能性を考えたい。

家族をめぐる新たな動き、分散していくなかでの人のつながり

国民生活白書で一番大切なものは？　との問いに対して「家族」という回答が一位となっており、その割合はさらに増えつつある。単身居住が増えるなかで、あるいは増えるからこそ家族は大切なものとして意識されており、シェアハウスなど新たな集合を模索する動きもある。また従来からいわれている「スープの冷めない距離」での近居や隣居という選択肢もある。団塊ジュニア世代にとっては高齢化する家族の見守りや介護など親世帯のニーズもあり、地域内での連携は家族の生活と地域生活をつなぐ意味でも、穏やかだが可能性を含んだ解決策のひとつを示している。また、公共住宅の運用の工夫や空家の活用といった住宅政策上の展開も考えられる。

こうした変化に応じて居住の質を高めるために、住宅と都市は、空間的にも機能的にも連続したものとして考えたい。かつて多摩ニュータウンなどで計画された街路型住宅や、最近では東雲キャナルコートなどで試みられた共用部に住戸を開く集合住宅での取り組みをこれからも継続させたい。また施設と住宅を一体的に計画し、SOHO住宅やアトリエ住宅といった新たなライフスタイル、ワークスタイルが繰り広げられる空間提案や、これから増えると予想される空き家に着目して、

それらを有効にマネジメントできる手法にも注目すべきだろう。

――子育ての場としての団地、次世代への継続

子育ての推進は社会が求める重要なテーマといえる。かつて地域社会にはそれぞれリーダーがいて、地域の産業、経済と同時に暮らしを仕切り、独自色のある祭りの運営などが長い年月をかけて育てられてきた。では昭和生まれの集落「ニュータウン」や「団地」はどうか。計画的住宅地の総合的な空間の魅力を多くの人に認めてもらうと同時に、団地やニュータウンで生まれ育ち、空間の特徴、魅力を十分自らの感覚に刷り込んできた「団地っ子」という人材が故郷を支え、自らの子育て環境として団地を選び世代の連続を形成していく気運がここにきて生まれつつある。豊かな住環境の次世代への継承に向けて団地やニュータウンの持つ自然の豊かさや安全な子育て環境に着目し、住宅計画、住宅政策として重要課題である「子育て」と「団地・ニュータウンの活性化」をつなぐ種々の活動や支援を求めたい。

このほかにもまだ多くの課題が住まいと暮らしの分野に存在している。歴史を振り返ると、同潤会しかり、住宅営団、公営、公庫、公団しかり、調査や研究を踏まえて住宅計画の新たな試みや事業を行ってきた組織や人材の多くは、官と民と中間的組織にまたがっている。また、戦災や大きな災害からの復興のなかで新たな提案に至っているケースも多い。東日本大震災を経験し、いままた私たちは新たな住宅や施設の提案が求められている。これからの住宅問題を考え、切り開く組織や人材と課題解決に向けた総合的な政策が必要な時期なのである。

住宅の生産システム

奥茂謙仁

戦後日本の住宅生産の移り変わりと到達点、今後の課題

戦後の住宅政策は、居住福祉よりも建設促進を主眼に展開されたが、終戦直後は民間市場への依存は難しく、四二〇万戸の住宅不足に対応する公共住宅供給、とくに賃貸に関しては、公共賃貸住宅の直接供給にその役割が委ねられた。

それらが国の主導で展開された結果、団地計画手法の標準化、標準設計の開発、生産工業化の技術開発や部品化、構法・施工技術の開発などが公共主導で進められ、今日の住宅生産技術や産業化、団地計画・設計技術の基盤を構成するに至った。このような〈早期、大量、良質〉をめざした住宅生産スキームは、大量供給時代のわが国の主要な価値基盤を形成した。

こうした歴史を経て、一九八〇年代以降は政策の主眼が徐々に民間産業育成に向けられ、住宅生産技術の民間への移転を図り、供給の担い手が徐々に民に移行された。二〇〇〇年以降は民間市場を視野に入れた住宅政策へと再編され、バブル期以降現在までの市場政策により、住宅供給の主役は民間市場に委ねられた。その結果として、市場に即した住まいの商品化や少量多品種化が昂進し、公共による大量供給に始まった日本の住宅供給も、ようやく民間市場が主体の成熟型産業へと移行したかに見えた。

一方で、二〇一一年に発生した東日本大震災により、広範な被災地において早期に住宅の大量建設が求められる事態に至った。しかしながら、大規

模住宅地の計画設計技術や、公共住宅の大量建設のノウハウはもはや失われつつあり、図らずも大規模災害時における住宅供給に即時的に対応することが困難な状況を露呈してしまった。住宅の大量生産、大量供給に始まったわが国の住宅生産スキームが、民間への移行、市場化が促進された結果として、緊急的な大量供給の要請には必ずしも十分に応えられないという、皮肉な状況に至ったのである。

今後、東海、東南海、南海などの巨大地震も予測されるなかで、大規模災害からの復興に必要となる住宅地の計画・設計技術や大量建設のノウハウを継承し、有事に備えておくことが緊要な課題となっている。

公共住宅の計画・生産技術水準を担保した公的担い手の存在

公共住宅の社会的役割のひとつとして、その計画・生産自体に加え、技術・品質水準を確保・継承する手法の先導があった。その黎明期を担う住宅営団が一九四一(昭和一六)年に設立され、大量の住宅を安価に供給するために、計画・生産面の技術革新や、住宅建設の各分野を担う建築技術者体系が生み出された。不特定の居住者に対応する住宅の「型」の確立、将来の技術者や建築技術の基盤づくりが企図され、その取組みの姿勢が後の住宅産業化の礎に色濃く反映されている。

戦後の社会的混乱期においては、戦前からの技術継承に加え、法整備や住宅供給の方針づくり、組織体制などの整備がなされた。国の主導で住宅の設計方針が定められ、居住実態調査にもとづく中層共同住宅の規格型標準設計が整備され、これを用いた住宅絶対量の確保が、住宅営団や自治体等の担い手により進められた。

大都市において極度に住宅が不足した高度経済成長期には、公共主導のもとに量産化、工業化の取組みが最も精力的に実施された。住宅開発の高容積化にともない、高層住宅の標準設計化も行われたが、技術・品質水準の確保を担った公営住宅の規格型標準設計はSPH(Standard Public Housing)で完了し、以降は事業者の創意に委ねる新たな標準化方式に切り換えられた。

安定成長へと転換し始めた昭和五〇年代は、「量から質へ」と舵が切られた時期であり、住宅需要層の価値観が大きく変化するなかで、住宅設計の考え方も変換期を迎えた。規格型標準設計からの脱皮、いわゆるＮＰＳ(New Planning System)による設計手法の標準化が指向され、地方・地域へと施策対象を移しつつ、固有の課題に対応して質の向上を図る取組みが始まった。生産合理化とコストダウンを図るため、モデュール(寸法ルール)が定められ、部品の性能規定や規格化、納まりの標準化による設計の効率化も図られた。

バブル期以降、住宅供給が徐々に民間市場へと委ねられるなかで、大量供給のノウハウは徐々に政策的意義を失い、地域固有の課題や個別ニーズに応えつつ、断熱や耐久性などの性能向上、品確法による性能規定化、既存住宅の中古流通促進などが住宅政策のテーマとして展開された。公共、民間ともに住宅は標準設計から個別設計へと移行し、少量多品種化や個別化が進み、そのなかで住まいに求められる価値観も、単なる居住性から品質・性能、耐久性、安全性、防災性、可変性…と非常に多岐にわたるものとなった。

日本の住宅量産化の歴史的背景には、住宅の部品化、生産合理化によるコストの低減、品質の向上や仕様の統一があり、部品の産業化が大きな成立要因となっていた。躯体の工業化だけでなく、住宅を構成する各部の部品化と、それらの集積により構成することこそ住宅生産の合理化の基盤であるという考え方が定着し、住宅生産のオープンビルディング化の試みも進められた。わが国でそれらが高度に達成された背景には、住宅公団や公営住宅供給を担った自治体(公営住宅事業者連絡協議会)、地方住宅供給公社などの存在抜きには語ることはできず、災害復興住宅の建設など、緊急性、公共性の高い住宅政策・施策を担うためには、やはりこのような公的住宅セクターの必要性が高いと考えられる。

しかし一方で、住宅生産の合理化(部品化や標準化)へと向かう流れが、ＮＰＳ、ＣＨＳへと発展し、ストック型住宅供給システムの基盤技術を構成したにもかかわらず、結果的には一般的な住宅生産システムとして普及・定着しえなかったことが、大災害からの復興に手間取る一因ともなっている。

多様かつフレキシブルな住宅供給の維持に向けて

二〇一一年の東日本大震災からの復興をめざし、被災三県では二万九〇〇〇戸余の災害公営住宅の建設が計画されている。しかし発災後四年が経過し、着工済みは約半数、完成済みは未だ約一六パーセントに留まり、建設コストも高く、供給計画や設計にも非常に手間取っている状況にある。発災直後に始められた応急仮設住宅建設が約半年でその目的を達したのと比べ、移転住宅地の造成工事や区画整理事業のための時間を加味しても、あまりに時間がかかりすぎ、被災地の期待に十分に応えられてはいない。

住宅の大量供給時代には、画一的ではあるものの標準化、工業化による省力化の選択が当然の帰結であったが、その後の住宅供給の主役の移行と民間市場化は、住宅生産システムとしての生産性、合理性を弱め、このような大量供給への対応が難しい状況につながっている。かつて全国で建設されていたPC造標準設計の公共住宅も、採算上の理由によりすでにその使命を終えており、現地での生産が省け、災害復興にこそその特性を発揮しやすいPC造の住棟は、いま震災復興では主役となり得ていない。同様に、かつて公共住宅を中心に展開された標準設計システムNPSは、CHSを経て、今日のスケルトンインフィルに引き継がれて民間住宅供給の仕組みの一部となってはいるものの、今日的住宅建設状況から、プレハブ化による大量生産に対応したものとは必ずしもなり得ていない。

わが国の住宅産業界が大規模災害による大量の住宅建設にも応えられるキャパシティをもつためには、時代（市場）の要請により図らずも失われつつある大量供給のノウハウを取り戻しつつ、オープンビルディング化を進め、生産量の変化（緊急的大量供給など）へもフレキシブルに対応可能な、柔軟性をもった住宅生産システムの構築が求められるのとあわせ、それらのノウハウを監修し、次代へつなぐ役割を持つ公的セクターの存在が必要である。

二〇〇九（平成二一）年施行の長期優良住宅法によ

る長期優良住宅の市場形成の取組みは、かつてのNPS、CHSから連なる長期耐用の躯体技術と構法技術や可変型住宅、内装システムなどのハード技術による長期使用の実現が基本構成となり、長期かつ世代を超えた利用を支えるメンテナンス体制、活用・流通促進などの社会体制の構築をともなって本格的なストック型住宅供給システムとして始動し始めたものである。

今後は、こうした住宅の長寿命化に加え、世代の入れ替わりや世帯への対応性を高めることによる長期耐用性を確保しつつ、歴史的蓄積の再評価にもとづき、緊急時には災害復旧などの大量供給にも柔軟に応えることが可能な、新たな住宅生産手法の開発・蓄積が求められる。早期・短期間の住宅建設に向けては、災害公営住宅の〈新たな標準設計システム〉と呼べるものが必要であろうし、構造躯体〈スケルトン〉のプレハブ化による非現地生産対応性の確保や輸送システム、乾式工法による内装システムの付帯、配管などを含めた設備の部品化などを進め、本来のプレハブ生産の合理性とをあわせ持ち、被災地の実情に応じてフレキシビリティが活かせるオープンビルディングを基本とする住宅生産システムへと進化させていくことが求められる。これらを支えるわが国の部品産業、住宅生産技術はすでに成熟期を迎えており、そのようなノウハウを加え、それらを監修し、次代へつなぐ公的セクターの役割の明確化することにより、新たなフェーズに向かって業界全体が、次なる一歩を踏み出すべきときであろう。

第Ⅰ部　戦後70年の住宅政策

——萌芽期　戦前▼1964

・佐藤滋、高見澤邦郎、伊藤裕久、大月敏雄、真野洋介『同潤会のアパートメントとその時代』（鹿島出版会、一九九八年）
・大月敏雄『集合住宅の時間』（王国社、二〇〇六年）
・大月敏雄『集合住宅における経年的住環境運営に関する研究』（博士論文、一九九六年）
・日本建築学会『近代日本建築学発達史』（丸善、一九七二年）
・西山夘三記念すまい・まちづくり文庫編『幻の住宅営団』（日本経済評論社、二〇〇一年）
・西山夘三『住まいの考今学』（彰国社、一九八九年）
・日本住宅公団『日本住宅公団史』（日本住宅公団、一九八一年）
・日本都市計画学会『60プロジェクトに読む日本の都市づくり』（朝倉書店、二〇〇一年）
・社団法人　日本住宅協会『昭和の集合住宅史』（社団法人日本住宅協会、一九九四年）
・杉浦進「住宅団地のかたちとこころ」『季刊カラム』一九号（八幡製鐵株式會社内カラム刊行委員會、一九六六年）
・新井英明、唐崎健一「設計思想と団地の変遷」『季刊カラム』二五号（八幡製鐵株式會社内カラム刊行委員會、一九六七年）
・住宅共栄編『百万戸への道』（住宅共栄、一九八一年）
・日本住宅公団『日本住宅公団史』（日本住宅公団、一九八一年）
・木下庸子、植田実『いえ　団地　まち』（住まいの図書館出版局、二〇一四年）
・北川圭子『ダイニング・キッチンはこうして誕生した』（技法堂出版、二〇〇二年）
・鈴木成文、上野千鶴子、山本理顕、布野修司、五十嵐太郎、山本喜美恵『「51C」家族を容れるハコの戦後と現在』（平凡社、二〇〇四年）
・難波和彦『新しい住宅の世界』（放送大学教育振興会、二〇一三年）
・北区飛鳥山博物館編『団地ライフ——「桐ヶ丘」「赤羽台」団地の住まいと住まい方』（東京都北区教育委員会、二〇〇三年）
・高層住宅史研究会編『マンション60年史』（住宅新報社、一九八九年）

——高度経済成長期　1965▼1974

・日本住宅公団20年史刊行委員会編『日本住宅公団史』（日本住宅公団、一九八一年）
・『住宅五〇年史——住宅局事業のあゆみ』（東京都住宅局、一九九九年）
・東京都都市整備局『平成二六年度版　事業概要』
・東京都住宅供給公社『平成二五年度版　事業概要』
・『東京の住まいとともに』（東京都住宅供給公社、一九九六年）
・『地方住宅供給公社業務実績資料集』（全国住宅供給公社等連合会、二〇一三年）
・安井礼二「日本の住宅金融史概観（五）——昭和高度成長期（一九五五年～一九七三年）：住宅金融の民間始動第一」『evaluation』四八号（プログレス社、二〇一三年二月）
・国土交通省・土地情報総合ライブラリーより「全国のニュータウンリスト」（二〇一三年度作成）　http://tochi.mlit.go.jp/wp-content/uploads/2013/08/4cc63f0ff321e953883ad5e16bc46fb.xls
・「都市地域における土地利用の合理化を図るための対策に関する答申（宅地審議会第六次答申［一九六七年三月二四日］）」（建設省、一九六七年）
・国土交通省『国土交通白書二〇〇八』（ぎょうせい、二〇〇八年）
・国土交通省ウェブサイトより「住宅建設計画法及び住宅建設五箇年計画のレビュー」（二〇〇四年）　http://www.mlit.go.jp/jutakukentiku/house/singi/syakaishihon/bunkakai/4seidobukai/4seido4-7.pdf
・『東京の土地二〇一二（土地関係資料集）』（東京都、平成二五年）
・『再開発事業史（西大久保地区）』（東京都建設局再開発部・市街地再開発事務所、一九八三年）
・東郷武「日本の工業化住宅（プレハブ住宅）の産業と技術の変遷」『技術の系統化調査報告　第一五集』（国立科学博物館、二〇一〇年）
・『プレハブ建築協会二〇年史』（日本プレハブ建築協会、一九八三年）

——政策模索期　1975▼1984

- 建設省建築研究所監修『これからの集合住宅計画手法のすべて——住まいづくりのソフトとハード』（建築技術別冊、一九九一年）
- 『住宅建設計画法及び住宅建設五箇年計画のレビュー』（国土交通省、二〇〇四年）
- 「都市の住態——社会と集合住宅の流れを追って」『長谷川工務店創業50周年記念誌』（長谷川工務店、一九八七年）
- 「特集　集住の計画学」『建築文化』四九七号、彰国社刊、一九八八年
- 「マンション市場の流れDATA FILE」『CRI』四二八号（長谷工総合研究所、二〇一四年）
- 八木寿明「転換期にある住宅政策——セーフティネットとしての公営住宅を中心として」『レファレンス』（国立国会図書館、二〇〇六年一月）
- 佐藤由美他「住宅・福祉施策の連携の変遷と実態に関する研究——自治体の高齢者居住施策にみる連携の到達点と展望」『住宅総合研究財団研究論文集』三五集、二〇〇八年）
- 篠原二三夫「住宅市場は甦るか——着工減少の背景と今後の展望」『ニッセイ基礎研REPORT』二〇一〇年一月）
- 中西正司「自立生活の基本理念とその歴史」『厚生労働省審議会資料』（厚生労働省、二〇〇三年六月）
- 「特集 マンションの系譜と再生 1～3」『季刊マンションを考える』第一七～一九号（NPOマンション再生・建替・支援センター、二〇一二年）

——バブル期　1985▼1994

- 長谷川工務店マーケティング部編著『マンション白書［首都圏・近畿圏］』（住宅新報社、一九八七年）
- 「豊かさ時代の集合住宅　住宅・都市整備公団の試み」『PROCESS Architecture』特別号五（プロセスアーキテクチュア、一九八七年）
- 『豊かな都市とすまいを求めて——住宅・都市整備公団10年のあゆみ』（住宅・都市整備公団、一九九一年）
- 『平成25年度　高齢社会白書』（内閣府、二〇一三年）
- ウェブサイト「リゾートマンションを斬る！」　http://www.iahff.org
- 「環境共生住宅A-Z　新版——低炭素社会の住まいづくりガイド」『ビオシティ』（環境共生住宅推進協議会、二〇〇九年）
- 集合住宅計画手法研究会「日本の集合住宅づくりとオピニオンリーダーたち」『住宅』（日本住宅協会、一九九〇年）
- 日本建築学会北海道支部パブリック・ハウジング・デザイン編集委員会編『パブリック・ハウジング・デザイン・リスト』（日本建築学会北海道支部、一九九五年）
- まちをつくる集合住宅研究会編著『都市集合住宅のデザイン』（彰国社、一九九三年）
- 建設省建築研究所監修「これからの集合住宅計画手法のすべて」『建築技術』一九九一年一一月号別冊（建築技術、一九九一年）
- 長谷工コーポレーション編『都市住宅の証言——CRI創刊10周年記念』（長谷工コーポレーション、一九八八年）
- 建築思潮研究所編『SI住宅——集合住宅のスケルトン・インフィル［建築設計資料］』（建築資料研究社、二〇〇五年）
- 「NEXT21」編集委員会『NEXT21』（エクスナレッジ、二〇〇五年）
- 「近未来型集合住宅　NEXT21 環境共生をめざした実験のすべて」『SD別冊25』（鹿島出版会、一九九四年）
- 日本建築学会住宅小委員会編『事例でよむ現代集合住宅のデザイン』（彰国社、二〇〇四年）
- 「東大利地区　木造賃貸住宅等密集地区の整備」（寝屋川市、一九九四年）
- 「ケース2　シティコート寝屋川」『日経アーキテクチュア』一九九〇年二月一九日号（日経BP社、一九九〇年）
- パンフレット「OCTAVIA HILL　住み続けられるまちづくり」（一九九一年）
- 「阪神・淡路大震災に係る災害復興住宅の設計方針」（災害復興住宅協議会、一九九五年）
- 「平成七年阪神・淡路大震災建築震災調査委員会中間報告」（建築震災調査委員会、一九九五年）
- 「HOPE計画の30年と地域住宅のみらい」『住宅』六三号（日本住宅協会、二〇一四年）
- 国土交通省ウェブサイトより「定期借地権の解説」http://tochi.mlit.go.jp/chiiki/lease/doc2-1.html
- 土地総合研究所定期借地権活用住宅研究会編『定借マンションガイドブック　定期借地権付分譲マンションの企画から管理まで』（ぎょうせい、一九九七年）

——政策転換期　1995▼2004

- 「住宅セーフティネットの再構築を考える」（日本建築学会大会・建築社会システム部門研究協議会資料、二〇一四年）
- 国土交通省ウェブサイト　http://www.mlit.go.jp

・市浦ハウジング&プランニングウェブサイト　http://www.ichiura.co.jp/
・都市農地活用支援センターウェブサイト　http://www.tosinouti.or.jp/
・定期借地権推進協議会ウェブサイト　http://teikishakuchi.com/
・「ＨＯＰＥ計画の30年と地域住宅のみらい」『住宅』六三号（日本住宅協会、2014年）
・川崎直宏「集合住宅団地の現状と再生への展望」『不動産研究』（日本不動産研究所、二〇〇九年一月
・日本住宅公団20年史刊行委員会編『日本住宅公団史』（日本住宅公団、一九八一年）
・浜本渉（三井不動産株式会社執行役員開発企画部長）「PPP/PFIによる公的不動産の再生」（ＥＲＥＳ公開フォーラム2013「公的不動産とPPP/PFIを活用したまちづくり——都市の競争力強化とリノベーション」発表より）

——現代　2005▶

・「サービス付き高齢者向け住宅の登録状況」（ウェブサイトより、二〇一五年九月末時点）　http://www.satsuki-jutaku.jp/doc/system_registration_01.pdf
・「地域包括ケアシステムの実現に向けて」（厚生労働省ウェブサイトより）　http://www.mhlw.go.jp/stf/seisakunitsuite/bunya/hukushi_kaigo/kaigo_koureisha/chiiki-houkatsu/
・「シェアハウス市場調査2013年度版」（ウェブサイトより、一般社団法人日本シェアハウス・ゲストハウス連盟、株式会社シェアシェアまとめ、二〇一四年一月）　http://www.jgho.org/wp-content/uploads/2014/02/20140131_SH_Reserch.pdf
・「住宅・土地統計調査」（総務省統計局ウェブサイトより）　http://www.stat.go.jp/data/jyutaku/2013/gaiyou.htm

第Ⅱ部　人口減少時代の住宅政策

——日本の住宅政策

・吉野正治「住宅の公共性（公益性と社会性）」『当面する住宅政策の諸課題』（日本建築学会近畿支部住宅部会、一九七六年）
・宇沢弘文『経済学は人びとを幸福にできるか』（東洋経済新報社、二〇一三年）

——人口増減から見た住宅需給見通し

・『成長を続ける21世紀のために「ストップ少子化・地方元気戦略」』（日本創成会議・人口減少問題検討分科会報告書、二〇一四年五月）
・川崎直宏ほか『現代社会とハウジング（巽和夫編）』（彰国社、一九九三年）

——人口構成の変化から見た都市・居住地構造

・長谷川敏彦「医療福祉の視点から街づくりを考える——今なぜ「医療・福祉」と「まちづくり」なのか」『NIRA研究報告書』（NIRA、二〇一二年一月）

——高齢者の住宅・福祉政策

・八木寿明「転換期にある住宅政策——セーフティネットとしての公営住宅を中心として」『レファレンス』（国立国会図書館、二〇〇六年一月）
・建設省五十年史編集委員会編『建設省五十年史』（建設広報協議会、一九九八年）
・鬼丸勝之『公営住宅法詳説』（理工図書、一九五一年）
・「介護保険制度改正の概要及び地域包括ケアの理念」（厚生労働省老健局ウェブサイトより）　http://www.mhlw.go.jp/
・油井雄二「高齢者向け住宅政策の展開と介護保険」『経済研究』一八七号（成城大学、二〇一〇年二月）
・シルバーピア開発促進検討委員会「東京都におけるシルバーピア（新しい型の高齢者集合住宅）のあり方について」（東京都福祉局高齢福祉部計画課、一九八八年）
・国土交通課（大塚路子）「最近の住宅政策改革」『調査と情報』四六四号（国立国会図書館、二〇〇五年）
・国土交通省住宅局「これまでの住宅政策の制度的枠組みの変遷」（国土交通省ウェブサイトより、二〇一〇年七月五日）　http://www.mlit.go.jp/common/000118504.pdf
・佐藤哲夫「地域包括ケアシステムの構築——介護保険サービスの基盤強化のための介護保険法等の一部改正」『立法と調査』三二九号（参議院事務局、二〇一一年）

——セーフティネットと公共住宅政策

・川崎直宏「住宅市場政策の展開とセーフティネットの位置づけ」『住宅セーフティネットの再構築を考える』（二〇一四年度日本建築学会大会建築社会システム部門研究協議会資料、二〇一四年）
・川崎直宏ほか『地域からの住まいづくり』（ドメス出版、二〇〇四年）
・塩崎賢明編『住宅政策の再生』（日本経済評論社、二〇〇六年）
・本間義人『戦後住宅政策の検証』（信山社、二〇〇四年）

将来問題としての都心居住

・統計局ホームページ「平成25年度住宅・土地統計調査」http://www.stat.go.jp/data/jyutaku
・「超高層マンション市場動向2015」（不動産経済研究所ウェブサイトより、二〇一五年）https://www.fudousankeizai.co.jp/share/mansion/201/md20150409.pdf
・「マンションストック・市場の状況」（東京都都市整備局ウェブサイトより、二〇一四年）http://www.toshiseibi.metro.tokyo.jp/juutaku_kcs/pdf/h26_04/shiryo_26_04_11.pdf
・「まち・ひと・しごと創生「長期ビジョン」と「総合戦略」の全体像等」（まち・ひと・しごと創生本部ウェブサイトより、二〇一五年）　https://www.kantei.go.jp/jp/singi/sousei/pdf/20141227siryou1.pdf
・「特集 タワーマンション狂想曲の裏側」『Wedge』二〇一五年七月号（ウェッジ、二〇一五年）

郊外居住の再生

・内田青蔵、藤谷陽悦、大川三雄編著『新版　図説・近代日本住宅史』（鹿島出版会、二〇〇八年）
・「都市の住態——社会と集合住宅の流れを追って」『長谷川工務店創業50周年記念誌』（長谷川工務店、一九八七年）
・長谷工コーポレーション編『都市住宅の証言——CRI創刊10周年記念』（長谷工コーポレーション、一九八八年）
・三浦展『郊外はこれからどうなる？　東京住宅地開発秘話』（中公新書クラレ、二〇一一年）
・三浦展、藤村龍至編『現在知vol.1　郊外——その危機と再生』（NHK出版、二〇一三年）
・仁科伸子『包括的コミュニティ開発——現代アメリカにおけるコミュニティ・アプローチ』（お茶の水書房、二〇一三年）
・ちば地域再生リサーチ編『市民コミュニティ・ビジネスの現場——建て替えない団地再生のマネジメント』（彰国社、二〇一二年）

地球環境・省エネルギーと住宅政策

・「日本の気候変動とその影響 2012年版」（文部科学省、気象庁、環境省ウェブサイトより、二〇一三年三月）　https://www.env.go.jp/press/files/jp/21903.pdf
・伊香賀俊治「健康で長生きするための健康リフォームのすすめ」（国土交通省ウェブサイトより、安心居住政策研究会資料、二〇一四年九月）　http://www.mlit.go.jp/common/001057598.pdf
・「今後の住宅・建築物の省エネルギー対策のあり方について（第一次答申）」（国土交通省ウェブサイトより、国土交通省社会資本整備審議会資料、二〇一五年一月）http://www.mlit.go.jp/common/001067280.pdf
・「省エネルギー基準改正の概要」（国土交通省ウェブサイトより、二〇一五年四月）http://www.mlit.go.jp/common/001012880.pdf
・「家計調査」（総務省ウェブサイトより）　http://www.stat.go.jp/data/kakei/

防災まちづくりと住宅政策

・日端康雄ほか『東京モデル——密集市街地のリ・デザイン』（共著、清文社、二〇〇九年）
・鈴木浩ほか編『地域再生——人口減少時代の地域まちづくり』（共著、日本評論社、二〇一三年）
・浦野正樹ほか『地域における安全志向型コミュニティ活動の可能性と地域文化の変容に関する研究』（平成一二年度〜一三年度科学研究費補助金研究成果報告書、二〇〇三年）

これからの暮らしと住まい

・『平成一九年版　国民生活白書』（内閣府、二〇〇七年）

住宅の生産システム

・建設省建築研究所監修『これからの集合住宅計画手法のすべて——住まいづくりのソフトとハード』（建築技術別冊、一九九一年）
・「都市の住態——社会と集合住宅の流れを追って」『長谷川工務店創業50周年記念誌』（長谷川工務店、一九八七年）
・「特集　集住の計画学」『建築文化』四九七号（彰国社、一九八八年）
・「復興加速化会議（第三回）」（国土交通省ウェブサイトより、二〇一五年）　http://www.thr.mlit.go.jp/Bumon/B00097/K00360/taiheiyouokijishinn/kasoku1/140201shiryou.pdf
・「住まいの復興工程表（平成二七年三月末現在）」（復興庁ウェブサイトより、二〇一五年）　http://www.reconstruction.go.jp/topics/main-cat1/sub-cat1-12/20150514103755.html

あとがき

本書は、戦後から現在までの住宅をめぐる事業や取り組み、政策等のエポックとなる事象を、若い次の世代に引き継ぐことをめざして取り組んだものである。現在はこうした、日本の歴史的経過を踏まえた住宅政策の類書がなく、住宅計画や住宅政策の歴史が十分に継承されてきていないことが、今後の住宅政策を語るうえで大きな課題となっている。これに共感し、実践の場としての住宅行政、計画設計実務に第一線で取り組んできた技術者や研究者が集い、種々の議論を通して個々人の見解を取りまとめたのが本書の特徴である。

第Ⅰ部をお読みいただければおわかりのように、日本の住宅政策は総じて時代、社会、人口状況を反映した結果の取組みであるという事実を解説している。これらは社会経済動向の節目をなす時代ごとに、政策の局面を取り上げた事件簿としてまとめられた。こうした戦後七〇年の政策の流れを大局的に眺めてみると、住宅政策は量から質の問題へと変化し、供給主体は公共から民間に、またフローからストック、ハードから人との関わりを重視するソフトに、マクロ的な政策から地域密着した政策へ、住宅に視点を置いた政策から居住に視点を据えた生活圏やエリアの政策への流れに移行していることがわかる。

これは人口構成の変容や成長社会から、成熟社会への時代の変容にともなう必然的な流れとして理解でき、時代状況・社会状況と住宅政策の関係の法則性に着目することが政策のあり方を見据える鍵となるように思う。時代ごとの扉にそれぞれの時代状況を概説しているが、その必然として取り組まれた政策や取組みを再確認できよう。歴史は現在直面する種々の課題についても、時代状況の認識のもとで時代の変化に対応した、これからの住宅政策の方向を読み解くことの可能性とその重要性を示している。歴史から読み解くこうした視点、言い換えれば住宅政策の歴史観の上に立ち、確実に変容する時代状況を見据えつつ、未来に向けての住宅政策の展望を提言として取りまとめたのが第Ⅱ部である。

本書を貫く住宅政策の基本理念は、第Ⅱ部1章で記した住宅の公共性・社会性の重視だといえる。住宅供給の大半が民間市場に委ねられるとともに、人口減少時代に入り、住宅の余剰状況が顕著になり、住宅政策の必要性が問われることも多くなってきた。時代とともに政策の担い手は民に広がり、政策の対象、範囲・領域や政策の手法は変わりつつあるものの、住宅政策の必要性は大きく、そのめざすものは住宅の公共性を高めつつ、社会共通資本の充実を図る取組みと体制の整備にあるといえよう。

人口減少や人口構成の変化は、適切に対応できる住まいやまちの構成としてローカルなネットワークを求め、とくに高齢社会に向けた福祉政策と住宅政策の一本化、福祉の社会化・地域化に向けた転換が求められている。公共住宅と民間住宅市場は連携を進め、とくに民間事業者は「新しい公共」としての役割が期待され、行政がその事業環境を整えるなど、戦略的・総合的な視点による方策が重要となっている。都市の多様性やサステイナブルな都市経営の視点と、郊外のよさを活かすコンセプト豊かなエリアマネジメントなどの連携した総合政策も、住まい方の選択性と充実性を高める意味で重要である。都市防災や地球環境については今後さらに大きな課題としてとり上げられていくと考えられ、防災面での事前準備や減災、コミュニティ再生の重要性や、環境面でのパッシブ技術やソフト施策を絡めた一体的政策、ゼロエネなど一歩進んだ技術の導入も重要である。住宅計画の面では家族やコミュニティ、生活圏、まちへと計画要素が広がり、住宅生産面では効率性から汎用性や長期活用への住宅生産システムが進化し、復興住宅などへの活用も期待される。

振りかえれば、第Ⅱ部でまとめられたこのような流れや展望は幾重にも連動し、かつ輻輳した流れでもある。たとえば、公共住宅の縮小は住宅政策自体の縮小ではなく、行政の役割が変容していく過程といえる。民間主体への移行は行政の役割をプロバイダー（直接供給者）からコーディネーター（調整者）、イネイブラー（条件整備者）に移行していくことを意味し、住宅市場における公共の新たな役割の模索と市場プレーヤーの社会的役割の構築の過程が注視される。ここでは成長を基盤とする経済効率性を重視する社会から、生活の豊かさ（アイデンティティ）を重視する、生活領域に近い、ローカルな経済・社会へと価値の変容が今後の方向として重なり合う。このため、地域やエリアで展開される、居住を取り巻く生活面や福祉面の幅広い領域の活動・事業が今後の政策対象となろう。一方で人口減少時代には、人口問題、土地問題という住宅政策と密接不可分な関係にある根幹的な政策とも連動していくことが何より重要である。経済一辺倒の大都市での住宅問題の解決は、人口減少を食い止める鍵となり、国土から俯瞰した適切な土地利用のあり方は、東京などの大都市のみならず、地方の人口過疎化に歯止めをかけ、地方創生の糸口になるとも考えられる。住宅関連の事業や取組みは、こうした幅広い領域を総合的・一体的に考えていくためにプロデュースされていくことが肝要であろう。

しかし、現実はこうした流れが散見され始めているものの、大きなうねりにはなっていない。そこには現在の社会や事業システムの限界や社会価値のあり方、これらにもとづく法や社会制度の制約などの大きな壁が横たわり、新たな時代に向けての変革を模索しつつももがき続けている過程が現在ともいえる。こうした時期が長引くほど、未来へのつけを大きく残すことになる。価値やパラダイムの転換こそ、いま必要であろう。

これからの住宅政策は未来を共有しつつ、バックキャスティングによって展開する取組みが肝要である。歴史に学びつつも大きく変容しつつある社会・経済を見据えて、住宅や居住を取り巻く未来像を描き、これからの住宅政策を考えることが必要である。また、これらへの対応には、地域の課題状況や地域の資源状況の詳細な把握、分析が重要となり、従来の組織を超えた取組み体制が必定である。ここに地方行政の重要な役割があるように思う。民間市場への期待が大きく、政策の担い手が民間を含む種々のプレーヤーであるからこそ、民間事業者や市民が社会性を持って取り組む姿勢が重要であるとともに、こうした多様かつ多面的な取組みを適切に方向づける行政の新たな役割と、その戦略的取組みこそが求められよう。

時代は着実に変化しており、これからの住宅政策は「居住」にかかる多面的・総合的視点からの取組みが求められ、行政は住宅市場のマネジメントに視座を置いた行政経営の側面にシフトしていくことが必定になる。こうしたパラダイムの転換が進むことによって、住宅政策は新しいステージの扉を開くことになろう。本書がその一石を投ずるきっかけになれば幸いである。

二〇一五年一〇月一〇日

川崎直宏

（楠亀典之作成）

4 バブル期 1985▶1995	1986　平成景気（～1991） 1986　チェルノブイリ事故 1986～地価高騰による大都市圏勤務者の持家取得の困難化 1987　ふるさと創生 1989　ベルリンの壁崩壊 1990　公共投資基本計画 1992　生活大国五箇年計画 1992　地価下落に転ずる、新土地税制 1993　EU発足 1993　55年体制の崩壊（細川内閣の成立） 1994　新公共投資基本計画（1997改定） 1994　新経済計画 1995　阪神・淡路大震災	1986～地域高齢者住宅計画策定 1986　**第五期住宅建設五箇年計画** 1987　**シルバーハウジングの導入** 1987　公庫融資住宅（住宅金融公庫融資住宅）:累計1,000万戸突破 1990　**シニア住宅（シニア向け住宅）**の本格的建設開始 1991　**第六期住宅建設五箇年計画** 1993　**特定優良賃貸住宅の建設の促進に関する法律** 1994　**ハートビル法**（高齢者,身体障害者等が円滑に利用できる特定建築物の建築の促進に関する法律） 1995　耐震改修促進法（建築物の耐震改修の促進に関する法律） 1995　住宅建設コスト低減のための緊急重点計画
5 政策転換期 1995▶2005	1997　消費税5% 1997　京都議定書議決 1999　長銀破綻 1999　金融庁発足 2001～小泉構造改革 2001　9.11米国テロ事件 2002　構造改革と経済財政の中期展望 2005　構造計算初偽装問題 2005　京都議定書発効	1996　**第七期住宅建設五箇年計画** 1996　**公営住宅法の一部改正** 1999　省エネ法改正（エネルギーの使用の合理化に関する法律） 1999　**都市基盤整備公団設立** 1999　**住宅の品質確保の促進等に関する法律** 2000　マンション管理適正化法（マンションの管理の適正化の推進に関する法律） 2001　**高齢者の居住の安定確保に関する法律** 2001　**第八期住宅建設五箇年計画** 2001　住宅市場整備行動計画 2002　**マンション建替え円滑化法**（マンションの建替えの円滑化等に関する法律） 2003　**住都公団**（住宅・都市整備公団）**廃止** ――**独法UR**（独立行政法人都市再生機構）**へ** 2003　**住宅金融公庫法改正** 2005　地域住宅特措法（地域における多様な需要に応じた公的賃貸住宅などの整備などに関する特別措置法）
6 現在 2005▶2015	2007　サブプライムローン問題 2008　リーマンショック 2009　民主党政権誕生 2010　建設産業戦略会議 2011　東日本大震災 2012　自民党政権奪取	2006　**住生活基本計画** 2006　バリアフリー新法（高齢者、障害者等の移動等の円滑化の促進に関する法律） 2007　**住宅セーフティーネット法**（住宅確保要配慮者に対する賃貸住宅の供給の促進に関する法律） 2007　瑕疵担保履行法（住宅瑕疵担保履行法） 2009　**長期優良住宅法**（長期優良住宅の普及の促進に関する法律） 2011　**高齢者住まい法の改正――サービス付き高齢者住宅**（高齢者の居住の安定確保に関する法律――サービス付高齢者向け住宅） 2012　中古住宅・リフォームトータルプラン 2013　耐震改修促進法改正（建築物の耐震改修の促進に関する法律） 2013　省エネ法改正（エネルギーの使用の合理化に関する法律） 2014　**空き家対策特別措置法**（空家等対策の推進に関する特別措置法案）

年表で見る社会的出来事と住宅関連状況

＊**太字**の内容は住宅政策年譜(p.16)に記載

時期区分	社会的出来事	住宅関連状況
1 萌芽期とその前期 ▼1965	1918 米騒動	1919 市街地建築物法
		1919 公益住宅
		1921 住宅協会
		1921 住宅組合
	1923 関東大震災	1923 同潤会(財団法人同潤会)
		1941 住宅営団
		1945 戦災復興院
		1948 建設省設置
	1945 第二次世界大戦終戦	1950 **住宅金融公庫設立**
	1946 日本国憲法公布	1950 **建築基準法**
	1947~49 第一次ベビーブーム	1950 建築士法
	1954 神武景気	1951 **公営住宅法**
	1958 岩戸景気	1954 土地区画整理法
	1961 国民所得倍増計画	1955 **住宅建設十箇年計画策定**
	1962 東京の人口1,000万人突破	1955 **日本住宅公団発足**
	1964 新幹線開通	1957 **住宅建設五箇年計画**
	1964 東京オリンピック開催	1960 住宅地区改良法
		1961 新住宅建設五箇年計画
		1962 **区分所有法**(建物の区分所有等に関する法律)
		1963 **新住宅市街地開発法**
		1963 住宅建設七箇年計画
		1965 **地方住宅供給公社発足**
2 高度成長期 1965▼1975	1967 全人口が1億人を突破	1966 **第一期住宅建設五箇年計画**
	1968 GNP世界2位となる	1969 公営住宅法の一部改正
	1969 アポロ月面着陸	1969 **都市再開発法**
	1970 大阪万国博覧会	1971 **第二期住宅建設五箇年計画**
	1971 環境庁	1971 多摩ニュータウン入居開始・
	1971~74 第二次ベビーブーム	
	1972 日本列島改造論	1973 **工業化住宅性能認定制度**
	1974 第1次オイルショック、狂騒物価	1973 **BL部品制度(優良住宅部品制度)**
	1975 第1回先進国首脳会議	
3 政策模索期 1975▼1985	1975 沖縄海洋博	1976 **第三期住宅建設五箇年計画**
	1978 日本最長寿国に	1977 公団住宅供給:累計100万戸突破
	1979 第2次オイルショック	1979 **省エネ法**(エネルギーの使用の合理化に関する法律)
	1980 日米経済摩擦	1980 **省エネ基準**
	1981 第2次臨調設置	1981 **第四期住宅建設五箇年計画**
	1984 中曽根民活	1981 **日本住宅公団廃止、住宅・都市基盤整備公団設立**
	1985 高齢化率10%超	1983～ HOPE計画(地域住宅計画)の策定
	1985 プラザ合意	

ま

や

ら

わ

な

は

た

さ

索引

――編者

山口幹幸　やまぐち・みきゆき

大成建設理事

一九五一年埼玉県生まれ。日本大学理工学部建築学科卒業。東京都入都後、一九九六年住宅局住環境整備課長。同局大規模総合建替計画室長、建設局再開発課長、同局区画整理課長、目黒区都市整備部参事、UR都市再生企画部担当部長、都市整備局建設推進担当部長、同局民間住宅施策推進担当部長を経て、二〇一一年四月より現職。一級建築士、不動産鑑定士補。

著書に『都市の空閑地・空き家を考える』（共著、プログレス、二〇一四年）、『地域再生――人口減少時代の地域まちづくり』（共著、日本評論社、二〇一三年）、『マンション建替え――老朽化にどう備えるか』（共著、日本評論社、二〇一二年）、『環境貢献都市　東京のリ・デザイン』（共著、清文社、二〇一〇年）、『東京モデル――密集市街地のリ・デザイン』（共著、清文社、二〇〇九年）など。

川崎直宏　かわさき・なおひろ

市浦ハウジング＆プランニング代表取締役副社長

一九五三年愛知県生まれ。京都大学大学院工学系研究科修士課程修了。一九七九年市浦都市開発建築コンサルタンツ（現・市浦ハウジング＆プランニング）入社。二〇一四年より現職。工学博士。住宅政策や自治体の住宅計画の策定や世田谷環境共生住宅の計画、種々の高齢者住宅計画、ストック活用計画、エリアマネジメント等の住宅・居住地計画に関する調査研究に携わる。著書に『地域再生――人口減少時代の地域まちづくり』（共編、日本評論社、二〇一三年）、『地域からの住まいづくり』（共著、ドメス出版、二〇〇五年）、『現代社会とハウジング』（共著、彰国社、一九九三年）など。

——執筆

井関和朗《いせき・かずろう》
URリンケージ都市・居住本部企画設計部長
一九五一年京都府生まれ。早稲田大学理工学部建築学科卒業。一九七五年日本住宅公団（当時）入社。その後組織改編を経てUR都市機構のアーベイン東比恵駅前、東雲キャナルコートCODAN、ヌーヴェル赤羽台などの設計に関わる。千葉大学大学院工学研究科客員准教授。著書に『建築計画チェックリスト　集合住宅』（共著、彰国社、一九九七年）、『まち路地再生のデザイン』（共著、彰国社、二〇一〇年、二〇一一年都市住宅学会著作賞）、『東京のリ・デザイン』（共著、清文社、二〇一〇年）など。

奥茂謙仁《おくも・けんじ》
市浦ハウジング&プランニング東京事務所副所長
一九五八年北海道生まれ。東京理科大学大学院理工学研究科修士課程修了。長年、団地計画・設計、集合住宅設計業務に従事。おもな仕事にURハートアイランドSHINDEN、URヌーヴェル赤羽台の計画・設計、UR鳴子団地再生計画、都公社向原住宅建替基本設計など。近年は、東日本大震災からの復興業務にも多数関わる。

楠亀典之《くすかめ・のりゆき》
アルテップチーフ
一九七五年滋賀県生まれ。二〇〇二年法政大学大学院工学研究科修士課程修了、同年アルテップ入社。おもに団地再生や密集市街地改善などの整備計画・調査研究に従事。著書に『環境貢献都市　東京のリ・デザイン』（共著、清文社、二〇一〇年）、『東京モデル——密集市街地のリ・デザイン』（共著、清文社、二〇〇九年）、『アジア遊学——アジアの都市住宅』（共著、勉誠出版、二〇〇五年）など。

鈴木雅之《すずき・まさゆき》
千葉大学准教授
一九六七年栃木県生まれ。一九九一年千葉大学大学院工学研究科修士課程修了。博士（工学）。建築都市コンサルタント事務所を経て、二〇〇一年より千葉大学。専攻は建築計画。著書に『事例で読む建築計画』（共著、彰国社、二〇一五年）、『建築のサプリメント——とらえる・かんがえる・つくるためのツール』（共著、彰国社、二〇一四年）など。

中川智之《なかがわ・さとし》
アルテップ代表取締役
一九五九年大阪府生まれ。一九八五年東京理科大学大学院工学系研究科修士課程修了。出光興産を経て、一九九二年アルテップ入社。おもな仕事に、ニュータウン・住宅団地再生、密集市街地整備、景観計画の策定、東日本大震災における災害公営住宅の基本計画など。著書に『地域再生——人口減少時代の地域まちづくり』（共著、日本評論社、二〇一三年）、『マンション建替え——老朽化にどう備えるか』（共著、日本評論社、二〇一二年）、『東京モデル——密集市街地のリ・デザイン』（共著、清文社、二〇〇九年）など。

人《じん》口《こう》減《げん》少《しょう》時《じ》代《だい》の住《じゅう》宅《たく》政《せい》策《さく》

戦《せん》後《ご》70年《ねん》の論《ろん》点《てん》から展《てん》望《ぼう》する

二〇一五年一一月二〇日　第一刷発行

編者　山口幹幸《やまぐちみきゆき》・川崎直宏《かわさきなおひろ》
発行者　坪内文生
発行所　鹿島出版会
〒一〇四-〇〇二八　東京都中央区八重洲二-五-一四
電話　〇三-六二〇二-五二〇〇
振替　〇〇一六〇-二-一八〇八八三

デザイン　高木達樹（しまうまデザイン）
印刷・製本　三美印刷

ISBN 978-4-306-04630-6 C3052
©Mikiyuki Yamaguchi, Naohiro Kawasaki, 2015, Printed in Japan

落丁・乱丁本はお取り替えいたします。
本書の無断複製（コピー）は著作権法上での例外を除き禁じられています。
また、代行業者等に依頼してスキャンやデジタル化することは、
たとえ個人や家庭内の利用を目的とする場合でも著作権法違反です。

本書の内容に関するご意見・ご感想は左記までお寄せ下さい。
URL : http://www.kajima-publishing.co.jp
e-mail : info@kajima-publishing.co.jp